पूर्वोत्तर

आदिवासी सृजन मिथक एवं लोककथाएं

लोक संस्कृति और साहित्य

पूर्वोत्तर

आदिवासी सृजन मिथक एवं लोककथाएं

संपादन एवं संकलन

रमणिका गुप्ता

नेशनल बुक ट्रस्ट, इंडिया

ISBN 978-81-237-5850-3
पहला संस्करण : 2010 *(शक 1932)*
पहली आवृत्ति : 2011 *(शक 1933)*

Purvottar : Aadiwasi Srijan Mithak Avam Lok Kathayen *(Hindi)*
₹ 110.00
निदेशक, नेशनल बुक ट्रस्ट, इंडिया
नेहरू भवन, 5 इंस्टीट्यूशनल एरिया, फेज-II
वसंत कुंज, नई दिल्ली-110 070 द्वारा प्रकाशित

अनुक्रम

संपादकीय *तेरह*

सृष्टि-सृजन

आपातानी (अरुणाचल प्रदेश)

1. ब्रह्मांड की उत्पत्ति : प्रस्तुति—ताखे कानी, अनुवाद : सारंग कुमार 3
2. मानव का जन्म : प्रस्तुति—ताखे कानी, अनुवाद : सारंग कुमार 5
3. संसार की प्रथम पत्नियां : प्रस्तुति—ताखे कानी, अनुवाद : सारंग कुमार 7

बोडो (असम)

4. सृष्टि की रचना : प्रस्तुति—मंगल सिंह हाजोवारी, अनुवाद : पूरन सिंह 10
5. देवता अमर और मनुष्य नश्वर कैसे हुए : प्रस्तुति—मंगल सिंह हाजोवारी, अनुवाद : पूरन सिंह 13

कार्बी (असम)

6. सृष्टि का जन्म (पिरथेकेप्लांग) : प्रस्तुति—थेस्सो क्रॉपी 14

राभा (असम)

7. पृथ्वी का जन्म : प्रस्तुति—फुकनचंद्र बसुमतारी, अनुवाद : अकील कैस 18

खासी (मेघालय)

8. जब पृथ्वी ने वर्तमान रूप लिया : प्रस्तुति—बिजोया सावियान, अनुवाद : अकील कैस 19
9. जब मनुष्य पृथ्वी पर उतरा : प्रस्तुति—बिजोया सावियान, अनुवाद : अकील कैस 21
10. प्रथम सात कबीले : प्रस्तुति—किनफामसिं नोंगकिनरिह, अनुवाद : सारंग कुमार 22
11. खोया हुआ हस्तलेख : प्रस्तुति—किनफामसिं नोंगकिनरिह, अनुवाद : सारंग कुमार 26
12. महा मां : प्रस्तुति—डेज्मंड खारमाओफ्लांग, अनुवाद : रमणिका गुप्ता 29

गारो (मेघालय)

13. बोडो एवं गारो जनजातियों की आगमन-कथा : प्रस्तुति—अनीता पांडा 34
14. सृष्टि-कथा : प्रस्तुति : अनीता पांडा 34

जैन्तिया (मेघालय)

15. पृथ्वी की उत्पत्ति : प्रस्तुति—अनीता पांडा 35

मिजो (मिजोरम)

16. मिजो जाति का जन्म : प्रस्तुति—डॉ. एल.टी. लियाना खियांगते, अनुवाद : अकील कैस 36
17. मनुष्य का सृजन : प्रस्तुति—रूथ ललरेमरूआती, अनुवाद : रमणिका गुप्ता 37
18. पृथ्वी की शुरुआत : प्रस्तुति—रूथ ललरेमरूआती, अनुवाद : रमणिका गुप्ता 38
19. छिनलुंग : प्रस्तुति—रूथ ललरेमरूआती, अनुवाद : रमणिका गुप्ता 39

नंगामी (नागालैंड)

20. लिजाबा ने सिरजी नागा धरती : प्रस्तुति—टी. पेन्जू, अनुवाद : रमणिका गुप्ता 40

प्रकृति

बोडो (असम)

21. बिजली और बादल की गर्जन : प्रस्तुति—डॉ. मंगल सिंह हाजोवारी, अनुवाद : अकील कैस 45

खासी (मेघालय)

22. नील लोहित मुकुट : प्रस्तुति—किनफामसिं नोंगकिनरिह, अनुवाद : सारंग कुमार 47
23. सूर्य और चंद्र : प्रस्तुति—किनफामसिं नोंगकिनरिह, अनुवाद : सारंग कुमार 52
24. चांद में दाग : प्रस्तुति—अनीता पांडा 54

कोकबोराक (त्रिपुरा)

25. चेतुआंग : प्रस्तुति—बिनय देब बर्मा, अनुवाद : दिनेश अग्रहरि 55

लेपचा (सिक्किम)

26. फगोरिप और तम्बम : प्रस्तुति—दोर्जी श्रिंग लेपचा, अनुवाद : रमणिका गुप्ता 59

मिजो (मिजोरम)

27. प्रकृति विज्ञान : प्रस्तुति—रूथ ललरेमरूआती, अनुवाद : रमणिका गुप्ता 62

पैते (मणिपुर)

28. चांद पर बरगद : प्रस्तुति—एच. कामखेथांग, अनुवाद : रमणिका गुप्ता 64

कृषि

आपातानी (अरुणाचल प्रदेश)

29. धान की खोज : प्रस्तुति—ताखे कानी, अनुवाद : रमणिका गुप्ता 69

वाद्ययंत्र

बोडो (असम)

30. सेर्जा की रचना : प्रस्तुति—मंगल सिंह हाजोवारी, अनुवाद : अकील कैस 75
31. बांसुरी की वेदना : प्रस्तुति—मंगल सिंह हाजोवारी, अनुवाद : अकील कैस 81

राभा (असम)

32. कार्हानल का सृजन : प्रस्तुति—फुकन चंद्र बसुमतारी, अनुवाद : रमणिका गुप्ता 82

पशु-पक्षी

आपातानी (अरुणाचल प्रदेश)

33. बाघ और बिल्ली : प्रस्तुति—वीरेंद्र सिंह 85

बोडो (असम)

34. फिशौआ पक्षी की कथा : प्रस्तुति—फुकन चंद्र बसुमतारी, अनुवाद : रमणिका गुप्ता 86
35. मेंढक राजा की कथा : प्रस्तुति—फुकन चंद्र बसुमतारी, अनुवाद : रमणिका गुप्ता 87

खासी (मेघालय)

36. बैल का दोष : प्रस्तुति—बिजोया सावियान, अनुवाद : अकील कैस 89
37. बाघ और बंदर : प्रस्तुति—बिजोया सावियान, अनुवाद : अकील कैस 91
38. घोंघे और हिरन की दौड़ : प्रस्तुति—बिजोया सावियान, अनुवाद : अकील कैस 94
39. कमजोर का ब्लांग : प्रस्तुति—अनीता पांडा 96

कायांतरण

आदि (अरुणाचल प्रदेश)

40. गिलहरी की उत्पत्ति : प्रस्तुति—वीरेंद्र सिंह 99
41. निबो-रोबो (प्रेत और आदमी) : प्रस्तुति—अनंत कुमार नाथ, अनुवाद : आरती मोयं 100

बोडो (असम)

42. बेलमुठी : प्रस्तुति—मधुराम बोरो, अनुवाद : दिनकर कुमार 102

कार्बी (असम)

43. राक्षसी और कर्बी औरत : प्रस्तुति—थेस्सो क्रॉपी 104
44. दो तारे भाई-भाई : प्रस्तुति—थेस्सो क्रॉपी 109

खासी (मेघालय)

45. याक जाकोर का वध : प्रस्तुति—बिजोया सावियान, अनुवाद : अकील कैस 113
46. मानव-भक्षी सांप उथ्लेन : प्रस्तुति—किनफामसिं नोंगकिनरिह, अनुवाद : सारंग कुमार 120

मिजो (मिजोरम)

47. चतुर लोंङकाइया : प्रस्तुति—डॉ. एल.टी. लियाना खियांगते, अनुवाद : सारंग कुमार 126

गोत्र, रीति-रिवाज, रस्में

आदि (अरुणाचल प्रदेश)

48. पशु-बलि का आरंभ : प्रस्तुति—वीरेंद्र सिंह 131
49. नामसंग : पर्वतों की पूजा : प्रस्तुति—वीरेंद्र सिंह 132

बोडो (असम)

50. खेराई पूजा का आरंभ : प्रस्तुति—फुकन चंद्र बसुमतारी, अनुवाद : रमणिका गुप्ता 134
51. बाइखो पूजा : प्रस्तुति—फुकन चंद्र बसुमतारी, अनुवाद : रमणिका गुप्ता 135

खासी (मेघालय)

52. पान खिलाने की प्रथा का आरंभ : प्रस्तुति—बिजोया सावियान, अनुवाद : अकील कैस 136

53. झोंपड़ी की मृत्यु : प्रस्तुति—किनफ़ामसिं नोंगकिनरिह,
अनुवाद : रमणिका गुप्ता 139
54. क्वाई-तम्पौव (पानकथा) : प्रस्तुति : फिल्मिका 144

प्रेम-स्नेह-ममता

खासी (मेघालय)

55. यू मानिक रायतांग : प्रस्तुति—बिजोया सावियान, अनुवाद : अकील कैस 149
56. पंडूक गुटर-गूं क्यों करते हैं? : प्रस्तुति—बिजोया सावियान,
अनुवाद : अकील कैस 153
57. मोर के पंख सुंदर कैसे बने : प्रस्तुति—बिजोया सावियान,
अनुवाद : अकील कैस 156
58. आलसी कछुई : प्रस्तुति—बिजोया सावियान, अनुवाद : अकील कैस 159
59. लापलांग का शिकार : प्रस्तुति—बिजोया सावियान, अनुवाद : अकील कैस 161
60. नोहकालिकाई : प्रस्तुति—फिल्मिका 164
61. यू मानिक रायतांग की प्रेम-कथा : प्रस्तुति—फिल्मिका 166
62. लापलांग हिरन की मौत : प्रस्तुति—किनफामसिं नोंगकिनरिह, अनुवाद : सारंग कुमार 168

मिजो (मिजोरम)

63. जोआलपाला और तुआलवुङी : प्रस्तुति—डॉ. एल.टी. लियाना खियांगते,
अनुवाद : अकील कैस 172
64. चला और थाङी : प्रस्तुति—डॉ. एल.टी. लियाना खियांगते,
अनुवाद : अकील कैस 175
65. त्लिंगी और न्गमा : बी. ललथंगलियाना, अनुवाद : रमणिका गुप्ता 177
66. दुहमुंगा और दर्दिनी : बी. ललथंगलियाना, अनुवाद : रमणिका गुप्ता 179
67. न्गाईतेई ने अपना गांव बचाया : बी. ललथंगलियाना,
अनुवाद : रमणिका गुप्ता 181

अंगामी (नागालैंड)

68. त्सोऊ और तेरहुओपुडियू की प्रेम कहानी : सिबैस्टियन जुमवू,
अनुवाद : अकील कैस, पुनरीक्षण : रमणिका गुप्ता 183

छूरा एवं अन्य लोकजन्य कथाएं

आदि (अरुणाचल प्रदेश)

69. सिंगफो (धूर्त मनुष्य) : प्रस्तुति—वीरेंद्र सिंह 193

बोडो (असम)

70. बूढ़ा और नैस्त्रे मछली : प्रस्तुति—फुकन चंद्र बसुमतारी, अनुवाद : रमणिका गुप्ता 194

गारो (मेघालय)

71. देवता की स्थापना : प्रस्तुति—अनीता पांडा 195

मिजो (मिजोरम)

72. छूरा : मिजो लोककथाओं का निर्विवाद नायक : प्रस्तुति—डॉ. एल.टी. लियाना खियांगते, अनुवाद : सारंग कुमार 196
73. छूरा के सींग : प्रस्तुति—एल.टी. लियाना खियांगते, अनुवाद : सारंग कुमार 198
74. उड़नेवाले घोड़े की सवारी : प्रस्तुति—डॉ. एल.टी. लियाना खियांगते, अनुवाद : सारंग कुमार 201
75. जब खो गई छूरा की सीटी : प्रस्तुति—डॉ. एल.टी. लियाना खियांगते, अनुवाद : सारंग कुमार 202
76. छूरा की रसोई : प्रस्तुति—डॉ. एल.टी. लियाना खियांगते, अनुवाद : सारंग कुमार 204
77. छूरा और सुंदर मछली : प्रस्तुति—डॉ. एल.टी. लियांना खियांगते, अनुवाद : सारंग कुमार 205
78. धब्बों का डर : प्रस्तुति—डॉ. एल.टी. लियाना खियांगते, अनुवाद : सारंग कुमार 207
79. नाथियाल पौधे का जन्म : प्रस्तुति—डॉ. एल.टी. लियाना खियांगते, अनुवाद : सारंग कुमार 208
80. सामदाला : एक आलसी आदमी : प्रस्तुति—डॉ. एल.टी. लियाना खियांगते, अनुवाद : सारंग कुमार 210
81. छूरा भूला व्यंजन का नाम : प्रस्तुति—डॉ. एल.टी. लियाना खियांगते, अनुवाद : अकील कैस 212
82. छूरा की सादादिली : प्रस्तुति—डॉ. एल.टी. लियाना खियांगते, अनुवाद : अकील कैस 213
83. छूरा ने पकड़ा मेंढक : प्रस्तुति—डॉ. एल.टी. लियाना खियांगते, अनुवाद : अकील कैस 214
84. अपहरणकर्ताओं के चंगुल से भाग निकला छूरा : प्रस्तुति—डॉ. एल.टी. लियाना खियांगते, अनुवाद : अकील कैस 216
85. छूरा ने अपने दुश्मनों के साथ मिलकर पेड़ काटा : प्रस्तुति—डॉ. एल.टी. लियाना खियांगते, अनुवाद : अकील कैस 218

86. मिथुन का बंटवारा : प्रस्तुति—डॉ. एल.टी. लियाना खियांगते,
अनुवाद : अकील कैस 220

87. नहाइया ने मरने का स्वांग किया : प्रस्तुति—डॉ. एल.टी. लियाना खियांगते,
अनुवाद : अकील कैस 222

88. छूरा कैसे मेरा? : प्रस्तुति—डॉ. एल.टी. लियाना खियांगते,
अनुवाद : अकील कैस 223

89. जादू-टोने की कला की शुरुआत : प्रस्तुति—रूथ ललरेमरूआती,
अनुवाद : रमणिका गुप्ता 224

90. लासी : प्रस्तुति—रूथ ललरेमरूआती, अनुवाद : रमणिका गुप्ता 225

संपादकीय

मिथक : काव्यमय कौमों के दस्तावेज

टेलर ने बहुत पहले प्रमाण दिया था कि मिथक, कविता में अभिव्यक्ति, आदिम इतिहास और एथनॉलोजी है। एक कवि, उस स्वाभाविक दुनिया को वैज्ञानिक मनुष्य की दृष्टि से परख़ता है, तो मिथ-सृजक अपने इस आविष्कार को दूसरे ढंग से कहता है। एक आदिम कवि–अपनी प्रेरणा को मिथक के रूप में मनुष्य और प्रकृति के बीच अनंत, सीमाहीन, सभ्यताओं से गढ़ता है, जो उसकी कविता की आत्मा है।

"इसलिए यहां मिथक की सत्यता का प्रश्न अप्रासांगिक हो जाता है। मिथ अपने सृजकों का इतिहास है, उसके विषय का नहीं। मिथ सुपर ह्यूमैन हीरो (Hero) की जीवनियां दर्ज नहीं करते–वे काव्यमय कौमों का दस्तावेज होते हैं।"

आदिवासियों में गहरी काव्यात्मक कल्पनाशीलता है–काव्यात्मक सोच है!

दुनिया और आकाशीय पिंडों की उत्पत्ति और सृजन की कथाएं, मिल्टन जैसा आभामय आभास लिए हैं। उनकी कल्पना में पृथ्वी और आकाश दो प्रेमी हैं। जब आकाश सृष्टि से प्रणय करता है, तो पेड़-पौधे, पशु-पक्षी जन्म लेते हैं। किंतु प्रेमियों को तो अलग होना ही है। यदि वे आलिंगनबद्ध रहेंगे तो बच्चों के लिए जगह कहां रहेगी? मिनियोग कथा के अनुसार पृथ्वी सदैव अपने प्रेमी आकाश के साथ आलिंगनबद्ध होने के लिए छटपटाती है। किंतु जैसे ही वह अपने प्रियतम आकाश से मिलने के लिए ऊपर की ओर उठने को होती है–उसके दोनों बच्चे सूर्य और चंद्रमा, आकाश और उसके बीच आ जाते हैं। पृथ्वी शरमाकर रुक जाती है। वह आगे नहीं बढ़ पाती। पृथ्वी का जो भाग आकाश की तरफ उठ रहा था, वह सदा के लिए जस का तस उठा ही रह जाता है। वही हिस्सा आज पहाड़ कहलाता है।

सिगंमों कथा के अनुसार इंद्रधनुष वह सीढ़ी है जिस पर चढ़कर सर्वशक्तिमान अपनी पत्नि से मिलने चंद्रमा पर जाता है।

जब से सृष्टि बनी और मनुष्य ने बोलना और सोचना शुरू किया, संभवतः तभी से कल्पना ने उड़ान भरनी शुरू की। मनुष्य ने जब अपनी कल्पना को 'कहकर' सुनाया, तो 'कहानी' बन गई।

अंग्रेजी की 'टेल' (Tale) भी शायद 'टैल' क्रिया की संज्ञा है और हिंदी की 'कहानी' 'कहा' की। ये कथा, ये कहना, ये सुनना-सुनाना–वह विधा है, जो लोक

से जुड़ी है। विश्व-भर में मनुष्य अपने-अपने ढंग से, अपने आगाज की जिज्ञासा को लेकर अपनी कल्पना, अनुभव और सपनों को कई विधाओं में ढालता रहा है।

लोक के यही सपने, अपेक्षाएं, कल्पनाएं, विट्स व निष्कर्ष लोककथाओं का रूप लेते आए हैं। संभवतः सृष्टि एवं मनुष्य का उद्गम और प्रकृति का भेद और आगाज जानने की उनकी जिज्ञासा, उत्कंठा और कोशिश, भिन्न-भिन्न मिथकों का रूप लेती रही हैं। मिथक के साथ एक आदर का भाव जुड़ जाता है, चूंकि वह इतर की व्याख्या करता है, इसलिए लोक से इतर हो जाता है। आदिवासियों के यहां कोई शास्त्र, धर्मग्रंथ (स्क्रिप्चर्स) या पवित्र ग्रंथ आदि नहीं होते, इसलिए ये मिथक एक विरासत की तरह सदियों से हर बरस किसी-न-किसी अनुष्ठान के वक्त दोहराए जाते हैं। उनकी विरासत कोई मंदिर या भवन नहीं बल्कि पूरी की पूरी प्रकृति है! प्रकृति ही उसका स्थान है—थान है—आवास है, इसलिए आस्था का कोई क्रेंद्र जड़ रूप धारण नहीं करता। इन मिथकों व कथाओं को गढ़नेवाले सृजक अनाम ही होते हैं। वे इन्हें लिखते नहीं, कहते हैं। हर कथा कहनेवाला या सुनाने वाला, कुछ-न-कुछ अपना भी जोड़ता रहता है। इसलिए एक ही कथा, कहनेवालों के 'अंदाजे-बयां' के अनुसार बदलती रहती है। कभी-कभी तो नायक तक बदल जाते हैं। निष्कर्ष बदल जाते हैं, पर इस सब के बावजूद कथा का आधार वही रहता है।

लोककथाएं या मिथक विश्व की हर भाषा में होते हैं। आदिवासी मिथक व लोक-कथाओं की खास विशेषता यह है कि वे अपनी संस्कृति के अनुरूप हर अस्तित्व की कल्पना करते हैं और अपनी तत्कालीन समझ के अनुसार उनकी व्याख्या। आदिवासी के जीवनक्रम में, जो कुछ भी घटता है या जिसे वह घटते देखता, सुनता, परसता या महसूसता है वह उसे दर्ज करता है। यह सब कैसे हुआ—क्यों हुआ—इस सब की व्याख्या वह अपनी कथाओं या मिथकों के माध्यम से करता रहता है। इन कथाओं की सबसे बड़ी खूबी है—कल्पना की ऊंची उड़ान के साथ-साथ, धरती के भीतर तक पहुंच, अपनी जड़ों को छू आना। उनकी कल्पना एक तार्किक व मानवीय रूप ले लेती है और यथार्थ की ठोस जमीन उन्हें चमत्कार से बचाती है।

आदिवासियों ने सृष्टि, पृथ्वी और मनुष्य के साथ-साथ प्रकृति के विभिन्न रूपों को भी अपनी कथाओं के पात्र बनाया है। भिन्न-भिन्न कबीलों में, भिन्न-भिन्न भौगोलिक स्थितियों के अनुरूप, भिन्न-भिन्न व्याख्याएं हुई हैं, उन सब की गणना तो यहां संभव नहीं है, फिर भी कतिपय उदाहरण उनकी इस अद्भुत क्षमता की बानगी जरूर दे देंगे। वे बादल, बिजली, नदी, पहाड़, बांसुरी, चांद-सूर्य के सृजन की कथा कहते हैं, तो प्रेम के अनंत रूपों की अनंत कथाएं भी सिरजते, सुनाते और जीते हैं। ये कथाएं मनुष्यों से लेकर चौपायों, दोपायों और पक्षियों तक के प्रेम से पगी होती

हैं। ये कथा-कहानियां और किस्से, प्रागैतिहासिक काल से सदी-दर-सदी, पीढ़ी-दर-पीढ़ी चले आ रहे हैं। सुनानेवाले बदलते गए हैं। पात्रों के नाम तक भी जब-तब और जहां-तहां समयानुसार बदल जाते हैं, लेकिन उनमें अंतरनिहित विचार, संवेदना या विचार की अवधारणा वही रहती है। अरुणाचल में कोबाङ की कथा प्रागैतिहासिक काल से पहले—जब पशु मनुष्य बनने की प्रक्रिया में था, से चली आ रही है। यह जनतांत्रिक प्रणाली के अस्तित्व की कथा है, जिसके नायक एवं पात्र पहले पशु थे—फिर पशुओं के साथ अर्द्ध-मनुष्य एवं मनुष्य जुड़ गए और अंत में केवल मनुष्य रह गए। यह कथा आज के जनतंत्र को भी समेटती है।

मिजोरम की रूथ ललरेमरूआती के मिथकों में—"मनुष्य अपनी कल्पना द्वारा 'सब कुछ कैसे घटा', जैसे प्रश्नों के उत्तर देता रहा है। इन्हीं सवालों को बाद में विज्ञान ने तर्क द्वारा सुलझाया और समझाया। मनुष्य अपनी कल्पना के बल पर उन समस्याओं के जो उत्तर देता रहा—वही मिथक कहलाते हैं। बहुत से मिथक मनुष्य, पशु व दुनिया के सृजन को व्याख्यायित करते हैं, तो कुछ यह बताते हैं कि कतिपय पशुओं में वैसी प्रवृत्तियां कैसे आईं या वे ऐसा आचरण क्यों कर है? वे यह भी बताते हैं कि क्यों और कैसे कोई प्राकृतिक घटना घटी और कैसे अनुष्ठान और उत्सवों का उद्भव हुआ। ये सभी तथ्य दूर अतीत में घटित माने जाते हैं। कई मिथकों के मुख्य पात्र, प्रायः मनुष्य नहीं होते, लेकिन उनमें मनुष्यों के गुण होते हैं। इस प्रकार की लोककथाएं मिजो में बहुत कम पाई जाती हैं। जो पाई भी जाती हैं, वे अति संक्षिप्त होती हैं—लंबी नहीं।"

कहीं वीरों के साहस और शौर्य को किस्सों, लिजिन्ड्रियों या बैलेड्स के रूप में सुनाया जाता है, तो कहीं गीतों में गाया जाता है। साधारणतः लोककथाओं में मिथ, लिजिन्ड्रियां व लोककथाएं ही समाहित होती हैं। आदिवासी समाज व कबीलों में वे सदैव गद्य में ही कही जाती हैं। कहीं-कहीं वे पद्य में भी गाई जाती हैं, जैसे अरुणाचल प्रदेश में रात-भर प्रागैतिहासिक काल की—कोबाङ व अन्य गाथाएं। ये मिथक, लिजिन्ड्रियां या लोककथाएं एक-दूसरे से इतनी जुड़ी होती हैं कि इनमें विभाजन रेखा खींचना कठिन हो जाता है। फिर भी मोटा-मोटी इन कथाओं व मिथकों को विषय के अनुरूप कतिपय भागों में बांटा जा सकता है। मैं कुछ का जिक्र नीचे कर रही हूं।

सृजन के मिथक : सृष्टि, पृथ्वी-आकाश-मनुष्य, प्रकृति-बादल-बिजली, सूर्य-चंद्रमा, पेड़-पौधे, अग्नि-जल-हवा, पशु-पक्षी, वर्षा-सूखाड़, नद-नदी-नाले, मनुष्य निर्मित वाद्ययंत्र, बांसुरी, सेरजा, नगाड़ा, ढोल आदि की उत्पत्ति व सृजन से जुड़े मिथक अत्यंत ही कल्पनाशील, तार्किक और कहीं-कहीं विकास की सीढ़ियां चढ़ते हुए इतने

वैज्ञानिक लगते हैं कि डार्विन की याद आ जाती है। कार्बी, बोडो, संताली व आपातानी जनजातियों की सृजन कथाएं—कहीं पानी से मिट्टी छानकर, तो कहीं मिट्टी गूंथकर धरती के निर्माण की कथा कहती हैं—तो कहीं दो अंडों, दो जीवों, या पुतलों के निर्माण से मनुष्य के निर्माण की कथा सुनाती हैं।

प्रेम कथाएं : इनकी प्रेम कथाएं प्रेमी-प्रेमिका, पति-पत्नी, मां-बेटे, भाई-बहन, मां-बेटी और मित्र-मित्र के रिश्तों में प्रेम-कड़वाहट-शंका-विश्वास-वफादारी-उक्ताहट आदि सब तरह के भावों से लैस होती हैं। इनकी कथाओं के पात्र केवल मनुष्य ही नहीं, सृष्टि के सभी प्राणी हो सकते हैं।

खासी की 'रायतांग' और 'पेड़की' या मिजो की 'टूवेलबुंगी' कथाएं प्रेम की ऊंचाइयों को छू लेती हैं।

कायांतरण : इनकी कथाओं का एक केंद्र है कायांतरण। इसमें मनुष्य राक्षस या पशु-पक्षी का रूप ले लेता है या पशु-पक्षी या राक्षस मनुष्य का। प्रायः बुरी स्पिरिट (प्रवित्तियां) कायांतरण करती हैं और मनुष्य को ठगती हैं। कई बार मनुष्य भी बुरी प्रवृत्ति (स्पिरिट) के विनाश के लिए कायांतरण करता है। कई कायांतरण मूर्खतावश भी होते हैं। अलग-अलग कबीलों में कायान्तरण के अलग-अलग रूप होते हैं। लेकिन पशु-पक्षी विशेषकर सर्प व राक्षस हर कबीले की कथा में मौजूद होते हैं।

मानवीकरण की कथाएं : ये कथाएं पशु-पक्षियों में मानवीय संवेदना से ओत-प्रोत होती हैं और पशु-पक्षी मानव हित में मनुष्य का रूप लेकर मनुष्य की मदद करते हैं। कहीं-कहीं उलट भी होता है। वे मनुष्य बनकर मनुष्य को धोखा भी देते हैं। सभी जनजातियों में ऐसी कथाएं मौजूद होती हैं।

मूर्खता व चतुराई की कथाएं : इन कथाओं में व्यक्ति विशेष का चरित्र प्रमुख होता है। उस व्यक्ति की मूर्खता या चतुराई के फलस्वरूप जो भी घटता है, उसमें कहीं-कहीं कुछ-न-कुछ निष्कर्ष ध्वनित होता है। यह हितकारी होता है, तो कहीं केवल मनोरंजनकारी—और कहीं-कहीं नुकसानदेह भी। चतुर व्यक्ति अपनी चतुराई के कारण, जहां सफल होता है, वहीं धोखा भी खाता है।

मिजोरम के 'छूरा' नामक पात्र की कथाएं इसी श्रेणी में आती हैं।

मिजो मन ने अपने समाज में एक व्यक्ति या पात्र विशेष को 'छूरा' नाम से चिह्नित किया है। यह पात्र व्यक्तिगत व सामाजिक जीवन में मूर्खता, चालाकी और मासूमियत में किए गए अपने कारनामों के अंजाम से बेखबर, ऐसे कृत्य करता है, जो कभी उसे ही किसी जाल-जंजाल में फंसा देते हैं, तो कभी उसके विरोधियों को। कभी-कभी तो पूरे समाज में हलचल मचा देते हैं उसके कृत्य। वह कभी नायक नजर आता है तो कभी खलनायक, कभी चतुर तो कभी महामूरख!

उपदेशात्मक कथाएं : आदिवासियों में उपदेश देने की कथाएं विरल ही मिलती हैं। आदिवासी कथाकार यह मानकर चलता है कि कथा में घटनाक्रम या उसका निष्कर्ष स्वतः ही व्यक्ति में अच्छे-बुरे की समझ पैदा कर देता है। इसीलिए उनकी कथाओं में उपदेश नहीं, घटनाएं होती हैं और होता है एक सीधे-सादे मनुष्य का मनुष्यता और प्रकृति में विश्वास। खासी की कथा 'पान' वाली मित्रता के लिए अति उत्साह या दिखावे के लिए किये गये आडंबरपूर्ण सत्कार या कृत्य से हुई हिंसा के बरक्स, मित्रता की एक अति विनम्र आचारसंहिता प्रस्तुत करती है। इसके अनुसार मित्र के स्वागत में प्रेम से दिया 'पान' का एक बीड़ा ही पर्याप्त होता है। अति-उत्साह अनिष्टकारी व घातक भी हो सकता है।

सांस्कृतिक कथाएं : सांस्कृतिक कथाएं उनके त्योहारों-पर्वों व अनुष्ठानों से जुड़ी होती हैं, जो दरअसल सृष्टि-पृथ्वी व मनुष्य की उत्पत्ति व विभिन्न मौसमों, फसलों, पेड़ों, पौधों की महिमा व महत्व बखान करती हैं। पुरखों की गोत्र-कथाएं या कबीले और उनके पुरखों के विस्थापन, पलायन और बसाहट की कथाएं दरअसल अपने गर्भ में उन कबीलों का ही नहीं, मनुष्य मात्र के विकास और इतिहास का इत्तिवृत्त लिए होती हैं, जिसके विश्लेषण व शोध की भारी जरूरत है। इतिहास की कई गुमशुदा कड़ियां (Missing Links) इन कथाओं में खोजी जा सकती हैं। इनमें हिंदू पुराणों व अन्य धर्मों की चमत्कारिक कथाओं की तरह आस्था जगाने के लिए चमत्कार, अजूबे या परा-शक्तियों का सहारा नहीं लिया जाता। ये उनके सीधे-सादे अनुभवों व उनके महापुरुषों के संघर्षो की कथाएं होती हैं। संस्कृति उनके जीवन का हिस्सा है और जीवन के रहने की शैली उनकी संस्कृति है। इसलिए जीवन से जुड़ी उनकी ये कथाएं, उनकी संस्कृति का अंग होती हैं, जो उनके पारिवारिक रिश्तों की गरिमा को भी व्याख्यायित करती हैं।

शौर्यगाथाएं : शौर्य के मिथक या कथाएं प्रायः यथार्थ के मंथन का काल्पनिक निष्कर्ष होती हैं! कभी-कभी ठोस यथार्थ भी मिथकीय चरित्र, पात्र या नायक बन जाता है। कभी-कभी मिथकीय चरित्र या पात्र अथवा नायक यथार्थ से भी बड़ा सत्य बनकर समाज का मार्ग-दर्शक या सामाजिक आदर्श का संवाहक बन जाता है। उनकी शौर्य-गाथाएं जहां इतिहास के महत्त्वपूर्ण घटनाक्रम को उजागर करती हैं, वहीं वे उसके चरित्र, हौसले और संकल्प को मिथकीय प्रतीकों में ढालकर पूर्वोत्तर के आदिवासी मानस को एक आदर्श-संहिता देकर, आंखों में सपने भर देती हैं।

ये मिथक, आदिवासियों के विस्थापन-पलायन, आपसी और बाहरी कबीलों व हमलावरों के साथ हुए संघर्षों अथवा प्राकृतिक आपदाओं से जूझने के दौरान—पूरे समाज व समाज के चंद व्यक्तियों द्वारा समाज के रक्षार्थ उठाए गए जोखिम, साहस

तथा शौर्य की गाथाएं होते हैं, जो प्रायः लिजिन्द्रियों या बैलेड्स के रूप में गाये व सुनाये जाते हैं। सच होने के बावजूद हमारे इतिहासकारों ने किसी पूर्वाग्रह या एक साजिश के तहत इन्हें नजरअंदाज कर दिया—संभवतः जानबूझकर। सच कहा जाए, तो हम और हमारे इतिहासकार अपने अभिजात्य पूर्वाग्रहों से ग्रस्त थे। आज इन कथाओं की सत्यता सिद्ध हो रही है और आदिवासी खुद इन्हें इतिहास का हिस्सा बनाने के लिए प्रतिबद्ध और कटिबद्ध हो रहे हैं। झारखंड के सिधो-कान्हू, तिलका मांझी, बिरसा मुंडा और कर्नाटक की रानी चिनम्मा और अंग्रेजी हुकूमत के कर्मचारी रायन्ना एवं आंध्रप्रदेश के सीताराम राजू—मुक्ति, विद्रोह और ऊलगुलान के प्रतीक बन गए हैं।

शौर्य-गाथाएं प्रायः दो प्रकार की होती हैं—एक अंग्रेजों से जूझनेवाले वीरों और वीरांगनाओं की इतिहासपरक कथाएं, तो दूसरी अपने या दूसरे कबीले के शासकों से लोहा लेनेवालों की किंवदंतियों, लोककथाओं व लोकगीतों पर आधारित नाम-अनाम वीरों की प्रतीकात्मक कथाएं। वीरता, शौर्य, धैर्य और बलिदान के अद्भुत कारनामों से लैस व समृद्ध ये कथाएं, जन-मानस का हौसला, उत्साह, हिम्मत और कुर्बानी तथा अपनी बात पर दृढ़ रहने के आदर्श मानदंड प्रस्तुत करती हैं। अलबत्ता कहीं-कहीं इनमें बदला लेने के संकल्पों की झलक भी होती है।

मिजोरम की रानी रूपलियानी, मेघालय के तिरोत सिंह एवं नंगबाह, मणिपुर और नागालैंड की रानी गुडलियानी और असम के वीर शंम्भुधन अंग्रेजीराज से टक्कर लेते जीवन-भर जेल काटी, मारे गये या फांसी पर चढ़ा दिए गए। वीरों की कथाएं हैं, तो वीर दिमालू अपने ही साथियों के षड्यंत्र से मारे गए वीरों की। कार्बी में तो अनेक स्थानीय वीरों की कथाएं हैं जो लिजिन्द्री या बैलेड्स के रूप में गांव-गांव में गायी जाती हैं। अरुणाचल प्रदेश में प्रागैतिहासिक काल से वीरों की गाथाएं चली आ रही हैं और रात-रातभर उनका गान होता है। त्रिपुरा में इनकी शौर्य-गाथाएं एक तरफ महाभारत से जा जुड़ती हैं, तो दूसरी तरफ वे कथाएं आज के शोषकों के विरुद्ध लड़ते-लड़ते मरनेवालों की कतार में भी शामिल हैं। सिक्किम में लेप्चा व भोटिया जनजातियों के वर्चस्व की लड़ाइयों में कई वीर-गाथाएं घटीं, जो आज भी उनके मन को हौसला बंधाती हैं और उन्हें सर ऊंचा उठाकर चलने को प्रेरित करती हैं।

नागा-कथाओं में स्थानीय कबीले के वीर नायक अपनी परंपरा के लिए या किसी अन्यायी परंपरा के खिलाफ जोखिम उठाते हैं या प्रेम की ऊंचाइयां छूने के लिए बड़ा-से-बड़ा जोखिम उठाते हैं। उनकी प्रेम कहानियां वीरता के कारनामों से ओत-प्रोत होती हैं। उन्हें दोनों श्रेणियों में रखा जा सकता है—प्रेम कथाओं में भी

और शौर्य गाथाओं की श्रेणी में भी। यह गीत रूप में वैलेड्स की तरह गाई जाती हैं। जरूरी नहीं ये इतिहासपरक हों, लेकिन परंपराओं का ऐतिहासिक तत्त्व उनमें जरूर होता है। नागालैंड की एक ऐसी ही कथा है 'त्सोऊ और तेरहुओपुडियू की प्रेम कहानी'। इसके लेखक हैं—सिवेस्टियन जुमवू।

सृजन के मिथक संवाद से जुड़े रहे हैं, जो गाथाओं में यात्रा करता है। इसलिए जरूरी है इन सृजन गाथाओं से संवाद करते हुए यात्रा पर निकलना। आइये चलें सृजन-गाथा से संवाद करें।

सृजन गाथा से संवाद

पूर्वोत्तर की लोककथाओं, मिथकों, खासकर सृष्टि, पृथ्वी, प्रकृति व मनुष्य की सृजन-कथाओं को अनुभव करने के लिए—आइए आज हम उनकी सोच व सपनों के साथ जिएं, उनके तर्कों और निष्कर्षों को ग्रहण करने के लिए उनकी कल्पना के साथ उड़ें! हो सकता है आदिम की सोच के विकास की पर्तें हमारे सामने खुद-ब-खुद उघरने लगें। इन परतों को तथाकथित सभ्य लोगों ने दर्ज नहीं किया। इतिहासकारों या शास्त्रों के रचियताओं ने भी इनकी उपेक्षा की। इसके बावजूद सदियों का अंतराल इन्हें मिटा नहीं सका। ये परतें आज भी उनके सपनों में तैरती हैं, उनके जीवन के साथ जीती हैं, विकसित होती हैं—उनकी अभिलाषाओं को पोसती हैं—और संकल्पों को बल देती हैं। उनका इतिहास उनके अनुष्ठानों और पर्वों में हर बरस दोहराया, सुनाया और सुना जाता है। अब वे भी लिखना सीख गए हैं। पहले बहिरागत लोग लिखते थे, अब वे खुद लिखने लगे हैं, ये वे लोग हैं जिनके पास सौ बरस पहले तक कोई लिपि नहीं थी। विदेशी ही सही, पर लिपि तो इन्हें उन्होंने ही दी। आज वे खुद अपनी लिपियां निर्मित कर रहे हैं। पंख लग गए हैं उनकी कलम को। आइये! उनकी कलम के पंखों पर सवार होकर, उनकी कल्पना के क्षितिज में झांक आएं हम...! उनकी सोच के शिखर के सहारे उनकी गहराइयों में डुबकी लगाकर, थाह ले लें उनकी असीमता की... उनके हौसले के घोड़े पर सवार होकर जोखिमों की वह हर डगर नाप लें, जिस पर वे सदियों से चलते आ रहे हैं।

तनिक और पीछे जाइए! शायद वहां मंगोलिया से चीन, तिब्बत या वर्मा पार से गुजरकर आ बसा है एक बोडो समूह, जो रेगिस्तानी कैक्टस के देवता को भी अपने साथ ले आया है! शायद यह असम है या त्रिपुरा का जंगल—जहां वह अब बोरो नहीं बोरोक कहलाता है। ये समूह 'सेरजा' (एक प्रकार का वाद्ययंत्र) की उत्पत्ति की कथा, पहाड़ी सुर बांधकर सुनाता है। हंस के अंडों से अपनी उत्पत्ति माननेवाला यह समूह समाज के नियमन के दायरे में चांद और सूरज को भी रखने लगा है।

आइए, दूर कहीं हिंदुस्तान के धुर उत्तर-पूर्वी कोने में जहां बर्मा से सीमा मिलती है, मिलें इस मिजो और नगा समूह से, जो सुना रहा है इजराइल से अपने पलायन की कहानी—गा रहा है चीन में बिताए समय और संघर्ष की कथा, जब वे चीन की दीवार में सेंध लगाकर बर्मा होते हुए मिजोरम, नागालैंड और मणिपुर में आ बसे और अरुणाचल तक जा पहुंचे। मिजो व नागा लोगों की उत्पत्ति की कथा के अनुसार, वे एक गढ़े में बंद थे और खूब शोर मचाते हुए बाहर की ओर भाग रहे थे। सर्वोपरि शक्ति ने उस गढ़े पर पत्थर रख दिया। उसे डर था कि शायद ये लोग संख्या में बहुत अधिक हैं। यदि सभी के सभी बाहर आ गये, तो सारी पृथ्वी पर कब्जा कर लेंगे—तब बाकी कबीले कहां रहेंगे? आज भी शायद इस कथा को यादकर मुस्करा रहे हैं वे लोग। उनका मानना है कि सर्वोपरि शक्ति के भयभीत होने के कारण ही वे संख्या में कम रह गए।

इस कथा की व्याख्या आज लोग एक ऐतिहासिक घटना से जोड़कर भी करने लगे हैं। इस मान्यता के अनुसार ये कबीले इजराइल से पलायन करके जब आ रहे थे, तो इन्हें चीन में रोक लिया गया। कई सदियों तक ये वहीं रहे। लेकिन उन्हें वहां रहना रास नहीं आया और एक दिन वे योजनाबद्ध ढंग से चीन की दीवार में सुरंग बनाकर भाग निकले और बर्मा होते हुए मिजोरम पहुंचे। गढ़े से बाहर आने की उनकी उत्पत्ति-कथा को आज ये चीन की दीवार में सुरंग बनाकर भागने के रूप में व्याख्यायित करने लगे हैं।

उनके पुरखे उन्हें ये कथा भी सुनाते रहे हैं कि सर्वोपरि शक्ति ने उन्हें लिपि दी थी कि वे लिखें। रात में जब वे नृत्य मग्न थे, तो वे भूल गए कि चमड़े पर लिखी हुई लिपि बाहर ही छूट गई, जिसे रात में कुत्ता खा गया, और वे लिपि से वंचित हो गए। इस प्रकार पुरखों ने उनके पास लिपि न होने की व्याख्या भी कर दी थी।

लेकिन इस बार लिपि देनेवाली कोई शक्ति नहीं बल्कि गोरे रंग के विदेशी थे। वे बताते हैं कि बाईबिल पढ़ाने के लिए अंग्रेजों ने उन्हें लिपि सिखाई। यह लिपि ध्वनि के आधार पर बनाई गई थी, क्योंकि आदिवासी जमात एक तीरंदाज जमात है। वह शिकार से ही अपना गुजर-बसर करती है और तीरंदाजी के लिए ध्वनि का अर्थ है—'जिन्दा रहने का साधन'। बस बना दी थी अंग्रेजों ने रोमन-लिपि और मिजो-जन दुनिया से जुड़ने लगे। अब वे अपनी बात लिखकर कहने लगे हैं।

मेघालय के सदैव हरियाले आकाश से होड़ लगाते, पग-पग पर बहते नद-नदियों के आईने में झांकते रहते हैं पहाड़। उन पर रहते प्नार, खासी, जयंतिया, ग़ारो समूह बार-बार आकाश को देखते—प्रायः आकाश से बतियाते रहते हैं। शायद वे बतिया रहे हैं आकाश में छूट गए उन नौ कबीलों के बारे में, जिन्हें छोड़कर ये सात कबीले

धरती पर खेती करने उतरे थे। एक दिन बता रहे थे यह झरनों को, हवा को, धरती को कि कैसे आकाश से उतरे पंद्रह में से सात कबीलों के सरदार के मन में धरती पर बसने की इच्छा जगी थी! कैसे उसने आकाश से धरती तक बनी सब सीढ़ियां एक-एककर काटनी शुरू कर दी थीं! लौटने के दिन सातों कबीलों के लोगों ने देखा—आकाश को जाने की सीढ़ियां न जाने कहां गायब हो गईं? और उसी दिन से उस सरदार ने बाकी लोगों को अपने अधीन खटाना शुरू कर दिया था।

कल्पना कीजिए असम के कार्बी आंग्लांग में दिफू या उसके आस-पास दूर किसी जंगली इलाके में डेरा डाले एक कार्बी समूह—जो तिब्बत, बर्मा होते हुए—कई कबीलों से लड़ते-भिड़ते—हारते-जीतते असम के इस अनजान कोने में आ बसा है और शायद वहां के राजा के जुल्म के कारण वहां से भी पलायन करने की तैयारी कर रहा है। अभी भी यात्रा में ही है वह समूह। वह समूह व्यस्त है मंत्रणा में—कहां बसें? कैसे बसें? भयभीत है—भले छोटा है, कम है संख्या में, पर हौसला नहीं हारा है।

जहां शुरू-शुरू में आश्रय लिया इस समूह ने, वहां का राजा अपनी शेरनी के बच्चों को दूध पिलाने के लिए कार्बी औरतों के स्तनों से दूध इकट्ठा करने का शौक पालता था। उनके बच्चे चाहे भूख से मर जाएं या कुपोषण का शिकार हो जाएं—इसकी राजा को कोई चिंता नहीं! उसी समूह की एक बहादुर औरत से नहीं सहा गया यह अन्याय! दूध मांगने आए राजा के दूतों को उसने अपनी टांगी (कुल्हाड़ी) से काट डाला। बस, फिर क्या था! राजा का कोप निश्चित था! इसी भय से योजना बनाकर पूरा-का-पूरा कबीला रातों-रात पालयन कर गया वहां से! सतत् भागता ही रहा है वह समूह! बाढ़ से उफनती नदियों में ऊबता-डूबता, पीछा कर रहे राजा के सैनिकों को रोकने के लिए पुल-दर-पुल काटता, पेड़ों के अवरोधक खड़े करता, पेड़ों के तनों के सहारे नदियां पार करता—मौत को धकेलता-पछाड़ता, निरंतर भागता रहा है कार्बी-समूह। स्थायी रूप से कहीं बसने की छटपटाहट को अपने कदमों की गति से बांधे, निरंतर चला ही जा रहा है यह। उसका नेतृत्व कर रही है—वही बहादुर औरत, जिसने राजा के दूतों के मार गिराया था। इस औरत की यह वीरगाथा इतिहास ने कहीं दर्ज नहीं की—पर सदियों के हर पल पर लिखी है यह गाथा। इसे जन्म से मृत्यु तक हर कार्बी सुनता और सुनाता है। वह उगते सूर्य को देखकर, चंद्रमा को हंसते देखकर, हवा के हर थेपेड़े के साथ—लय में बांधता है इस कथा को। रात में लोरी बनकर हर बच्चे की आंखों में नींद कह जाती है यही कथा। उसी यायावरी के दिनों में, इसी तरह घूमते-घामते—दूसरे कबीलों से बचते-बचाते—अल्पमत होते हुए भी बहुसंख्यक कबीलों के साथ रहने की कला सीखने के क्रम में, उस समूह ने सीखी थी—'बोलने की कला।' बोलने का अर्थ है अभिव्यक्ति की

ताकत! तब से कर्बियों के मन में सवाल उठने लगे! जंगलों की मोहक हरियाली, जंगली पशु-पक्षियों की दिप्प-दिप्पकर झांकती आंखें, बिदककर दौड़ती गिलहरियां, डरे-सहमे, दौड़ते-भागते हिरन, हाथियों की मस्त होकर दहाड़ती टोलियां, एक-दम शांत होकर दासों-सी रेंगती नदियां, रंग-बिरंगे फूल और अपने घर की औरतों के पैदा होते सद्य-जन्मे बच्चे—उनके मानस में सवालों की झड़ी लगा देते। उनके मन-मस्तिष्क में फिर कौंध जाता एक यक्ष प्रश्न—

'यह सब कैसे बना, क्यों बना?'

'सुनो मैं सुनाती हूं तुम्हें इस सृष्टि की उत्पत्ति और उसके सौंदर्य व गति की अमर कथा...।' कल्पना सरसरा उठी। हवा फुसफुसाई—

तुम्हारे पुरखे जो अरनामी (अकाशी-शक्ति) कहलाते थे—ने बुलाई सौ अरनामों की सभा। आकाशी शक्ति-समूह की सभा बैठी। निर्णय हुआ—'धरती बनाई जाय!' उसके लिए शक्ति-समूह ने चुना बरीथे नामक अरनाम! बरीथे ने खोजी नौ वस्तुएं, कि नापी जा सके लंबाई और चौड़ाई। उसने मिट्टी बनाई—उसे गूंधा। गीली मिट्टी को सुखाने का जिम्मा दिया मोन और जोन को। वे गूंधी हुई मिट्टी को पंखे से सुखाने लगे।

'लो, बन गई ठोस भूसे के रंगवाली धूल-धूसरित धरती।' बरीथे चिल्लाया।

बरीथे ने मिट्टी पर रेखाएं खींच दीं। रेखाएं बन गईं नदियां, नाले, घाटियां और पहाड़। बन तो गईं कल-कल, छल-छल करती नदियां, बन गए गगन छूते पहाड़—इसके बावजूद सब ओर सूना-सूना क्यों था? बरीथे के मन में सवाल उठा! वह उठा—उसने धरती पर फूल लगाए, घास उगाई और पेड़-पौधों के बीज छींट दिए—धरती हरी-भरी हो गई!

"धरती हरी-भरी तो हो गई पर है तो अभी भी सूनी"—मोन-जोन फुसफुसाए।

बरीथे सोच में पड़ गया। उसने कल्पना को उलाहना दिया! वह मुस्कुराई! और देखो! हरे पेड़-पौधों से ढकी उस धरती पर—चलने लगे भूसे के रंगवाले—हिरन, शेर, हाथी, गेंडा, सुअर, भैंसे! सरसराने लगे सांप, बिच्छू, कीड़े-मकोड़े! मेंढक कूदने लगे और मकड़ियां जाल बुनने लगीं! धरती गतिशील, जीव-जंतु जीवंत। बरीथे लौट आया आकाश में।

उसने आकाश से धरती को गौर से देखा। धरती हरी-भरी और गतिशील दिखी! उस पर चौपाए-दोपाए चलते-फिरते नजर आए! "अधूरी क्यों लग रही है ये धरती?" बरीथे के मन में कोई बोला। उसी दिन जिज्ञासा का जन्म हुआ था शायद।

"कोई सोचनेवाला तो है ही नहीं इस धरती पर! कौन बखानेगा इसका सौंदर्य? कौन करेगा इसका मान-सम्मान?" समझ ने तर्क दिया। दुःखी हो गया बरीथे।

समझ ने भी शायद उसी दिन अपनी दस्तक दी थी।

फिर से बैठे सौ अरनाम! हुई मंत्रणा! लिया फैसला!

''करेंगे ऐसे जीव का निर्माण जो सोचे भी और सोचा हुआ बोले भी—जो समझे और करे सम्मान और भागीदारी करे दुःख-सुख में इक-दूजे के साथ। ये वनस्पति हरी-भरी—ये पशु-पक्षी, वनचर, गगनचारी चलते और उड़ते तो हैं, पर सोच नहीं सकते।''

सबकी राय बनी और फिर से मिला वरदान बरीथे को—संपूर्ण मनुष्य बनाने का!

उल्लसित बरीथे ने मनुष्य बनाने का दायित्व रंगबीनी और रुबीनी को सौंप दिया। वे दोनों मनुष्यों के पुतले बनाने के कार्य में जुट गईं। पुतले तो बन गए, पर रात-भर में जो भी पुतले वे बनातीं, दिन में सब के सब गायब हो जाते और जो दिन में बनातीं वे रात में। पुतलों की खोजबीन शुरू हुई तो पता चला कि उन्हें शैतान 'ही-ई...ऽऽऽ' घोड़ा खा जाता है। पुतलों की रक्षा के लिए बनाया गया तेज कान और नाकवाला कुत्ता, जो पुतलों की रक्षा करे!। बरीथे रंग-बिरंगी सामग्री लाया। उसने वह सामग्री रंगबीनी और रुबीनी को सौंप दी। **गुरु-रू-कुरु** और **गुरु रंग-कुरु** ने उन्हें मनुष्य बनाने का गुर सिखाया। उन्होंने रंगबीनी और रुबीनी के सहायतार्थ मनुष्य के विभिन्न रूप बनाने की विधि में पारंगत सौ अरनाम दिए। उन्होंने असंख्य मनुष्यों के पुतले गढ़ दिये। मनुष्य बनाने के लिए **वांथू** और **वांथो** ने भी सामग्री जुटाई। **रू-कमार** और **रंग-कमार, चेहोन** और **बेहोन कुरु** भी पुतलों की रक्षा करने लगे। **मंसीन** और **मुंजीन कुरु** ने आकर पुतलों में प्राण फूंक दिये। **दाक-कुरु** और **हाक-कुरु** ने आकाश से उतर, पुतलों के मस्तिष्क पर भाग्य रेखाएं लीक दीं।

मनुष्य तो बन गया, पर इतने पुतले बनाने पर भी धरती खाली-खाली ही लगी। 'कैसे भरें धरती का खालीपन', यह यक्ष प्रश्न आकाशगंगा की तरह ब्रह्मांड में लटका ही रहा?

फिर बैठे **अरनाम**। इस बीच उन्होंने मनुष्य का सृजन रोक दिया था। फैसला हुआ—''अब **बरीथे** मनुष्य नहीं बनाएगा। मनुष्य ही मनुष्य से मिलकर सृजन करेगा मनुष्य का। अरनाम उन्हें रहने-खाने, पानी-भोजन और अन्य सुविधा जुटाने में सहयोग करेंगे। चूंकि दोनों कुरु पत्नियों—**रुबीनी** और **रंगबीनी** ने मिलकर मनुष्य का पुतला गढ़ा था, इसलिए अरनामों ने उन्हें वरदान दिया। फिर से उन्हें मनुष्य बनाने की नई विधि सिखाई, जिससे **रुबीनी** को बेटा और **रंगबीनी** को बेटी पैदा हुई। बेटे का नाम **रानाम** और बेटी का नाम **चेलिरएत** रखा गया।

स्त्री-पुरुष के समागम से स्त्री-पुरुष का यह जोड़ा विश्व का प्रथम जोड़ा था। जब अरनामों को विश्वास हो गया कि स्त्री-पुरुष के समागम से मनुष्य पैदा होंगे,

तो उन्होंने मनुष्य में प्रेम का बीज रोपने का जिम्मा **साईदेरी** को दिया—ताकि सभी में प्रेम का संचार हो। **साईदेरी** विश्व की हर डगर और हर मोड़ पर खड़ी हो गई। उसने पान-सुपारी में भर-भरकर मनुष्यों में प्रेम बांटना शुरू कर दिया। फिर भी कुछ प्रेम बचा रह गया। **साईदेरी** ने बचे हुए प्रेम पर मंत्र पढ़कर उसे जंगल में फेंक दिया! उस मंत्र पर पढ़े प्रेम को जीव-जंतु खा गए। उनमें भी जग गया प्यार-प्रेम-स्नेह। **रानाम** और **चेलिरएत** विश्व के प्रथम पति-पत्नी बने और बने विश्व की भावी संतानों के प्रथम माता-पिता। **अरनामों** ने **रुबीनी-रंगबीनी** द्वारा निर्मित मनुष्यों से कभी न मरनेवाली अमरता की शक्ति वापस ले ली। तभी से मनुष्य मरने लगे।

इस कथा में डार्विन के सिद्धांत और फ्रायड के मनोविश्लेषण जैसा विकास और विज्ञान नज़र नहीं आता क्या? इस कथा के हर मोड़ पर विकास के सिद्धांत जैसी ही मनुष्य की कल्पना क्षमता में कदम-दर-कदम तर्कशीलता एवं 'सक्षम' के विकास की प्रक्रिया को आगे बढ़ाने की एक चेष्टा नजर आती है। धर्म से प्रभावित शास्त्रीय मिथकों में तर्कशीलता और विकास की प्रक्रिया प्रायः नगण्य होती है या कहें होती ही नहीं।

ऐसे तो यह कथा कार्बी कबीले की है पर यह कथा किसी भी कबीले की हो सकती है, खासकर किसी भी पहाड़ी आदिवासी कबीले की। समुद्र, नद-नदियों व झीलों-सरोवरों वाले क्षेत्र में सृष्टि-सृजन की कथायें प्रायः शून्य या प्रलय, जहां चारों ओर पानी हो, से ही शुरू होती हैं—आकाश से नहीं। आदिवासी मिथकों व लोककथाओं में सबकुछ घटते हुए नजर आता है, जैसे सब स्वाभाविक ढंग से हो रहा हो। इनमें न तो कहीं चमत्कार होता है और ना ही है आस्था! है तो बस मनुष्य की सोच का विकास, प्रकृति के अभेद्य, सौंदर्य और सौष्ठव पर मुग्धा का सा भाव—जो कल्पना का सहारा लेकर विकसित होती है। अन्य धर्मों के, खासकर हिंदु धर्म के शास्त्रीय मिथकों में हर कार्य का फल दंडस्वरूप या वरदानस्वरूप सामने आता है। हिंदू शास्त्रों में वर्णित सत्यनारायण की कथा में भाग न लेने के चलते एक स्त्री के पति का जहाज डूब जाता है और उसका पति भी जहाज के साथ ही डूब जाता है। दूसरे ही क्षण उसकी पत्नी जाकर सत्यनारायण की कथा का प्रसाद ले आती है—तो उसका मृत पति जीवित हो उठता है। इन कथाओं में अनुष्ठान के पालन पर जोर होता है, जैसे मनुष्य अनुष्ठान के लिए ही बना हो! आदिवासी समाज के अनुष्ठान मनुष्य के लिए बने नजर आते हैं। उनका पालन हर हालत में आदिवासी मानुष करता ही है। पालन न करने से दंड के उदाहरण नहीं हैं। इसे आदिवासी मानस की अनुशासनप्रियता का प्रतीक भी माना जा सकता है।

कई धार्मिक मिथकों में पृथ्वी प्रलय के बाद फिर से उबरी दिखाई जाती है, जिसमें मात्र एक ही व्यक्ति जीवित बचता है। उसी व्यक्ति की संतति से पुनः सृष्टि बनती है। अन्य सांस्कृतिक व धार्मिक मान्यताओं जैसी ही प्रलय की कल्पना आदिवासी कथाओं में भी है। लेकिन उनकी कथाओं में कोई पुरुष या देवता नाव में या कमल में बैठकर धरती का निर्माण नहीं करता या धरती पर नहीं पहुंचता। उनके यहां मिट्टी से धरती का निर्माण दर्शाया गया है। उस निर्माण में केचुएं जैसा छोटा-सा जीव, चिड़िया जैसा छोटा-सा पक्षी और कछुए जैसा अत्यंत धीमी गति से सरकनेवाला जंतु या किसी पक्षी के अंडे भी महत्त्वपूर्ण भूमिका निभाते हैं। चाहे वह बोडो मिथक हों या कार्बी अथवा संताली, मुंडारी या खड़िया, सभी में मनुष्य यानी स्त्री और पुरुष मिलकर पृथ्वी का निर्माण करते हैं। यह जोड़ा सभी मिथकों में भाई-बहन के रूप में ही पैदा होता है। हिंदू शास्त्रों में पिता-पुत्री के संभोग से सृष्टि बनी। अथाह जल की कल्पना वहां भी है। बोडो मिथकों में अथाह जल ब्रह्मपुत्र के किनारे बसने के कारण आया होगा, तो संताली, मुंडारी, खड़िया जनजातियों में सिंध में मोहनजोदड़ो से बंगाल (पूर्वी बंगाल समेत) सिंधु, गंगा और दामोदर नदियों-नदों के कारण। उरांव जनजाति मद्रास (अब चेन्नई) से संबंध रखने के कारण समुद्र, सरोवर, झीलों तथा बड़े-बड़े पहाड़ी नद-नदियों से जुड़ी रही है। बाढ़, तूफान व समुद्री ज्वार-भाटा का भी समुद्र के किनारे बसे कई कबीले मुकाबला करते रहे हैं। इस युग में तो वहां सुनामी ने ही प्रलय मचा दिया था। प्रलय का रूप उनकी कथाओं में भी है। उनकी कथाओं में किसी ब्रह्मा की नाभि से किसी का जन्म नहीं हुआ। उनकी कथाओं में पृथ्वी मिट्टी से जन्मी है। संताली कथाओं में पिलचू बूढ़ी पृथ्वी को थाली रखकर गोल भी बनाती है। यह सर्वमान्य तथ्य है कि विश्व के किसी भी शास्त्र में या धार्मिक पुस्तक में पृथ्वी को गोल नहीं माना गया था। उल्टे पृथ्वी को गोल सिद्ध करनेवाले गेलीलियो को योरोप में इसाइयों के हाथों सजा भुगतनी पड़ी थी। भारत में इसी प्रकार आकाशीय, वैज्ञानिक और गणित अवधारणाएं उद्धरित करने के लिए ब्राह्मणों ने आर्यभट्ट को भी दंडित किया था। लेकिन संतालों ने पृथ्वी को प्रागैतिहासिक काल से ही गोल माना।

बोरो लोग भारत में मंगोलिया के रेगिस्तानी इलाके से आए थे। वे अपने साथ कैक्टस को भी लेते आये थे, जिसे प्राकान्तर में बाथौ देवता का नाम दिया गया। दरअसल कैक्टस का ऊपरी गोल भाग शिवलिंग के समान ही दिखता है। लिंग पूजकों का मनोविज्ञान भी कहीं-न-कहीं मनुष्य की संतति से जुड़ा है। संभवत इसलिये लिंग पूजा भी शुरू हुयी होगी। लिंग आनंद का सूचक भी है और संतति का भी। आदिवासी कथाओं में धरती बनाने के पीछे कोई दैवी-शक्ति नहीं बल्कि

उभयलिंगी जोड़ा होता है, जिसमें धरती बनाने की इच्छा पनपती है। हालांकि बाद में दूसरी संस्कृति के लोगों ने इनके मिथकों पर सृष्टा का नाम थोप दिया, लेकिन आदिवासी अवधारणा में सृष्टा का कोई स्थान नहीं है। उनके पूर्वज ही उनके बोंगा(पूज्य) होते हैं। गैर आदिवासी आबादी ने 'बोंगा' को 'देवता' का नाम दे दिया। यह भाषाई वर्चस्व के कारण हुआ। इनके यहां 'बोंगा' और मनुष्य का रिश्ता 'आजा' और 'नाती' यानी 'नाना' और 'नात' जैसा होता है। यह पूर्वजों की ही पूजा करते हैं। इनमें दादा के नाम पर पोते का और दादी का नाम पर पोती का नामकरण करने की प्रथा भी प्रचलित है।

केंचुए को मिट्टी लाने और बनाने के आग्रह पर ही यदि विचार किया जाये, तो यह प्रक्रिया अत्यंत ही तर्कसंगत लगती है। केचुआ तो स्वयं ही मिट्टी बन जाता है। आज आप उससे ही आर्गेनिक खाद बनाते हैं। आस्ट्रिक जनजातियों की संस्कृति हो या तिब्बत, मंगोल व वर्मा से होकर गई बोडो, नागा या मैतेई व पैते जैसी जनजातियों की, वे सभी उत्पादन की प्रक्रिया के लिए मिट्टी को ही महत्त्व देती हैं। मिट्टी—जिससे धरती बनी, का स्रोत वे केंचुए को ही मानती हैं। कोई इसे माने या न माने या इसे दूर की कौड़ी बिठाने का तर्क कहे—लेकिन बात तर्कसंगत और तारतम्यक है। यहां मिट्टी का महत्त्व उत्पादन से जुड़ा है और जुड़ा है मनुष्य के अस्तित्व से—जो भोजन के बिना संभव नहीं और भोजन मिट्टी से जुड़े बिना असंभव है। इस प्रकार मिट्टी भोजन का आधार है, अर्थात मनुष्य के अस्तित्व का आधार भोजन है, जो मिट्टी से जुड़ा है।

जरा हम बोडो कबीले के दूसरे हिस्से में चलें, वहां बादल और बिजली को भाई-बहन माना जाता है। यह मिथक इस प्रकार है—

माता-पिता और दादा-दादी दोनों मिलकर बादल और बिजली—जो दोनों भाई-बहन हैं के ब्याह करवाने का फैसला लेते हैं, लेकिन बहन को यह रिश्ता मंजूर नहीं। वह आंगन में एक चोथांग का पेड़ रोपती है, जो आकाश को भी पार कर जाता है। चोथांग कोकबोरोक भाषा का शब्द है जो त्रिपुरा में बोली जाती है। त्रिपुरा में बोरो जाति बोरोक नाम से जानी जाती है, इसलिए यह कथा बोरो जनजाति में भी प्रचलित है। बिजली भागकर उस पेड़ पर चढ़ जाती है और दनादन आकाश की सीढ़ियां चढ़ने लगती है। बादल गरजता, ललकारता, हुंकारता, उसके पीछे भागता है। बहन की कमर में बंधी 'पौचाई' यानी लुंगी, भागने की प्रक्रिया में उसके नितंबों से खिसक जाती है। इस बोडो मिथक के अनुसार वे नंगे चमकते नितंब ही आकाश में आज भी बिजली बनकर कौंधते हैं और गरजता-लरजता भाई बादल बनकर अपनी बहन बिजली के पीछे सतत् भागता रहता है। उसकी वही दहाड़ बादल की गरज बन गई

है। असम से लेकर त्रिपुरा तक यह कथा दोहराई जाती है। यह मानव के रिश्ते बनने की प्रक्रिया के दौर को दर्शाता मिथक है। बहन-भाई के रिश्ते में विवाह पर जब रोक लगी होगी या किसी बहन ने भाई से विवाह करने से इंकार किया होगा, संभवतः समाज के उस दौर के अनुभवों को आदिवासियों ने बादल और बिजली के चरित्रों में बदलकर, एक जीवंत कथा गढ़ दी और बड़े ही सहज ढंग से बता दिया कि बहन-भाई का विवाह वर्जित है या स्वीकार्य नहीं है।

पूर्वोत्तर के सभी राज्यों में सूरज को स्त्री माना जाता है और चंद्रमा को पुरुष। एक दिन चंद्रमा की नियत अपनी बहन सूर्य के प्रति बिगड़ गई। वह उस पर आसक्त हो गया, तो सूर्य उसे मारने दौड़ी। भयभीत होकर चंद्रमा पेड़ की आड़ में छिप गया। तब से चंद्रमा के छिपने की अवधि को अमावस कहा जाने लगा। यही है चंद्रमा के महीने में पंद्रह दिन गायब रहने का भेद! कितनी सहजता से आदिम मन की कल्पना ने कर दी व्याख्या! कहीं कोई चमत्कार नहीं—बस है तो विश्लेषण एक वर्जना का! यानी बहन पर कामुक दृष्टि रखना गलत है! कल्पना की उड़ान इतनी ऊंची कि समाज की आचार संहिता को आदिम-मानस ने ब्रह्मांडीय चरित्रों से जोड़ दिया! है न कितना अद्‌भुत मनुष्य और सृष्टि का समायोजन! एक भौगोलिक तथ्य को आदिवासी मन की कल्पना ने मनुष्य की कमजोरी से जोड़कर जीवंत रूपक खड़ा कर दिया। यह कथा अरुणाचल प्रदेश में प्रसिद्ध है। संभवतः जब समाज ने भाई-बहन के रिश्तों की नई संहिता तय की होगी, तो वर्जना को स्वीकार्य बनाने के लिए प्रकृति के दो मुख्य चरित्रों यानी सूर्य और चंद्रमा का आलंबन लिया होगा उस आदिवासी मानस ने।

यह मिथक इस तथ्य की पुष्टि भी करता है कि पहले समाज में रिश्ते नहीं थे। मनुष्य-मनुष्य में यौन रिश्ता प्रतिबंधित नहीं था। मुक्त थे वे रिश्तों के बंधन से। आदिवासी मिथक मनुष्य के रिश्तों, मनुष्य की भाषा, मनुष्य के ध्वनि-उच्चारण व बोली के निर्माण और उसकी बसाहटों, यात्राओं और विकास के साथ-साथ उसके विस्थापन और पुनर्वास की कथा भी कहते हैं। वे दंड या वरदान देकर समाज को भयभीत या तुष्ट नहीं करते। वे तथ्यात्मकता और घटनाक्रम को तार्किक निष्कर्ष देकर समाज के समक्ष प्रस्तुत करते हैं। ये बुरी स्पिरिट्स की संतुष्टि, उपहारों या जीव-जंतुओं की बलि देकर करते हैं।

इनकी प्रेमकथाएं और मिथक अद्‌भुत हैं। खासी जनजाति की 'रायतांग' हो या 'पेड़की' अथवा मिजोरम की 'ट्वेलवुंगी' की कथा, सभी प्रेम की ऊंचाइयों को छूती हैं। इनकी प्रेमकथा में मनुष्य या पशु-पक्षी के प्रेम में भेदभाव नहीं है। दोनों की प्रेमकथाएं समान भाव और प्रेम से कही, सुनाई व सुनी जाती हैं। दोनों के श्रोता प्रेम

की गहनता और सच्चाई से रिश्ता जोड़ते हैं... पात्र पशु-पक्षी हो, या मनुष्य... वह मनुष्य मात्र के मन को समानरूप से उद्वेलित करता है।

माणिक-रायतांग की कथा में एक 'सिएम' यानी चुने हुए सरदार की रानी, उसके परदेस जाने के बाद, एक रात दूर से आती बांसुरी की तान सुनकर अनायास उसकी तरफ खिंची चली जाती है और पहुंच जाती है महल के बाहर एक टूटी-फूटी झोपड़ी के पास, जिसमें बैठा एक फटेहाल युवक बांसुरी बजा रहा था।

यह सिलसिला हर रोज रात को चलता रहा। रानी हर रोज बांसुरी की धुन सुनते ही महल छोड़कर उस फटेहाल युवक से मिलने चली आती। आखिर एक दिन रानी ने उस युवक के प्रति अपना प्रेम व्यक्त कर ही दिया। फलतः पैदा हुआ एक पुत्र।

कुछ वर्षो बाद 'सिएम' अपने राज्य में वापस लौट आया। सच्चाई जानकर वह दुःखी हुआ। उसने रानी के प्रेमी की खोज शुरू कर दी। 'सिएम' के आदेशानुसार दरबार लगा, जिसमें सभी आगंतुकों को बच्चे को उपहार में केला देकर आगे बढ़ना था। लोग केला लेकर जुटे, पर बच्चे ने किसी से भी केला स्वीकार नहीं किया।

"कौन छूट गया है प्रजा में, जिसका इंतजार यह बच्चा कर रहा है?" सिएम गरजा। फिर से खोज शुरू हुई। प्यादे दौड़े! सिपाही एक फटेहाल युवक को पकड़कर ले आये! आश्चर्य! बच्चे ने आगे बढ़कर भिखारी जैसे उस युवक से केला ले लिया! दरबार में सन्नाटा छा गया! 'सिएम' हतप्रभ! दरबार विमूढ़ इस बेमेल प्रेम-प्रसंग से। प्रजा चकित होकर भिखारी को देखने लगी। प्रजा के मन में एक ही प्रश्न बार-बार दोहराने लगा—"रानी ने इस भिखारी से प्रेम किया—क्यों?"

राजकीय शासन व्यवस्था ने रानी के इस प्रेम-प्रसंग से खफा होकर उस युवक को जिंदा जलाए जाने की घोषणा कर दी। रानी को कमरे में बंद कर दिया गया।

महल के बाहर चिता जला दी गई। एक अति सुंदर युवक, भव्य पोषाक में बांसुरी बजाता हुआ चिता की तरफ बढ़ा आ रहा था। जनता हतप्रभ! कौन है यह सुंदर युवक? एक प्रश्न पहले फुसफुसाहट बना, बाद में नाद बनकर चिता को घेरने लगा!

"क्या यह वही फटेहाल युवक है?" प्रश्न उठा।

उफ कितना सुन्दर! कितना शालीन! प्रजा मुग्ध हो गई उस युवक पर!

उधर रानी विचलित, पर मन सक्रिय! वह अकेले सजा भोगने नहीं देगी अपने प्रिय को! उसने बिल्ली के पांव में अपनी पाजेब बांध दी और छोड़ दिया बिल्ली को अपने कमरे में, ताकि सुनता रहे 'सिएम' पायल की छमछम और आश्वत रहे की रानी कमरे में ही बंद है! रानी खिड़की से फलागकर चिता की ओर दौड़ पड़ी!

चिता जल रही थी....पूरा जनजातीय समाज प्रशासन के राजकीय न्याय के विपरीत.... सच्चे प्रेम की सराहना कर रहा था और जार-जार रो रहा था। भूल गया था जनमानस कि यह सजा रानी के भटकाव का परिणाम थी। युवक लंबे डग भरता बढ़ा आ रहा था... और देखते-ही-देखते वह चढ़ गया था चिता पर।

और रानी? भीड़ में सरसराहट हुई! ...कि एकाएक रानी दौड़ती हुई आई और चिता पर कूद गई! जल मरे दोनों प्रेमी। युवक ने चिता पर चढ़ते समय अपनी बांसुरी धरती पर फेंक दी।

प्रजा, राजा के आदेश के खिलाफ कुछ नहीं कर सकी—पर उसने अपनी संवेदना से भरपूर समर्थन देकर, रानी के प्रेम को निष्कलंक करार कर दिया! जुड़ गए प्रजा के हाथ, उस महान प्रेम-उत्सर्ग के समक्ष।

पूरे खासी समाज ने उस प्रेम की भावना से अपना रिश्ता जोड़ लिया! दर्द और संवेदना का यह रिश्ता इतना मजबूत हो उठा कि आज भी हर बरस खासी समाज उस प्रेमी-युगल की स्मृति में उस चिता-स्थल पर मेला लगाता है। कहते हैं कि युवक ने जिस बांसुरी को चिता से धरती पर फेंका था, वहां वह बांस बनकर उग आयी है!

इस प्रेम को क्या कहेगें आप? कहां है इसमें पाप या भटकाव? आदिवासी मानस में प्रेम की अद्भुत नदी वास करती है—जो कभी कलुषित नहीं होती।

ठीक वैसी ही मार्मिक कथा है नन्हीं 'पेड़की' की! पेड़की एक पक्षी है। उसकी अपनी एक नस्ल है, जैसी पशु-पक्षियों की हुआ करती है। उसका प्रेमी 'पेड़की' की नस्ल का नहीं था, लेकिन 'पेड़की' को उससे प्रेम हो गया था। वह भी 'पेड़की' पर जान निछावर करने को तत्पर था। दोनों सवेरे उड़ने को निकल जाते, आकाश नापकर गीत गाते लौट आते! कभी प्रेम के, कभी प्रकृति के, कभी धरती के, कभी गगन के गीत—संग-संग गाते। भले दोनों के तरानों की ध्वनि अलग होती—पर सुर एक ही था—प्रेम, प्यार, नेह! लय एक ही थी—लगाव! 'पेड़की' के पिता को मालूम हुआ। उसने एक शर्त रख दी 'पेड़की' के समक्ष।

"अगर वह कल मिलने आ गया, तो मैं तुम्हारा ब्याह उससे करवा दूंगा, नहीं तो तुम्हें उसे भूल जाना होगा।"

'पेड़की' आश्वस्त थी उसका 'पंछी' जरूर आयेगा। पंछी नहीं आया। उसे तो 'पेड़की' के पिता ने राह में ही मरवा दिया था। दूसरी नस्ल का पंछी उसकी बेटी को ले जाए यह पिता को गवारा नहीं था। 'पेड़की' उसका इंतजार करते-करते रोती रही और उसके गम में रोते-रोते, चिहुंकना भूल गई। आखिर एक दिन पेड़की मर गई। पेड़की की मृत्यु से दुखित पूरे का पूरा पेड़की समूह रोने लगा।

रोते-रोते पेड़कियों की नस्ल चहकना भूल गयी और गुटरगूं-गुटरगूं करने लगी। खासी मान्यता के अनुसार यही है 'पेड़की' के न चहकने का रहस्य और गुटरगूं करने का कारण। यह है आदिवासी मन और उसकी कल्पना, जो पंछियों का मन भी पढ़ती है और पक्षी और मनुष्य के प्रेम को एक ही स्तर पर—एक-सी ऊंचाई पर खड़ा कर देती है। 'पेड़की' प्रेम का प्रतीक बनकर हमारे मन को छू जाती है और 'पेड़कियों' का समूह जन-मानस बनकर। यही है व्यष्टि का समिष्टि से तादात्कार। ये कथाएं उनके पूरे समाज की व्यक्ति के प्रति सामूहिक संवेदना का प्रतीक हैं।

आदिवासियों के ये मिथक, ये कथाएं, चाहे वे सृष्टि-सृजन की हों या अन्य, सभी में प्रश्नों के साथ-साथ उनके उत्तर भी मौजूद हैं; साथ ही मौजूद है सृष्टि और प्रकृति के प्रत्येक अंग और पक्ष की व्याख्या। ये कथाएं मनुष्य की जिज्ञासा की प्रतीक हैं। मनुष्य में जिज्ञासा जगी कि प्रश्न उठ खड़े हुए और उत्तर की खोज में निकल पड़ा आदिवासी मानुष! उत्तर की खोज में ही देखे उसने सपने। सपनों ने दिये उसे रंग। कल्पना ने दिये उसे पंख और पंखों ने दी उड़ान। लेकिन पंखों की उड़ान धरती की गुरुत्वाकर्षण की शक्ति से नियंत्रित हो थामे रही उसकी कल्पना की डोर! धरती से जुड़े रहने और आकाश को छू आने की इन इच्छाओं ने कहीं रचीं ये कथाएं या गढ़े ये मिथक—अपने उद्गम के, अपनी उत्पत्ति के, अपने प्रेम के।

सृष्टि-सृजन

आपातानी (अरुणाचल प्रदेश)

ब्रह्मांड की उत्पत्ति

प्रस्तुति : **ताखे कानी**
अनुवाद : **सारंग कुमार**

बस एक शून्य था। कहीं कुछ नहीं था—मात्र एक खालीपन! इसी खालीपन के बाहर सुनहरे अंडे से एक प्राणी का जन्म हुआ। उसका नाम **'गुनटी आनी'** था। उसने दो गेंदों के आकार में धरती और आकाश को जन्म दिया। एक गेंद दूसरी से अधिक भारी थी। **'कोलीयुंग पोपी'** ने भारी गेंद को **'चांटी'** (धरती) और हल्की को **'डांटी'** (आकाश) का नाम दिया। इसी दौरान सुनहरे अंडे से **'गुरी आनी'** का भी जन्म हुआ। यह एक दुरात्मा थी। **'गुरी आनी'** से **हिरी, गिरी, गियोपू, मिलिया, 'आलू', 'याचू', 'इयू'** और **'तैसिम'** नामक अन्य दुरात्माएं पैदा हुईं। **'चांटी'** (धरती) और **'डांटी'** (आकाश) को शैशवकाल में ही दुरात्माओं द्वारा अपनी शक्तियों से परेशान किया जाने लगा। **'गिरी'** ने ब्रह्मांड के विकास को असंतुलित कर दिया। **'हिरी'** ने इसके पैदा होने में ही बाधा उत्पन्न की। **'गियोपू'** ने इसे निर्जन और आकारविहीन बना दिया। **'आलू'** और **'याचू'** ने ब्रह्मांड के हृदय को चेतन शून्य कर दिया। **'मिलिया'** और **'डोपूंग'** ने उसके सिर में दर्द की बीमारी डाल दी जबकि **'इयू'** की वजह से उसे डायरिया हो गया। **'तैसिम'** ने भी अपनी शक्ति इस्तेमाल करने में कोई कसर नहीं छोड़ी और उसने ब्रह्मांड का अनाज बिखेर दिया। परिणामस्वरूप ब्रह्मांड अपने शैशवकाल में निर्जन और आकारविहीन हो गया। दुःख और निराशा की इस घड़ी में ब्रह्मांड की बहन **'अभी दिरची बुनई'** ने उसकी मदद की। तमाम समस्याओं से छुटकारा दिलाने के लिए **'दिरची'** ने ब्रह्मांड को अपने पैरों से जोड़ने की कोशिश की। परंतु उसे संक्रमण हो गया। **'बुनई'** की शादी चूहे और गिलहरी के जन्मदाता **'कुटू बुटंग'** से हुई थी। उसका पति भी **'बुनई'** के पैरों से स्पर्श हो जाने के कारण संक्रमण का शिकार हो गया था। बीमार ब्रह्मांड का इलाज करने के लिए **'कोलीयुंग बुमिया निकांड'** नाम के एक पुजारी का जन्म हुआ। पुजारी ने अपने मंत्र-तंत्र और उल्लू व अन्य पशुओं की बलि देकर ब्रह्मांड को परेशान करनेवाली दुरात्माओं को खूब सताया। पुजारी के इस आयोजन के बाद ब्रह्मांड को सभी बीमारियों से छुटकारा मिल गया। इसके बाद **'पिनी'** ने जुदा हुए ब्रह्मांड को जोड़ दिया। इससे वह स्वस्थ हो गया और

उसकी वृद्धि समान रूप से उपयुक्त आकार में होने लगी।

यद्यपि **'चांटी'** और **'डांटी'** उपयुक्त आकार में विकसित हो गईं लेकिन उनके टिके रहने के लिए कोई शहतीर नहीं था। इसलिए सृष्टा ने **'किडीचेहे'** और **'मिडोरेड'** को पैदा किया। इन्होंने ब्रह्मांड को बिना शहतीर और रस्सियों के ही खड़ा कर दिया। अब ब्रह्मांड पूरी तरह से विकसित हो चुका था लेकिन उसमें कोई जीव या अन्य वस्तु नहीं थी। **'चहाजीजी'** ने धरती पर पौधे उगाए और **'डोहेमारमे'** ने आकाश में विकास प्रक्रिया चलाई। इसी तरह **'चाहासू'** ने धरती पर पशुओं को पैदा किया। पेड़-पौधों और पशुओं के होने के बावजूद ब्रह्मांड में अभी भी प्रकाश नहीं था। इसलिए **'कोलोलोपिंग'** और **'कोलोलोटर'** ने एक साथ मिलकर अपने सुनहरे गर्भाशय से दो सूर्य पैदा किए। इन दोनों के नाम **'जेमपिंग दुनई'** और **'जेंटर दुनई'** थे। इनमें पहलावाला यानी **'जेमपिंग'** स्त्री जाति का था, जबकि दूसरा यानी **'जेंटर'** पुरुष जाति से। **'जेंटर दुनई'** पश्चिम से उगता था और **'जेमपिंग दुनई'** पूरब से। दोनों सूर्यों की गर्मी से ब्रह्मांड इतना गर्म हो गया कि इस पर पेड़-पौधों और जीव जंतुओं का रहना मुश्किल हो गया। उनमें से अधिकांश दोनों सूर्यों की जलती किरणों के शिकार होकर मर गए। अब सृष्टा ने इन सूर्यों में से एक को समाप्त करने का निर्णय लिया और इस उद्देश्य से **'टामू'** को पैदा किया। **'टामू'** ने पश्चिम से उगनेवाले क्रूर और जिद्दी सूर्य **'जेंटर दुनई'** को मार दिया। इस तरह पूरब से निकलनेवाला सूर्य **'जेंमपिंग दुनई'** आज तक अस्तित्व में है, जो पूरे ब्रह्मांड को रोशन किए हुए है। **'चान्या'** और **'डोन्या'** ने धरती और आकाश पर रात में रोशनी के लिए अन्य ग्रहों, जैसे चांद व सितारों को जन्म दिया और इस तरह ब्रह्मांड में दिन-रात का चक्र शुरू हुआ। धरती पर पौधे और पशु प्यास से काफी तपड़ते थे। उनकी प्यास बुझाने के लिए **'कोलीयुंग रुकी'** और **'कोलो रुकी'** ने पानी, वर्षा, ओस, कोहरा, भाप और हवा आदि तत्व तोहफे के रूप में ब्रह्मांड को दिए। **'हेटू'** और **'डुटू'** ने धरती पर पहाड़, मैदान, पर्वत, नदियां, धाराएं जैसी चीजों को पैदा किया ताकि मानवीय जीवन भी यहां बिना किसी परेशानी के विकसित हो सके। उसी लंबी प्रक्रिया के फलस्वरूप आज हम पूर्ण विकसित ब्रह्मांड को अपनी आंखों से देख रहे हैं और जीवन का आनंद ले रहे हैं।

आपातानी (अरुणाचल प्रदेश)

मानव का जन्म

प्रस्तुति : **ताखे कानी**
अनुवाद : **सारंग कुमार**

पूर्व के अध्याय में हमने ब्रह्मांड और अन्य तत्वों की उत्पत्ति के संदर्भ में जाना। अब पढ़िए मानव के जन्म की कहानी।

सृष्टा ने ब्रह्मांड पर शासन करने और उसकी संपदा को संभालने के लिए धरती पर मनुष्य को प्रकट करने की कल्पना की। पानी, हवा और सूर्य की किरणें धरती पर प्रकट हुईं। इसी अभौतिक प्रकाश-पुंज से अत्तो चांतुंग प्रकट हुआ। **'चांतुंग'** का मिलन पाताल की शक्ति **चानी 'चंकारिमा'** से हुआ, जो पाताललोक की शासक थी। यही पाताललोक मरणोपरांत जीवात्माओं का अमर आश्रय स्थल है।

'चांतुंग' और **'चानी'** के मिलन से धरती पर मानव-शृंखला प्रकट हुई। इसमें **मिन तानी, मिमातोरो, उही तानी, निकुंग तानी** और **नेहा तानी** शामिल थे। नेहा के जन्म से पहले सृष्टा, मनुष्य, पशु तथा अन्य प्राणियों में कोई भेद नहीं था। ब्रह्मांड के संचालन के लिए उनके पास समान शक्तियां थीं, परंतु **नेहा तानी** के प्रकट होने के बाद ब्रह्मांड में दुरात्माएं भी अच्छी आत्माओं के साथ प्रकट हुईं। इसी वजह से भेदभाव और बंटवारे का सिलसिला शुरू हुआ था। **नेहा** के साथ कई शैतान और दानव भी पैदा हुए। **नेहा तानी** पूर्ण पुरुष था जो बाद में **अबो तानी** नाम से पुकारा गया।

धरती पर वह पहला मानव था। भूमंडल में उसके लाखों पुत्र-पुत्रियां पैदा हुए। उसने कई खूंखार जानवरों और पक्षियों को भी जन्म दिया। राक्षस और शैतान भूमंडल पर अपनी सत्ता कायम करना चाहते थे। **अबो तानी** ने किसी को ऐसा करने की इजाजत नहीं दी। इन शैतान व राक्षसों को दबाए रखने के लिए **नेहा तानी** ने निर्भय होकर संघर्ष किया। अपने सिर और एड़ियों में शक्तिशाली आंखें होने के कारण वह धरती और आकाश में सर्वशक्तिमान बनकर उभरा। उसने कई बाहुबली मनुष्यों, देवताओं, राक्षसों और शैतानों को पराजित किया। हालांकि अपनी शक्तिशाली आंखें खोने के बाद दुश्मनों पर उसकी पकड़ ढीली हो गई। अब वह बेहद गुस्से और निराशा में डूबा रहने लगा। शक्तिक्षीण होने पर कई मनुष्य, देवता, राक्षस तथा अन्य छोटे-से-छोटे प्राणी भी उसके खिलाफ खड़े हो गए। विरोधियों से घिर जाने के कारण

उसकी हत्या की आशंका बढ़ गई और शासन भी हाथ से निकलने के कगार पर पहुंच गया। तभी उसकी बेहद चालाक और बुद्धिमती बहन **'डोलियांग चांजांग'** ने आकर उसे संकट से उबारा। कुछ समय बाद उसके बेटे **अत्तो नेहा** के जन्म के उपरांत विरोधियों ने उसे मृत्युदंड दिया। बुढ़ापे और तरह-तरह की परेशानियों से घिरा वह आजीवन संघर्ष करता रहा। ऐसा माना जाता है कि उसी की संतति होने के नाते मानव आज भी जीवन-भर कष्टों से घिरा रहता है। भूत-पिशाच का डर और असुरक्षा-बोध कभी उसका पीछा नहीं छोड़ता।

आपातानी (अरुणाचल प्रदेश)

संसार की प्रथम पत्नियां

प्रस्तुति : **ताखे कानी**
अनुवाद : सारंग कुमार

धरती पर पहले मानव के रूप में **'अबोतानी'** का जन्म हुआ। वह पूरे ब्रह्मांड का शासक था। संसार में अपने वंश का लाखों करोड़ों की संख्या में विस्तार करने हेतु उसने बहुत सी अभौतिक शक्तियों और अन्य प्राणियों से शादी की लेकिन सारी पत्नियों ने उसे अपनी करतूतों से भारी परेशानी में डाल दिया। उसका विवाह **'डिलीयंग डिबू'** से हुआ। वह समृद्ध परिवार से ताल्लुक रखती थी। **'अबोतानी'** अपनी पत्नी के साथ काफी खुश और संतुष्ट था, परंतु **'टीनी रंगिया'** ने उसकी पत्नी को **'अबोतानी'** से तलाक लेने के लिए उकसाया। आखिरकार **'अबोतानी'** और **'डिलीयंग डिबू'** का तलाक हो गया। **'डिलीयंग'** जितनी संपत्ति लाई थी, सारी अपने साथ वापस ले गई। इस तरह ठगी करके **'टीनी रंगिया'** ने **'अबोतानी'** से शादी कर ली। **टीनी** बेहद गरीब, बदसूरत, आलसी और हर तरह से अयोग्य थी। उसने **'पुनु तैंग'** और **'सीरो तारिन'** नाम के दो पुत्रों और **'लाजू'** व **'लोरी बुनई'** नामक दो लड़कियों को जन्म दिया। उसके दोनों पुत्रों को यतीमों और गरीबों की धरती पर निर्वासित कर दिया गया, जहां उनकी मौत हो गई। **'अबोतानी'** की एक पत्नी **'पीलेंग बुनई'** थी। वह आग की देवी थी। **'अबोतानी'** ने स्वयं को उसके साथ मिलाना चाहा लेकिन आग की देवी ने उसकी जननेंद्रियों को जला दिया। घायल **'अबोतानी'** वहां से भागकर **'चालोगिको'** के पास पहुंचा, जहां हवा के देव ने उसका इलाज किया और किसी तरह उसकी जननेंद्रियों को नष्ट होने से बचाया। इलाज में उसकी बहन **'डोलीयांग चाजांग'** ने काफी मदद की।

'अबोतानी' की एक पत्नी **'निनखेंग बुनई'** थी। वह आंव (रक्तातिसार) की देवी थी। उसने रक्तातिसार बीमारी के जीवाणुओं को जन्म दिया। **'नुबंग बुनई'** **'अबोतानी'** की एक और बीवी थी। उसने चेचक की बीमारी फैला दी। इसी तरह **'इंदी बुनई'** के साथ शादी करने के परिणामस्वरूप जहर की उत्पत्ति हुई। **'अबोतानी'** ने **'नीतू बुनई'** से शादी की लेकिन उसने खांसी की बीमारी पैदा कर दी और **'किसू यासू'** से शादी कर ली। इससे उसे जोंक, खटमल और अन्य कीड़े-मकोड़े ही मिले। इन कीड़े-मकोड़ों ने **'अबोतानी'** का खून चूस लिया और

उसके सिर व शरीर के अन्य हिस्सों में खुजली कर दी, जिससे वह चिड़चिड़ा हो गया। उसने **'हाई बुनई'** से शादी की तो उसने बाढ़ और ओलावृष्टि कर दी। **'अबोतानी'** ने **'पियोदू बनई'** से शादी की लेकिन वह उसका सारा भूसा ही खा गई। इससे उसे भूखों मरने की नौबत आ गई और वह प्लेग का शिकार हो गया। परेशान **'अबोतानी'** ने अब **'हसंग बुलुंग बुनई'** से शादी की। **'हसंग बुलुंग मिखी'** की बहन थी। वह एक शक्तिशाली व समृद्ध परिवार से संबंध रखती थी। शादी पर ससुरालवालों ने **'अबोतानी'** को एड़ियों व सिर के पीछे अतिरिक्त आंखों का तोहफा दिया। इन आंखों से वह भविष्यवाणी के साथ-साथ भविष्य में होने वाली घटनाओं के बारे में भी बता सकता था। यह अलौकिक शक्ति पाकर **'अबोतानी'** ब्रह्मांड का बहुत शक्तिशाली प्राणी बन गया। अपनी इसी शक्ति के माध्यम से उसने ब्रह्मांड के अनेक शक्तिशाली लोगों, देवताओं, पिशाचों और दूसरे प्राणियों का नाश किया। अब सभी को उसकी शक्ति से ईर्ष्या होने लगी। जितनी उसकी शक्ति बढ़ी, उतनी ही उसके दुश्मनों की संख्या भी बढ़ी। एक दिन **'अबोतानी'** ने अपनी बीवी **'हसंग बलुंग मिखी'** के संबंधी **'उना हाखे'** और **'पूने हाले'** (कभी इन्हें 'तुबो हाके' और 'याबू हाले' के नाम से पुकारा जाता था) को मारना चाहा। इससे **'अबोतानी'** के ससुरालवाले इतना डर गए कि उन्होंने उससे अलौकिक आंखों की असाधारण शक्ति वापस ले ली। इन शक्तियों के छिन जाने से **'अबोतानी'** ब्रह्मांड की अदृश्य चीजों को देखने, भविष्यवाणी करने और आगे की घटनाओं के बारे में पता लगाने से वंचित हो गया। अब बारी विरोधियों की थी। असहाय **'अबोतानी'** को उसके दुश्मनों ने घेर लिया। धरती और आकाश के कमजोर-से-कमजोर प्राणी ने उसके विरुद्ध मोर्चा खोल दिया। उसे बचने की कोई राह नहीं सूझ रही थी। उसे चारों ओर से परेशान किया जाने लगा। वह अपने दुश्मनों के हाथों कष्ट सहने और इसी तरह मरने को मजबूर था। परंतु उसकी बेहद चालाक बहन **'जेलियंग चांजांग'** फिर उसे बचाने के लिए आगे आई। अपनी चतुराई और कूटनीतिक चाल से उसने **'अबोतानी'** के सारे दुश्मनों को एक साथ मिलकर **'मियोको'** उत्सव मनाने का निमंत्रण दिया। **'चांजांग'** ने सारे दुश्मनों से **'अबोतानी'** का समझौता करा दिया और इस तरह सारी दुश्मनी पीछे छूट गई। बहन के प्रयास से **'अबोतानी'** के सारे झगड़े तो निपट ही गए, बहुत से दुश्मन उसके दोस्त बन गए। उस दिन के बाद से सबने एक-दूसरे को बेहतर स्वास्थ्य और सुखी, संपन्न जीवन जीने की दुआ दी।

इस प्रकार भय और दुश्मनों से घिरा **'अबोतानी'** का जीवन उसकी बहन के जरिए सुखी हो गया। लेकिन वह अभी तक अकाल से जूझ रहा था। इसलिए उसने अपनी तलाकशुदा पत्नी **'दिलीयांग दिब'** का अनाज चुरा लिया। यह अनाज उसने

अपने कुत्ते की मदद से चुराया था। चतुर कुत्ते ने अनाज उस समय अपने कानों में छुपा लिया था, जब **'डिलियांग'** इसे धूप में सुखा रही थी। यद्यपि यह अनाज उसके लिए काफी भाग्यशाली साबित हुआ था लेकिन उसे चिड़ियों और अन्य पक्षियों द्वारा खूब परेशान किया जाने लगा था। ये चिड़ियां और पक्षी उसकी तलाकशुदा पत्नी द्वारा भेजे जाते थे। इस तरह **'अबोतानी'** ने अपने बच्चों व पत्नियों की करतूतों के कारण बेहद दयनीय जीवन जिया और कष्ट सहे।

बोडो (असम)

सृष्टि की रचना

प्रस्तुति : **मंगल सिंह हाजोवारी**
अनुवाद : **पूरन सिंह**

मूल रूप से, सर्वशक्तिमान **ओहम गुरु** ने दो चिड़ियों की रचना की। पहली पुरुष और दूसरी मादा **'पाखी-पखिनी'**। मादा चिड़िया ने तीन अंडे दिए। तब सर्वशक्तिमान **'ओहम गुरु'** की आवाज आई कि एक लंबे समय के पश्चात् इन तीन अंडों से तीन विभिन्न जिंदगियां (जीवन) उत्पन्न होंगी। मादा चिड़िया ने अंडों पर बैठना शुरू कर दिया लेकिन हजारों वर्षों तक अंडों पर बैठने के बावजूद भी बच्चों के जन्म लेने की कोई आवाज सुनाई नहीं दी। तब उत्सुकतावश मादा चिड़िया ने एक अंडे को फोड़ डाला। उस अंडे में जीवन होने का कोई भी संकेत नहीं दिखाई दिया तो मादा चिड़िया को दुःख हुआ। तब अचानक स्वर्ग से आवाज आई और सलाह दी गई कि शेष दोनों अंडों को न फोड़ा जाए, नहीं तो सृष्टि का सर्वनाश हो जाएगा। आवाज ने मादा चिड़िया को सलाह दी कि अंडे के टूटे हुए टुकड़ों को चारों तरफ फेंक दे। ऐसा ही किया गया, टूटे हुए टुकड़ों से बुरी आत्माएं, भूत-पिशाच, विभिन्न प्रकार के कीड़े-मकोड़े, पेड़, पौधे पैदा हुए। नवजात जीव-जंतु, भूत-पिशाच से भोजन न मिलने के कारण असहाय-से होकर चारों ओर घूमने लगे।

उस समय तक पृथ्वी का निर्माण सर्वशक्तिमान ने नहीं किया था। कुछ जीव-जंतुओं का निर्माण करने के उपरांत सर्वशक्तिमान **'ओहम गुरु'** ने पृथ्वी की रचना की आवश्यकता महसूस की। तब उसने सभी पक्षियों और जीव-जंतुओं को आदेश देते हुए कहा कि पानी के नीचे से मिट्टी लेकर आओ। दुर्भाग्यवश अधोलोक से कोई भी मिट्टी नहीं ला सका, हालांकि उसकी रखवाली अधोलोक के राजा के चौकीदार द्वारा अच्छी तरह से की जा रही थी। **'ओहम गुरु'** ने **'मागुर'** और **'मागुरी'** नामक दो पुरानी मछलियों को मिट्टी लेने के लिए अधोलोक भेजा।

'मागुर' और **'मागुरी'** अधोलोक पहुंचे। उन्होंने जितनी संभव हो सकती थी मिट्टी इकट्ठी की लेकिन वे रास्ते में चौकीदार द्वारा रंगे हाथों पकड़ी गईं और बुरी तरह दंडित की गईं। अपनी वापिसी पर **'मागुर'** और **'मागुरी'** मर गईं और वहीं पड़ी रहीं। तब ओहम गुरु ने अन्य पक्षी और जीवजंतुओं को **'मागुर-मागुरी'** की खोज में भेजा। खोज के दौरान एक कौए ने **'मागुर-मागुरी'** को मृतक पड़ा पाया और **'ओहम**

गुरु' को सूचित किया। **'मागुर-मागुरी'** की मृत्यु का समाचार सुनकर **'ओहम गुरु'** ने स्वर्ग के अपने शयन कक्ष से **'मोरा लाउठी'** (मृत्यु की छड़ी) और **'जिया लाउठी'** (जीवन की छड़ी) लाने के लिए भेजा था। जबकि तोते को **'लायरोमिलाई'** (एक प्रकार का पेड़) की पत्तियां लाने को भेजा था। **'मागुर-मागुरी'** के मृतक शरीर का पहले तो मोरा लाउठी (मृत्यु की छड़ी) से और बाद में **'जिया लाउठी'** (जीवन की छड़ी) से पीटा गया। वे तुरंत जीवित हो गईं। **'ओहम गुरु'** ने अधोलोक की उनकी यात्रा के अनुभवों के बारे में जानकारी ली। **'मागुर-मागुरी'** ने अपने अनुभवों को सुनाया। **'ओहम गुरु'** ने **'मागुर-मागुरी'** के सिरों पर लगी थोड़ी सी मिट्टी से पृथ्वी की रचना करने का अनुरोध किया। देवता ने वैसा ही किया। बोडो कछारियों का विश्वास है कि जब थोड़ी-सी मिट्टी से पृथ्वी की रचना हुई, तब पानी के क्षेत्र से भूमि का क्षेत्र कम था। पृथ्वी की रचना करने के बाद **'ओहम गुरु'** ने एक **'ऊओ डिजिलिंग'** (छोटी चिड़िया) को उसके पैरों से मिट्टी की जांच करने के लिए भेजा और यह भी जानने के लिए कि क्या सूर्य की किरणों से पृथ्वी मजबूत हो गई। **'ऊयो डिजिलिंग'** (छोटी चिड़िया) ने **'ओहम गुरु'** को पृथ्वी की जांच करने के बाद सूचित किया कि पृथ्वी अभी मजबूत नहीं हुई है। तब उसने पृथ्वी को समतल किया। समतल करते समय कुछ भाग ऊंचा और कुछ नीचा रह गया। ऊंचा भाग पहाड़ियां और नीचा भाग मैदानी, नदियां और खाइयां आदि बन गया।

बहुत साल बीत गए। दूसरे दोनों अंडों से मानव जाति पैदा हुई। इस पृथ्वी पर मानव-जाति की शुरुआत यहीं से हुई और दोनों अंडों से जो पैदा हुए वे मानव-जाति के बोडो कछारी वंशज हैं। पहले अंडे से **मुन-सिन-सिन बोराई** (पुरुष) और **मेन-सिन-सिन बोराई** (महिला) और दूसरे अंडे से **'दीबा बोराई'** (पुरुष) और **'दीबी बोराई'** (महिला) पैदा हुए थे।

इन चारों के पैदा होने के बाद, उन्होंने स्वर्ग जाने की इच्छा व्यक्त की लेकिन स्वर्ग केवल वही व्यक्ति जा सकता था, जिसने किसी प्रकार का पाप न किया हो। सर्वशक्तिमान **'ओहम गुरु'** ने उन्हें यह चेतावनी देते हुए स्वर्ग जाने की अनुमति दे दी कि स्वर्ग जाते समय उनमें से कोई पीछे मुड़कर न देखे। किसी ने मुड़कर देखा तो वह वहीं नीचे पृथ्वी पर गिर जाएगा। इस शर्त पर **'दीबा बोराई'** और **'दीबी बोराई'** तथा **'मुन-सिन-सिन बोराई'** और **'मेन-सिन-सिन बोराई'** ने स्वर्ग जाने की शुरुआत की। वे आधे रास्ते पहुंचे ही थे कि पृथ्वी के जीव-जंतुओं में झगड़ा होने लगा। **'दीबी बोराई'** और **'दीबा बोराई'** ने झगड़े का शोरगुल सुनकर जैसे ही पीछे मुड़कर देखा, तो वे तुरंत ही जमीन पर गिर पड़े। कुछ दिनों बाद उन्होंने सर्वशक्तिमान **'ओहम गुरु'** से संपर्क किया और भोजन के लिए अनुरोध किया। उत्तर में **'ओहम गुरु'** ने कहा—"आपकी वास्तविक मानवजाति के बच्चे **'मैन-सिन-सिन बोराई'** और **'मुन-सिन-सिन बोराई'**

पृथ्वी पर रहने के लिए आएंगे और वे ही तुम्हारी पूजा करेंगे। तुम ही उनके उद्धारकर्ता होगे।" इस प्रकार **'गुरु ओहम'** द्वारा बनाए गए पहली मानवजाति के बच्चे **'मिन-सिन-सिन बोराई'** और **'मन-सिन-सिन बोराई'** हुए और उनके बच्चे मानवजाति के विभिन्न समूहों के पूर्वज हुए। बोडो कछारी उनके समूहों में से एक हैं।

बोडो (असम)

देवता अमर और मनुष्य नश्वर कैसे हुए

प्रस्तुति : **मंगल सिंह हाजोवारी**
अनुवाद : **पूरन सिंह**

बोडो कछारियों में एक और भी अन्य मिथक मौजूद है। वह देवता और मानव जाति के यथार्थ को बताता है। मिथक इस प्रकार है—

बहुत समय पहले चांद, तारे, सूर्य और ब्रह्मांड कुछ भी नहीं था। आदि अनादि, **'अनान गोसाई बिनान गोसाई'** (सर्वशक्तिमान) भी चुप था। एक बार अच्छे समय में **'अनान गोसाई बिनान गोसाई'** ने जैसे ही जीवन का आकार रूप प्राप्त करने की इच्छा व्यक्त की कि अचानक एक गहरी भावना उसके हृदय में जाग्रत हुई और वह जोर से चिल्लाया—''लाओबा-लाओ-सम, खाओब-खाओ सम, आदा गिसिम दुआवा बरसीम।'' वे इस विशाल सामाजिक जीवन में प्रवेश के लिए पांच ज्ञानेंद्रियों और पांच सिद्धांतों सहित एक रोशनी के साथ विकराल आकृति के रूप में प्रकट हुए और एक वृहद नाद हवा में विलीन हो गया।

इसके बाद तत्काल **अनान गोसाई बिनान गोसाई** अपनी पूर्व आकृति में आ गया। वही **श्रीबोराई** नाम से जाना जाता है। **श्रीबोराई** के मुंह से पृथ्वी, सूर्य, चांद, सितारे और नदियां, पक्षी और जानवर पैदा हुए। सृष्टि के निर्माण के बाद **अनान गोसाई** और **बिनान गोसाई** को शैतान ने परेशान कर दिया और उसने पत्थर के बर्तन से अमरता का पानी देने की उनके प्रयास को असफल कर दिया। इसी के चलते **श्रीबोराई** मानव जाति की आकृति को अरबी (घुईयां, बोडो भाषा थाहुम) के पत्तों से पानी देने को विवश हुआ। इसके बावजूद वह देवताओं को पत्थर के बर्तन से अमरता का कुछ पानी देने में सफल रहा। इस तरह, देवता अमर हो गये और मानव जाति नश्वर रह गई।

हालांकि, यह मिथक बोडो कछारियों के मूल के साथ विशेष रूप से नहीं जुड़ता लेकिन सामान्य तथा मानव जाति से स्पष्ट तात्पर्य यह है कि इस मिथक के माध्यम से बोडो-कछारी अपनी-अपनी जाति की उत्पत्ति की स्पष्ट व्याख्या करते हैं।

कार्बी (असम)

सृष्टि का जन्म (पिरथेकेप्लांग)

प्रस्तुति : **थेस्सो क्रॉपी**

बड़े बुजुर्ग, दादा-दादी और कार्बी की पुरातन कहानियों एवं गीतों में पृथ्वी के जन्म की कथा पीढ़ी-दर-पीढ़ी सुनाई और गाई जाती रही है। उनका मानना है कि आदिकाल में पृथ्वी नहीं थी। इसका निर्माण करने के लिए सौ **'अरनामों'** ने एक सभा बुलाई थी और उनके मुख्य अरनाम **'बरीथे'** को पृथ्वी बनाने की जिम्मेवारी सौंपी गई थी। **'बरीथे'** ने सबसे पहले ऐसी नौ वस्तुओं को खोजा जिनसे लंबाई और चौड़ाई नापी जा सके। इसके बाद उन्होंने मिट्टी बनाई और उसे गूंथा। गूंथी हुई मिट्टी गीली थी, इसलिए उन्होंने **'मोन'** और **'जोन'** नामक **'अरनामों'** को पंखा बनाकर इसे सुखाने का आदेश दिया। **'मोन'** और **'जोन'** ने पंखा झल-झलकर मिट्टी सुखाई और ठोस मिट्टी भूसे के रंगवाली धरती बन गई। उस पर **'बरीथे'** ने नदी और नालों से रेखाएं खीचीं। पहाड़ और घाटियां बनाईं। सब तरफ सूना-सूना देखकर **'बरीथे'** ने उस पर घास और फूल उगाये। उसे सुन्दर बनाने के लिए तरह-तरह के पेड़-पौधों के बीज भी छिटक दिए। फिर भी उन्हें लगा कि यह पृथ्वी हरी-भरी तो हो गई है, पर सूनी है। इसलिए उन्होंने हिरन, शेर, हाथी, गेंडा, सूअर, भैंस के साथ-साथ सांप, मकड़ी, कीड़े-मकोड़े, चीटियां और मेढक वगैरह बनाए और **'बरीथे'** आकाश में लौट गया। इस कथा को गीत में गाया जाता है।

(1)

इरु सोंग सारपो मारांग	गगन से उतरा बारीथे
लासी पिरथे कीम नांग्रांग	करने धरती का निर्माण
पिरथे कीम रांग लुपातांग	मिट्टी गूंधी
सारजोन तिप्ली पेन फेलांग	बनाई धूसर रंगी धरती
इंग्लोंग आरलोक सीरी कांग	उगाए फूल उगाई अनंत घास
अरोय अजेंग सीरी कांग	पेड़-पौधों के छीटें बीज
सारजोन थिजोक-फाक लेंग आन	खींची नदी, नालों की रेखाएं अपार
सारजोन वोतेक-बोसो आन	उकेरी घाटियां, उभारे पहाड़
सारजोन सोन अमुंग दोआन	विचरने को हिरन, सूअर
पिरथे तांग बोलोन चिनाम	उड़ाई चिड़ियां और जंगली पक्षी
इरु सिनिंग थोत चिदाम।	लौट गया बारीथे गगन की ओर

'बरीथे' लौट गया। वहां से उसने धरती को देखा और महसूस किया—''उसने धरती पर पशु-पक्षी, सांप, बिच्छू और चींटियां तो बना दीं, पर उनमें सोचने की शक्ति तो है ही नहीं। ये तो केवल घूम-फिर सकते हैं; सोच नहीं सकते। धरती तो अधूरी रह गई। यहां कोई बोलने-गानेवाला भी नहीं है, ना ही इस धरती का सौंदर्य बखानने वाला है कोई। गीत में यह हिस्सा यूं गाया जाता है—

(2)

इरु सिनिंग पेन नांग्लांग	बारीथे ने देखी गगन से धरती
पिरथे दो अलीर अचाम	मुग्ध हो बोल उठा वह— 'कितनी सुंदर मेरी धरती'
पिरथे तांग बोलोन चेनाम	फिर यकायक महसूसा—'अरे! अभी तो अधूरी है यह धरती,
कावे केकुर केतारान	कहां कोई है, जो कुछ बोले
मान-पेंग कावे कांग्थाई दांग	बतियाये या चिल्लाए
इरु सेंग जादी अलाम	बखाने उसका सौंदर्य
सारजोन अमुंग चोक चेलांग	या करे मान-सम्मान
रानाम फारो केदो आन	इक-दूजे का?
इरु क्रुंग चिंग्साई अलाम	दुःख से भरे बारीथे ने पूछा—
मोनित (कार्बी) सारजोन नांग्जीलांग	'तो क्या मेरी कृति अधूरी?'

गगन में इकट्ठे सौ **'अरनामों'** ने फिर से मंत्रणा की। उन्होंने धरती पर मनुष्य निर्माण का निर्णय लिया। मनुष्य—जो सोच सके और सोचा हुआ व्यक्त कर सके—जो इक-दूजे का सम्मान कर सके। पेड़-पौधे, जीव-जंतु, और नदियां सक्षम नहीं हैं चूंकि वे सोच नहीं सकते। **'अरनामों'** ने **'बरीथे'** को फिर से जिम्मेवारी दी। इस बार उन्होंने मनुष्य बनाने का वरदान भी दिया।

'बरीथे' ने **'रंगबिनी'** और **'रुबीनी'** को बुलाकर उन्हें मनुष्य बनाने का दायित्व सौंप दिया। दोनों मनुष्य निर्माण में जुट गए। वे दोनों, जितने पुतले दिन-भर में बनाते उन्हें रात में और जो रात-भर में बनाते उन्हें, दिन में **'ही–ई'** (एच.ई.आई.) शैतान खा जाता। उन्होंने शैतान से मनुष्य के पुतले को बचाने के लिए तेज कान और दूर तक देखने की क्षमता रखनेवाला कुत्ता बनाया। अब यह कुत्ता ही मनुष्य के पुतले की रक्षा करने लगा।

'रुबीनी' और **'रंगबीनी'** के पास मनुष्य बनाने की सामग्री न तो सुंदर थी और न ही 'पर्याप्त'। **'बरीथे'** ने स्वयं सामग्री लाकर दी और साथ ही उन्हें मनुष्य बनाने का ज्ञान और ढंग भी सिखाया। इसलिए **बरीथे** को कार्बी लोग **रू-कुरु** (गुरु) और **रंग-कुरु** भी कहते हैं। **'बरीथे'** ने उन्हें बताया कि कैसे सारी सामग्री जुटाकर मनुष्य का पुतला बनाकर सुखाया जाता है। उन्होंने उन्हें अनेक रूपवाले मनुष्य बनाने की

विधि भी बतायी। अनेक रूपवाले मनुष्य का निर्माण करने में रात-दिन मेहनत करते-करते रूबीनी और रंगबीनी थक गए। उन्होंने सृजनकर्ता **'बरीथे'** से प्रार्थना की कि अनेक मनुष्य बनाने हेतु वह उनकी सहायता के लिए कुछ और लोग उपलब्ध कराये। **बरीथे** ने कहा, "जिसे चाहो तुम लोग अपनी मदद के लिए चुन लो।" **'रुबीनी'** और **'रंगबीनी'** ने सौ **'अरनामों'** में से सामग्री लाने के लिए **'वांथू'** और **'वांथो'**, मनुष्य का पुतला बनाने हेतु **'रू-कमार'** और **रंग-कमार**, पुतले की देखभाल करने के लिए **चेहोन** और **बेहोन कुरु** और उनमें प्राण फूंकने हेतु **मंजीन** और **मुंजीन कुरु** को चुना। अन्त में उन्होंने भाग्य रेखा बनाने हेतु **दाक-कुरु** और **हाक-कुरु** को मांगा। ये सब **अरनाम** मिलकर अपने-अपने काम में जुट गए।

सबने मिलकर मनुष्य का सृजन तो कर दिया लेकिन **बरीथे** को लगा, धरती तो बहुत विशाल है—इतनी भारी संख्या में मनुष्य बनाने पर भी वह खाली-खाली ही लगेगी। इस कमी को पूरा करने के लिए सौ **अरनाम** फिर बैठे। उन्होंने फैसला होने तक मनुष्य का सृजन रोकने का आदेश दिया। अन्त में यह तय किया गया, जितने मनुष्य अभी तक सृजित हो चुके हैं, भविष्य में वही लोग आपस में मिलकर मनुष्यों का सृजन करेंगे। **'अरनाम'** लोग उनके रहने-खाने-पीने, भोजन तथा अन्य सुविधाएं मुहैया कराने में सहयोग करेंगे।

रुबीनी और **रंगबीनी,** जिसे **चंगबीनी** भी कहते हैं, ने चूंकि मनुष्य का सृजन किया था इसलिए इन दोनों कुरुओं की पत्नियों को भी **अरनामों** ने नई रीति से मनुष्य के सृजन का वरदान दिया। फलतः सौ **अरनामों** के वरदान स्वरूप **रुबीनी** से बेटा और **रंगबीनी** से बेटी पैदा हुई। बेटे का नाम **रानाम** और लड़की का नाम **चेलिरएत** रखा गया।

इस प्रकार स्त्री-पुरुष के संगम से स्त्री के गर्भ से पैदा होनेवाले ये दोनों प्राणी, दुनिया के प्रथम नर-नारी हुए। **'अरनामों'** को जब यह विश्वास हो गया कि स्त्री-पुरुष के संगम से मनुष्य पैदा हो सकते हैं, तो उन्होंने मनुष्य के मन में प्रेम-बीज रोपा और **साईदेरी** को जिम्मेवारी दी कि वह सभी मनुष्यों में प्रेम-भावना का संचार करे। यह जाहिर है कि प्रत्येक मनुष्य के पास जा-जाकर उनके मन में प्रेमभाव भरना संभव नहीं था, इसलिए **साईदेरी** ने पान-सुपारी का जुगाड़ किया। उस पर मंत्र पढ़ा और रास्ते में मनुष्यों का इंतजार करने लगी। उस रास्ते से जो भी स्त्री-पुरुष गुजरते, उनके मन में प्रेम पैदा करने के लिए वह उन्हें पान-सुपारी देती और कहती—

"जब तुम लोग आराम करने बैठो, तभी इसे खाना।"

पान-सुपारी खाने के बाद सभी लड़के-लड़कियों के मन में बदलाव आया और उनमें प्रेम-प्यार जगा। **साईदेरी** ने बचे हुए मंत्र पढ़ित पान-सुपारी जंगल में फेंक दिए ताकि जंगल में रहनेवाले जीवों में भी पान-सुपारी खाने के बाद प्यार जग जाये।

रुबीनी और **रंगबीनी** के बेटा-बेटी ने बड़े होकर आपस में शादी कर ली। इस प्रकार मनुष्यों की संतति में वृद्धि होने लगी।

तत्पश्चात् **रुबीनी** और **रंगबीनी** की मनुष्य बनाकर उन्हें नष्ट न होने देने की शक्ति को **अरनामों** ने वापस ले लिया और तभी से मनुष्यों का मरना आरंभ हो गया।

राभा (असम)

पृथ्वी का जन्म

प्रस्तुति : **फुकन चंद्र बसुमतारी**
अनुवाद : **अकील कैस**

राभा जनों का विश्वास है कि पहले पृथ्वी नहीं थी। हर जगह पानी-ही-पानी था। पृथ्वी की रचना से पूर्व 18 **रिसी** यानी देवता थे। उन देवताओं में **क्रिमीसुंग** (Krimisung) सबसे बुजुर्ग था, जबकि सबसे छोटे का नाम था **नोमल** या **नुमिल**। एक दिन पृथ्वी की सृष्टि के लिए उचित साधन पर विचार करने के लिए उन सभी 18 देवताओं की अनुमति से एक सभा बुलाई गई। इस बड़े उद्देश्य की सफल प्राप्ति के लिए **नुमिल** को चुना गया।

एकदम आरंभ में **नुमिल** ने **केकड़े** की रचना की और पानी के अंदर फाथाल लोक (पाताल-लोक) से कई वस्तुएं लाने का उसे आदेश दिया ताकि वह मिट्टी के लिए कोई स्थान बना सके।

केकड़े ने कहा—"हे देव! पानी बहुत गहरा है और पिंड (मिट्टी के लिए स्थान) की रचना कई वस्तुओं से होनी है। मेरे तो चार पैर ही हैं। मेरी प्रार्थना है कि मेरे कुछ और पैर बना दें।"

नुमिल देव ने क़ेकड़े की प्रार्थना स्वीकार कर ली और उसके दस पैर बना दिए। अब केकड़ा पानी के अंदर गया और कई तरह के पदार्थ व मिट्टी लेकर जल के नीचे ही एक प्रकार की पृथ्वी रच दी। केकड़े की पृथ्वी का आकार गोल था।

पृथ्वी के बन जाने के बाद देवता ने केंचुए की रचना की। केंचुए को आदेश दिया गया कि वह पिंड को कठोर बना दे। इसके बाद कई चीजों की सृष्टि की गई। जैसे पर्वत-पहाड़, तालाब, झील, नदियां, जीव-जंतु, चींटी, कीड़े-मकोड़े आदि। इन सभी चीजों की रचना के उपरांत एक बड़ा कछुआ बनाया गया और पृथ्वी को उसके मेरुदंड पर रख दिया गया। लोगों का विश्वास है कि उस कछुए के चलने पर पृथ्वी अस्थिर हो जाती है और भूकंप आता है।

एक अन्य विश्वास के अनुसार **रिसी** और उसकी पत्नी **सारिपोक** (Saripok) ही राभा लोगों के मुख्य देवता थे। दोनों स्वर्ग में रहते थे। इस सुंदर विश्व की उन्होंने पहली बार रचना की। **रिसी** के आदेश तथा परामर्श के अनुसार **तोकबोरा** (Tokbora) नामक देवता ने कई मानव और जंतु, वस्तुएं तथा पहाड़, वृक्ष-लताएं, चींटियां-कीट, घास-जंगल आदि रचे।

खासी (मेघालय)

जब पृथ्वी ने अपना वर्तमान रूप लिया

प्रस्तुति : **बिजोया सावियान**
अनुवाद : **अकील कैस**

एकदम प्रारंभ में पृथ्वी एक चौरस विस्तृत मैदान भर थी। एकदम सपाट-बंजर-वीरान इस पर न तो पहाड़ थे, न घाटियां और न नहरें। हां, कुछ जंगल और नदियां जरूर थीं।

उस काल में आग, पानी और धूप की तीन देवियां हुआ करती थीं। उनके नाम क्रमशः **का डिंग, का उम** तथा **का सून्गी** थे। एक बार उनकी मां, जो स्वर्ग में रहती थी अपनी बेटियों से मिलने पृथ्वी पर उतरी। पर यहां अचानक वह बुरी तरह बीमार पड़ गई और अंततः मर गई। सदमे और दुःख में डूबी तीनों बहनों पर अपनी मां की अंत्येष्टि की जिम्मेवारी आन पड़ी।

मातृसत्तात्मक खासी समाज की परंपरा के अनुसार यह जिम्मेवारी सबसे पहले छोटी बेटी **का सून्गी** की होती थी। वह सूर्य-देवी थी। इसलिए अपने अंदर की शक्तिशाली तेज किरणें लाश पर फेंकने लगी ताकि शव-दाह संपन्न हो जाए। तेज किरणों से सभी झाड़ियां, पेड़, घास-फूस जलकर राख हो गए, नदी-नाले सूख गए पर उन देवियों की मां का शव जस का तस पड़ा रहा।

अब यह काम दूसरी बेटी के हिस्से आया। उद्विग्न **का उम** ने मजबूत निश्चय के साथ पृथ्वी पर वर्षा शुरू करवाई। कई दिनों तक लगातार बारिश होती रही। इस विशाल जल-प्रलय में सभी वस्तुएं, सभी स्थान डूब गए। आखिर वर्षा समाप्त हुई और पानी घटा। पर शव अपनी जगह ही पड़ा मिला, जैसे उसे कुछ भी न हुआ हो। वह अनछुआ-सा ही पड़ा रहा।

अंततः बड़ी बेटी की बारी आई। **का डिंग,** जो अग्नि देवी थी को यह कठिन और दुःखद कार्य पूरा करना था। उसने आग की तेज लपटें पृथ्वी पर डालीं। कई दिनों तक निरंतर पृथ्वी आग की प्रचंड ज्वाला में झुलसती रही। अंततः जब आग शांत हुई तो उन देवियों को यह देखकर बहुत राहत हुई कि उनकी मां का पार्थिव शरीर भस्म हो चुका था। इस तरह उनकी मां की अंतिम क्रिया पूरी हुई।

उस दिन से ही मैदान रूपी विस्तीर्ण पृथ्वी का रूप धीरे-धीरे बदल गया

और पृथ्वी ने एक आकार लिया। धरातल पर पहाड़, घाटियों और दर्रों ने जन्म लिया और उनसे निकलनेवाले कुहासे आकाश में तैरने लगे। पृथ्वी की सतह ने धीरे-धीरे फिर हरे-भरे पेड़, झाड़ियों और घास तथा सुंदर फूलों का चोला धारण कर लिया। नदी-नाले और चांदी की चमकवाले झरने कल-कल करने लगे और कालांतर में इस दीप्तिमान पृथ्वी को मनुष्य जाति ने अपना घर बनाया।

खासी (मेघालय)

जब मनुष्य पृथ्वी पर उतरा

प्रस्तुति : **बिजोया सावियान**
अनुवाद : **अकील कैस**

शिलौंग से तेरह मील उत्तर की ओर गुंबदाकार एक पहाड़ी है। नाम है **लुम सोहपेत ब्नेंग** जिसका अर्थ है—स्वर्ग की नाभि। खासी लोगों का विश्वास है कि उस पहाड़ी पर **जिंग कीना क्सीयार** या सोने की सीढ़ी स्थित थी, जो पृथ्वी को आकाश से जोड़ती थी, जैसे गर्भनाल गर्भस्थ शिशु को उसकी मां से जोड़े रखती है। उस समय मनुष्य जाति आकाश पर ही रहती थी।

तब मनुष्यों में एक प्रथा प्रचलित थी, जिसके अनुसार सभी लोगों को इस विशाल सीढ़ी से पृथ्वी पर हर दिन उतरना होता था। वे यहां दिन-भर मेहनत करते, खेती करते और फसल उगाकर लाभ कमाते और शाम होने पर उस स्वर्ण-सोपान के सहारे आकाश में लौट जाते। यह पीढ़ी-दर-पीढ़ी चलता रहा।

तब उन लोगों में से एक के मन में पृथ्वी पर अपना राज्य स्थापित करने की महत्त्वाकांक्षा जागी। वह आकाश में **यू ब्लेई** यानी सर्वशक्तिमान सृष्टा के राज्य में अब और रहना नहीं चाहता था। वह कई महीने गुप्त रूप से और सावधानीपूर्वक अपने सपने को सच में बदलने के लिए योजनाएं बनाता रहा। आखिर अपनी योजना के अनुसार, जब भी उसे अवसर मिलता वह सीढ़ी को थोड़ा-थोड़ा काटने की कोशिश में लग जाता।

एक दिन जब पृथ्वी पर आकाश से केवल सात परिवारों के लोग काम करने के लिए उतरे थे, वह व्यक्ति अपना उद्देश्य पूरा करने में सफल हो गया। जब लोग अभी खेतों में जुटे थे, उसने सीढ़ी पर पूरी शक्ति से प्रहार किया और वह नीचे आ गिरी। इस प्रकार वे सातों परिवार के लोग पृथ्वी पर सदा-सर्वदा के लिए रहने को बाध्य हुए और उस व्यक्ति का सपना साकार हुआ। कहते हैं कि दुनिया के तमाम लोग उन सातों परिवार की ही संतान हैं, जो कालांतर में समस्त महादेशों में फैल गए।

खासी (मेघालय)

प्रथम सात कबीले

प्रस्तुति : **किनफामसिं नोंगकिनरिह**
अनुवाद : **सारंग कुमार**

सृष्टि के प्रारंभ में जनहीन विशाल पृथ्वी के अलावा कुछ भी नहीं था। सृष्टा ने दो ही प्राणियों की रचना की—**रैम्यू** यानी धरती माता ओर उसका पति **बासा,** जो बाद में गांवों के संरक्षक देवता के रूप में जाना गया। कुछ अर्से तक दोनों प्रसन्नतापूर्वक जीवन बिताते रहे। केवल एक ही बात उन्हें खलती थी—संतान का अभाव। दोनों तहेदिल से बच्चा चाहते थे। उसके बिना वे अकेलापन महसूस करते और बेलौस जीवन बिता रहे थे। उन्होंने अपने जीवनदाता **ऊब्ली** से बच्चे के लिए प्रार्थना की ताकि उनका वंश चल सके। सृष्टा ने उनकी इच्छा पूरी करते हुए उन्हें पांच महान शक्तिशाली और सुयोग्य बच्चे प्रदान किए, जिन्हें दुनिया भौतिक तत्त्वों के रूप में जानती है। **सूरज** उनकी पहली पुत्री थी और **चांद** इकलौता पुत्र। जल, हवा और आग उनकी अन्य बेटियां थीं। आग सबसे छोटी बेटी थी। रिवाज के मुताबिक उसका काम था घर की देखभाल, रसोई बनाना और रोजमर्रा की जरूरतों को पूरा करना।

रैम्यू अपने बच्चों को बढ़ते और उन्नति करते देख खुश थी। उन्हें दुनिया को खुशनुमा बनाने, जगह-जगह पेड़-पौधों और सुंदर फूलों को जीवन देने में व्यस्त देख खूब प्रसन्न थी। लेकिन इतनी शांति और प्रचुरता के बीच भी उसे किसी चीज की कमी खल रही थी। इतनी प्यारी वस्तुओं की देखभाल करनेवाला कोई नहीं था। उसने महसूस किया कि यह ठीक नहीं है।

एक बार फिर **रैम्यू** ने सृष्टा से विनती की कि विशाल और मनोहारी बगीचों की देखरेख के लिए किसी को भेजे। सृष्टा ने **रैम्यू** को दुनिया को रहने लायक जगह बनाने के लिए कड़ी मेहनत करते देखा था, सो उसने उसे उसकी ख्वाहिश पूरी करने का वचन दिया। स्वर्ग में रहनेवालों की एक बड़ी सभा पृथ्वी के रखवालों के चुनाव के लिए बुलाई गई। कई दिनों के विचार-विमर्श के बाद सृष्टा ने घोषणा की कि स्वर्ग में रहनेवाली सोलह जातियों में से सात जातियां पृथ्वी पर उतरेंगी। वे जंगलों को आबाद करेंगी और सृष्टि पर राज करेंगी। वे **रिहिन्यूत्रेप** या सात कुटियों, सात परिवार व सात जातियों के रूप में जानी जाएंगी, जो खासी समुदाय की सात

उपजातियों—**खिनरियम, पनार, भोइ, वार, मरम, लिंगगम** और **दिको** (अब लुप्त) की पूर्वज होंगी।

सृष्टा ने तब पृथ्वी को खुशी से नवाजा, धरती को उपजाऊ और वैभवपूर्ण बनाया। ऐसा करने के बाद उसने सातों जातियों के साथ एक समझौता किया। समझौते के मुताबिक जब तक आदमी सदाचारी और न्याय-परायण जीवन व्यतीत करेगा तथा रीति व सृष्टि के कानूनों का आदर करेगा, वह कभी अकेला नहीं रहेगा। साथ ही **लमपेत बेंग** या स्वर्ग की नाभि के पवित्र पर्वत पर स्थित सर्वशक्तिमान सृष्टा के राज्य और मनुष्य के राज्य के बीच बने पुल पर वह इच्छानुसार आया-जाया करेगा। उसने समझौते के स्मारक के रूप में दूसरे पर्वत पर **दिएनगी** नामक बलूत का पेड़ मानवों को यह याद दिलाने के लिए रोप दिया कि उन्होंने उसके समक्ष, उसकी आज्ञा के मुताबिक जीवन-यापन करने की शपथ ली है।

दुनिया के कार्यकलाप भलीभांति चलने लगे। जब तक मनुष्य सृष्टा को याद करते हुए उसकी आज्ञा का अनुसरण करता रहा, वह जीवन में उन्नति करता रहा और कभी भी दुखी नहीं रहा। पृथ्वी पर उसकी जिंदगी आनंद की कहानी थी। फिर भी आदमी आनंद मात्र से संतुष्ट नहीं था। दुनिया में सभी चीजों की तरह वह दो हत्थोंवाला इंजन है। अच्छा और बुरा, दोनों करनेवाला। वह सृष्टा का हुक्म मानते-मानते जल्द ही ऊब गया था। अब वह अपने जीवन, प्रवृत्ति और प्रेरणा के मुताबिक जीना चाहता था। फलतः वह सभी तरह की बुराइयों में उलझ गया। वह अपने कायदे-कानून खुद बनाने लगा। अजीब-अजीब रीति-रिवाजों में उलझता गया और समझौते में जो **मानव को जानो, सृष्टा को पहचानो और न्याय-परायणता अर्जित करो** का प्रावधान था, उसने उसका उल्लंघन कर डाला।

मनुष्य के द्रोह से सृष्टा काफी खीझ गया। उसकी नाराजगी का यह सबूत था कि उसने **दिएनगी** (समझौते का स्मारक) को दिनोंदिन विकट रूप में बढ़ने दिया। उसका आकार और ऊंचाई इतनी बढ़ गई कि उसकी छाया से धरती के सभी हिस्से अंधेरे में डूब गए। लगातार घुप्प अंधेरे ने खड़ी फसलों को मुरझा दिया। वनस्पतियों के नष्ट होने के आसार दिखने लगे और मुनष्य पर जंगली जानवरों और सभी प्रकार की बुराइयों का शिकार होने का खतरा बढ़ गया। मनुष्य डर गया। लेकिन अपने चरित्र के अनुकूल उसने अपनी आत्मा में झांकने, गलतियां मानने और पश्चात्ताप करने की बजाय, अपने अस्तित्व पर मंडरा रहे खतरे का समाधान स्वयं ढूंढ़ने की सोची।

उसने सातों जातियों के सभी पुरुष प्रतिनिधियों की परिषद् बुलाई। आपस में सलाह-मशविराकर लगातार आकार बढ़ा रहे **दिएनगी** को गिराने का निर्णय लिया। एक पल के लिए भी यह सोचे बिना कि वह बलूत का पेड़, जो मनुष्य के प्रति सृष्टा

के प्रेम का प्रतीक था, क्यों अचानक दुश्मन बन बैठा—परिषद् ने प्रत्येक परिवार के कम-से-कम एक आदमी को बड़े चाकू और कुल्हाड़ी के साथ आकर उस पेड़ को काट गिराने का हुक्म दिया।

दिएनगी को धराशायी करने का काम शुरू हो गया। लोग सुबह से शाम तक उसके तने पर कुल्हाड़ी चलाकर कुछ हिस्से काट डालते, लेकिन जब वे दूसरे दिन वहां आते, तो तने को पहले की तरह पुष्ट पाते, जैसे किसी ने उसे छुआ तक नहीं हो। वे अवाक् थे। कुछ तो डर गए कि पेड़ में कोई रहस्यमय शक्ति है। वे इसके विरुद्ध क्या करें, जो कटने के तुरंत बाद स्वयं को भर लेता है? वे इस बात से भी निश्चिंत नहीं हो सकते थे कि कहीं पेड़ उन पर गिरकर उन्हें निगल न जाए। इसी उधेड़बुन में वे चुपचाप बैठे थे कि फुदकनेवाली एक छोटी फ्रीट चिड़िया उड़ती हुई नजदीक के धान के खेत में आई। उसने मनुष्य को इतने विषाद में पहले कभी नहीं देखा था। कारण जानकर उसने **दिएनगी** का रहस्य बताने की इस शर्त पर इच्छा प्रकट की कि उसे आजादी के साथ खेतों में धान चुगने की इजाजत दी जाएगी। शर्त मान लेने पर फ्रीट ने उन्हें बताया कि कटे हुए हिस्से का इतनी जल्दी से भरने में कोई जादू काम नहीं कर रहा है, बल्कि यह एक बाघ का कमाल है। जब लोग तने को काटकर घर चले जाते हैं, तो एक बाघ उसे चाटता है। यही वजह है कि पेड़ का घाव इतनी जल्दी भर जाता है। बुराई और बेरहमी का प्रतीक बाघ चाहता है कि **दिएनगी** यों ही खड़ा रहे और अपनी छाया का विस्तार करता रहे, ताकि अंधेरे में वह आसानी से शिकार कर सके। वास्तव में वह उस वक्त के इंतजार में है, जब इस पेड़ की छाया आदमी की बस्ती तक फैल जाएगी और बाघ आदमियों का शिकार कर पाएगा। बाघ के बुरे इरादों को विफल करने के लिए फ्रीट ने सलाह दी कि पेड़ के काटे गए हिस्से को हर रात चाकुओं और कुल्हाड़ियों से घेर दिया जाए।

इस दैवी वाणी से उत्साहित होकर वे काम में जुट गए। दिनभर के काम के अंत में अपनी कुल्हाड़ियों को पेड़ से लगाकर रख दिया। दूसरी सुबह पेड़ का घाव भरने के बदले उन्होंने अपनी कुल्हाड़ियों पर खून के दाग देखे। बाद में उन्होंने जाना कि बाघ की जीभ के टुकड़े-टुकड़े हो गए हैं और डर के मारे वह किसी अज्ञात स्थान की ओर भाग गया है। उन्हें प्रसन्नता हुई। वे नए जोश से पेड़ काटने लगे और कुछ ही हफ्तों में उसे गिरा दिया। सभी ने चैन की सांस ली। लेकिन सृष्टिकर्ता मानवों के इस विश्वासघात से बहुत दुखी हुआ। उसके द्वारा भेजा गया अंधेरा न तो किसी की आंखें खोल सका और न ही पछतावा सिखा सका। इसके उलट मानवों ने उसके साथ हुए समझौते का मनमाने तरीके से तिरस्कार किया। समझौता निरर्थक हो जाने के कारण सृष्टा ने मानवों के साथ

अपना संबंध तोड़ लिया और सोहपेत बेंग से होकर स्वर्ग को जानेवाले रास्ते के पुल को बंद कर दिया। स्वर्ग में रहनेवाली नौ जातियों से दूर और सृष्टा के मार्गदर्शन के अभाव में धरती की सात जातियां नए किस्म के अंधेरे में मानव मन में पनपनेवाली बुराइयों के बीच स्वयं को असहाय और अनाथ महसूस करने लगीं। इस तरह उनकी जिंदगी के स्वर्णिम युग का अंत हो चला था।

खासी (मेघालय)

खोया हुआ हस्तलेख

प्रस्तुति : **किनफामसिं नोंगकिनरिह**
अनुवाद : **सारंग कुमार**

दिएनगी के पतन और मानवों के सृष्टिकर्ता के साथ हुए समझौते के उल्लंघन के बाद सृष्टा ने मनुष्यों से नाता तोड़ लिया और **सोहपेत** होकर स्वर्ग की ओर जानेवाले रास्ते के सुनहरे पुल को बंद कर दिया। पुल का बंद होना यह संकेत भी दे गया कि मनुष्य के इतिहास का स्वर्णिम युग खत्म हो चुका है और दैवीय मार्गदर्शन के अभाव में उधेड़बुन का दौर शुरू हो गया है। इसका असर यह हुआ कि आदमी बुरी प्रथाओं व अंधविश्वासों का शिकार होने लगा।

विषाद की इस घड़ी में कुछ न्याय-परायण लोगों को सृष्टा और उसकी छत्रछाया में बिताई गई खुशगवार जिंदगी की याद आई। उन लोगों ने मानव जाति की एक सभा बुलाई जिसमें फिर सर्वशक्तिमान की शरण में जाने के लाभों का बखान किया गया। परिषद् ने उनकी बातों से प्रभावित होकर उन्हें मनुष्य व सृष्टा के बीच मध्यस्थता का भार सौंपा। उन्होंने दिन-रात सृष्टा की आराधना शुरू कर दी। आखिर में सर्वशक्तिमान सृष्टा उन पर मेहरबान हुआ और संकेतों द्वारा बता दिया कि वे **रि खासी** पर्वत के नीचे मैदानी भागों में बसे लोगों के प्रतिनिधि के साथ अपने एक दूत को सबसे ऊंचे पहाड़ के शिखर पर मिलने को भेजें। दोनों दूतों को पहाड़ पर भेजा गया, जहां सृष्टा ने उन्हें लगातार तीन दिनों तक विभिन्न धार्मिक कृत्यों, खासकर सच्चाई और पवित्रता के साथ जीवनयापन करने संबंधी उपदेश दिए। उसने अपने उपदेशों का दो प्रतियों में दस्तावेज तैयारकर उन्हें दिया ताकि वे सृष्टी के नियमों का प्रचार अपने लोगों के बीच भलीभांति कर सकें। दस्तावेजों को सावधानी से रखने का निर्देश देते हुए सृष्टा ने उन्हें विदा किया।

दोनों यह समझते हुए कि सृष्टि के उपदेश वे अपने लोगों के पास ले जा रहे हैं ताकि बुरे रिवाजों को त्यागकर समाज में सुधार लाया जा सके, खुशी से झूम उठे। लेकिन लौटते हुए रास्ते में पहाड़ के नीचे एक बड़ी नदी को पार करने की समस्या उन दोनों के समक्ष आ गई। नदी में उस समय बाढ़ भी आई हुई थी। दूसरे तट पर वे कैसे पहुंचें, यह विकट समस्या थी। सबसे महत्त्वपूर्ण बात यह थी कि अपनी थाती को नष्ट होने से वे कैसे बचाएं? वे अच्छी तरह जानते थे कि कोमल तंतु पर लिखे

उपदेशों को पानी तुरंत बर्बाद कर देगा। वे खुशी में मस्त और वीरों की तरह स्वागत होने की कल्पना में इतना खो गए थे कि बाढ़ घटने की प्रतीक्षा करना उन्हें नागवार लगने लगा। उन्होंने अपनी कीमती थाती की यथाशक्ति रक्षा करते हुए नदी पार करने का निर्णय लिया।

डखार, जो रिवाज के मुताबिक अपने सर पर लंबे बालों का गुच्छा रखता था, ने दस्तावेज को उसमें फंसा लिया और सुरक्षित तरीके से नदी पार कर घर के रास्ते की ओर बढ़ चला। खासी, जो उस तरह के लंबे बाल नहीं रखता था, ने दस्तावेज को दांत से पकड़कर तैरना शुरू कर दिया। लेकिन पहाड़ का आदमी होने की वजह से वह बड़ी नदियों में तैरने का अभयस्त नहीं था, इसलिए मझधार में पहुंचते ही वह असहज हो गया। उसका सिर कभी पानी के भीतर डूबता तो कभी ऊपर आ जाता। स्वयं को बचाने और मुंह से लंबी सांस लेने के क्रम में वह अचानक अपना दस्तावेज निगल गया। दस्तावेज गलकर लुगदी बन गया। पछतावे के कारण वह नदी के भय से मुक्त होकर उसी ओर भागा, जिधर से आया था और फिर तुरंत उस पहाड़ की ओर सृष्टा को यह समझाने चला गया कि जो कागज खो गया है, वह केवल उसी का नहीं, बल्कि सारे समुदाय का था, जिस पर उसका अध्यात्मिक हित निर्भर था। उसका और खासियों का दुर्भाग्य था कि सृष्टा उसे पहाड़ में कहीं नहीं मिला। उसे खाली हाथ लौटना पड़ा।

घर पहुंचकर साहसिक कार्य करनेवाले दूत ने निराश लोगों को सारी घटनाएं बताईं। अगर वह झटपट समाधान नहीं ढूंढ़ता, तो क्रुद्ध भीड़ शायद उसके चिथड़े उड़ा देती। समाधान यह था कि वह लोगों को सृष्टा द्वारा दिए गए उपदेश, जो उसे कुछ-कुछ अब भी याद थे, सुनाएगा। सृष्टा के पास उसे दूत बनाकर भेजनेवालों ने दूसरी सभा बुलाई, जिसमें उसने हरेक आदमी को सृष्टा के उपदेशों और दैवी नियमों से परिचित कराया लेकिन सभी बातें याद नहीं रहने के कारण उसने नियमों को अपनी इच्छानुसार सरल बनाकर पेश किया। यही कारण है कि खासी लोगों की धार्मिक सोच, जैसा कि हम समझते हैं, जटिल नहीं है। सभा में लोगों ने उन उपदेशों को आसानी से अनुसरण करने योग्य पाया और आगामी पीढ़ियों को जुबानी बताने के लिए उन्हें अपने दिलों में संजो लिया। उपदेशों और दैवी नियमों का यही निजीकरण आज हरेक खासी की सृष्टि-भक्ति को नितांत व्यक्तिगत बनाता है। इसीलिए खासियों की पूजा हरेक व्यक्ति के दिल में होती है, किसी मंदिर या गिरजाघर में नहीं।

खासियों के धर्म की मौलिक धारणा तीन सिद्धांतों पर आधारित है—मनुष्य को जानना, सर्वशक्तिमान सृष्टा को जानना और सदाचार अर्जित करना। सबसे पहले आदमी को आदमी का, उसके जीवन का और प्रकृति में फैले जीवन का, महान सृष्टा

ऊब्ली की सृष्टि का—समानता के आधार पर आदर करना चाहिए। जब मानव अपने सहचरों का आदर करना सीखेगा तभी वह सृष्टा का सम्मान करना भी सीख जाएगा। सृष्टा के प्रति प्रेम प्रदर्शित करने का अर्थ है दुनिया में अच्छाई के प्रति प्रेम रखना। इसलिए निष्कर्ष यह कि आदमी दुनिया में सदाचार अर्जित करने के लिए जीता है, अच्छा और पवित्र जीवन व्यतीत करता है तथा मरने के बाद अपने सृष्टिकर्ता के पास लौट जाता है।

खासी (मेघालय)

'महा मां' धरती (रम्यू)

प्रस्तुति : **डेजमंड खरमाओफिलांग**
अनुवाद : **रमणिका गुप्ता**

'का रम्यू' का सृजन

सृष्टा ने ब्रह्मांड की रचना की शुरुआत **'यू. का. रम्यू'** अर्थात महा मां धरती को बनाकर की। उसने धरती **'रम्यू'** से ही एक बेटा चांद एवं पांच पुत्रियों—सूरज, प्रकृति, हवा, पानी तथा आग की रचना की। (पूर्वोत्तर के सभी राज्यों में सूर्य को स्त्री ही माना जाता है)। प्रकृति के नियमानुसार **'रम्यू'** अर्थात् धरती का विवाह **'यू रिंगक्यू'** (आकाश) से करवा दिया गया था। इस वैवाहिक संबंध से दोनों की दो संतानें हुईं—**'यू मां'** अर्थात् पत्थर तथा **'का खाइंडियू'** अर्थात् मिट्टी। सूरज, चांद, प्रकृति, हवा, पानी तथा आग ने भी अपना-अपना निर्धारित कार्य करना शुरू कर दिया—जिसके लिए सृष्टा ने उनकी रचना की थी। धरती **'का रम्यू'** गर्भवती हो गई और उसने पेड़ों-जंगलों, घास तथा जड़ी-बूटियों, लताओं तथा पक्षियों को जना। इस प्रकार धरती बहुत ही लावण्यमयी एवं सुंदर हो गई। आकाश **'यू रिंगक्यू'** ने अपनी जिम्मेदारी बखूबी निभाते हुए मां धरती **'का रम्यू'** की देखभाल अच्छी तरह करनी शुरू कर दी। उसने वासा एवं टुटेलरी देवों की भी देखभाल की। इन देवों को सभी प्राणियों, जिन्हें महां मां धरती (रेम्यू) ने जन्म दिया था—के भरण-पोषण एवं सुरक्षा हेतु बनाया गया था।

सात कुटीरें धरती पर उतरीं

इस तरह जब सृष्टि-सृजन का काम पूरा हो गया तो इस महा मां धरती **'का रम्यू'** ने एक ऐसी 'हस्ती' की रचना किए जाने की प्रार्थना की, जो उसकी संतानों की ही नहीं, बल्कि प्रकृति तथा उसमें रहनेवाले सभी की देखभाल कर सके। यह वह समय था, जब ब्रह्मांडीय विधान में शब्द को पूर्वानुमान लगाने की शक्ति प्रदानकर, विशेष रूप से चयनित 16 कुटीरों एवं आकाशवासियों को सौंपा जा चुका था, जो पालनहारा सृष्टा के वक्ष में अवस्थित थे। महा मां धरती **'का रम्यू'** की याचना-प्रार्थना पर ब्रह्मांड की सबसे पहली संगीती (बैठक) बुलाई गई। इस संगीती में यह तय हुआ कि आकाश में रहनेवाली इन सोलह कुटीरों में से सात कुटीरें धरती पर पूरी सृष्टि के

कार्यों के प्रबंध हेतु उतरेंगी। सो निर्णयानुसार सात कुटीरें हर दिन सुबह में धरती पर सोने की लता के सहारे, जो आकाश से **'सोफेतब्नेंम'** नामक पर्वत-शिखर तक बनी हुई थी, उतरने और शाम के समय उसी लता से अपने आकाशीय आवास में वापस जाने लगीं। **'सोफेतब्नेंम'** को धरती की नाभि माना जाता है।

शब्द बना मनुष्य का सहचर

इस प्रकार सात कुटीरों के सदस्य हर दिन नियमपूर्वक धरती पर **लकरियाह** मुखिया के नेतृत्व में आने-जाने लगे। ब्रह्मांडीय विधान ने सातों कुटीरों के सदस्यों को शब्द 'का कतेन' के माध्यम से 'वाक्‌शक्ति' यानी अभिव्यक्ति की ताकत प्रदान की, ताकि वे लोग अपनी जिंदगी उसी प्रकार सुचारु रूप से चला सकें, जैसा कि आकाश में अन्य नौ कुटीरों के उनके नातेदार सृष्टा की उदारता में आनंदपूर्वक चला रहे थे। इस प्रकार 'शब्द' और व्यक्ति एक-दूसरे के सहचर बन साथ-साथ चलने लगे। संसार के सभी जीव शांति और मेल-मिलाप से रहने लगे। फलतः सभी जीवित प्राणियों की संख्या बढ़ने लगी। लंबे समय तक **लकरियाह** सरदार के न्यायपूर्ण शासन में सब खूब फले-फूले।

काम का बंटवारा

कालांतर में संसार ने खूब विकास किया। वह खूब फला-फूला लेकिन सरदार **लकरियाह** बूढ़ा हो गया। बुजुर्गों की परिषद्‌ के माध्यम से शांति और न्याय का राज चलता रहा। तब प्राणी-जगत का प्रतिनिधित्व बैल और सांप करते थे। वे दोनों प्राणी-जगत के बड़े-बुजुर्ग माने जाते थे। सृष्टा का विधान मनुष्यों और जंतुओं को शांतिपूर्ण सहअस्तित्व बनाए रखने का रास्ता दिखाना कभी नहीं भूला। शब्द 'का कतेन' और धरती पर रहनेवाले सारे जीव-जंतु मैत्रीभाव से रहते और फलते-फूलते रहे। जैसे-जैसे प्राणीजगत की संख्या बढ़ती गई, वैसे-वैसे उनके कामों के उचित बंटवारे की जरूरत भी महसूस होने लगी। इसलिए पुनः बुजुर्गों की परिषद्‌ बुलाई गई और प्राणी-जगत में शांतिपूर्ण जीवन जीने के लिए सुलभ और सफल तरीकों को लेकर सुझाव मांगे गए।

मनुष्य ने कहा कि—''सृष्टा ने अपने विधान में मेरे लिए जो तय किया था, मैं उसी के अनुरूप सदाचार से अर्जित आजीविका से अपना जीवन चलाऊंगा।''

असंतोष : मनुष्य की महत्त्वपूर्ण हैसियत से

जीवों ने अपनी आजीविका चलाने के संबंध में 'शब्द' के सुझावों को स्वीकार करते हुए अपने मंतव्य रखे। लेकिन **'यूउथ्लेन'** यानी सर्प को विधान में मनुष्य की सबसे

महत्वपूर्ण हैसियत पसंद नहीं आई। इसलिए जब आजीविका के अर्जन-प्रबंधन के बारे में बोलने की उसकी बारी आई तो उसने कहा—

"मेरा भोज्य मानव-मांस है, सो मैं मनुष्य-मांस खाकर ही जिऊंगा। मेरे जीवन-संघर्ष का ध्येय मात्र धन अर्जित करना होगा।"

सर्प के इस कथन से कभी स्तब्ध रह गए। दूसरों के स्तब्ध होने के बावजूद भी वह अपनी बात पर अड़ा रहा और इस प्रकार उसके मुख से निकले शब्द जीवित हो उठे और अलग रूप धारणकर रहने लगे।

परिषद् में हुए निर्णयानुसार बैल को धरती पर जाकर सातों कुटीरों को 'खेती की कला' सिखाने को कहा गया, ताकि मनुष्य अपना जीवन अच्छी तरह चला सके। जब बैल अपना दायित्व पूरा करने के लिए निकला, तो राह में कौए ने उसे रोका। कौए ने परिषद में सर्प की बात सुनी थी। उसने बैल को गलत सूचना देने के लिए पटा लिया और मनुष्य को खेती करने का रहस्य बताने से मना कर दिया। पर सृष्टा उनकी सारी बात सुन और देख रहा था। उसने दंडस्वरूप बैल के मुंह पर इतनी जोर से झापड़ मारी कि बैल के ऊपरी जबड़े के सभी दांत टूटकर गिर पड़े। तभी से बैल के दांत नहीं होते। बैल की गलती के सजास्वरूप, उससे उसकी बुजुर्गी की विशेष हैसियत छीन ली गई। उसे सूअर और बकरी की तरह ही मनुष्य की चाकरी करने का दंड दे दिया गया। दरअसल इस साजिश में बकरी और सूअर भी कौए के साथ हो गए थे। उन्हें भी मनुष्य का ऊंचा रुतबा पसंद नहीं था। सजा स्वरूप कौए को कालिख पुती हांडी में कैद की सजा झेलनी पड़ी। इस प्रकार कौआ, जिसके पंख बर्फ की तरह सफेद हुआ करते थे—काला हो गया।

दिएंग-इएइ वृक्ष

खैर जीवन फिर चलने लगा। संसार में अनेक अदभुत् वस्तुएं थीं। उनमें भीमकाय वृक्षों का भी एक स्थान था। सबसे विशाल वृक्ष का नाम था 'दिएंग-इएइ'। हुआ यह कि यह विशाल पेड़ असाधारण रूप से बढ़ने लगा। इसका आधार इतना अधिक बढ़ने लगा कि इसकी शाखाओं से समूची धरती के ढंक जाने के कारण पूरे विश्व में अंधेरा फैल जाने का खतरा उत्पन्न हो गया। मनुष्य के सामने भी अस्तित्व का संकट आ खड़ा हुआ। इस संकट से उबरने में उसकी मदद की 'फ्रेइट' चिड़िया ने। उसके बताए तरीके के अनुसार मनुष्य ने इस विशाल वृक्ष को काटकर गिरा दिया। इस तरह उसने न केवल अपनी, बल्कि पूरी धरती के समक्ष आन खड़ी हुई अस्तित्व की समस्या का समाधान भी किया। इस खुशी में एक बड़े नृत्य-समारोह का आयोजन किया गया और उसमें भाग लेने के लिए सभी प्राणियों को बुलाया गया।

जब पूरा संसार अंधकार में डूब गया

उस समय मनुष्यों की सात कुटीरों का सरदार **'यू शिनरियांग'** था। खूब जश्न मना कि एकता बनी रहे। पर अंततः शांति और एकता टूट ही गई। जश्न के दौरान उल्लू पक्षी का मजाक उड़ाया गया और सूरज (स्त्री रूप में कल्पित) के उसके सहोदर भाई चांद के आपसी संबंधों को लेकर अनर्गल प्रश्न खड़े किए गए। यह सब सुनकर बड़ी बहन सूरज बहुत कुपित हुई। वह इस अपमान से क्रुद्ध होकर नृत्य छोड़ अपने छोटे भाई चांद को साथ लेकर 'क्रेम लामेत लामेत लतांग' नामक गुफा में जा छिपी। परिणामतः पूरा संसार अंधकार में डूब गया।

सोने की सीढ़ी टूट गई

अंधकार फैलते ही पूरे संसार में कोलाहल मच गया। चारों तरफ लोग हाहाकार करने लगे। सबसे बुरी बात तो यह हुई कि बादलों की गर्जना ने सोने की लतावाली सीढ़ी को ध्वस्त कर दिया। दरअसल यह वही सोने की लता की सीढ़ी थी, जिससे सात कुटीर के लोग धरती पर सुबह उतरते थे और रात को लौट जाते थे। यह सीढ़ी धरती और आकश को जोड़ती थी। इस प्रकार पृथ्वी पर आने-जाने वाली सात कुटीरों का आकाश में स्थित अन्य नौ कुटीरों से सदा-सदा के लिए संबंध टूट गया। वे धरती पर ही रह गईं।

महा मां धरती की मृत्यु

नौ कुटीरों से बाकी सात कुटीरों का संपर्क टूट जाने के बाद अशांति और विनाश से ग्रस्त संसार की इस दुर्गति को देख महा मां धरती 'का रम्यू' का दिल टूट गया। वे बीमार रहने लगी। उन्होंने एक दिन अपनी सभी पुत्रियों को बुलाया और कहा—"मेरी मृत्यु के बाद जो मेरी देह को जलाकर मेरी अंत्येष्टि करेगी वही मेरी पूरी संपत्ति की वारिस होगी।" अंततः एक दिन भग्न-हृदया महा मां की मृत्यु हो गई। पूरी सृष्टि महा मां धरती की मौत के शोक में डूब गई। नियमानुसार अंत्येष्टि के लिए धरती 'का रम्यू' के शव को उसके बच्चों द्वारा आदरपूर्वक धोना, साफ करना जरूरी था। पूरे संसार पर घना अंधेरा छाया था, इसलिए कोई भी बाहर निकलकर कुछ करने का साहस नहीं जुटा पा रहा था। इस तरह अंतिम क्रिया पूरी नहीं की जा पा रही थी। तब सरदार 'यू शिनरियांग' ने परिषद् की बैठक बुलाकर राय-मश्वरा किया और सूरज को 'क्रेम लामेत लामेत लाताङ' गुफा से बाहर ले आने के तरीके पर विचार किया। अंततः बड़ी ही मुश्किल से तय हुआ कि 'लाताङ' गुफा में मुर्गा जाकर सूरज और उसके छोटे भाई चांद से गुफा से बाहर आने का अनुरोध करेगा। मुर्गे ने यह काम बड़ा जोखिम उठाकर पूरी जिम्मेदारी के साथ पूरा किया। उसने सूरज

और चांद को गुफा से बाहर आने के लिए जैसे-तैसे मना भी लिया। जैसे ही 'सूरज और चांद' गुफा से बाहर आए, संसार में चारों ओर प्रकाश और उजाला फैल गया।

लेकिन महा मां धरती की अंत्येष्टि का काम अब भी शेष था। सूरज, जो सबसे बड़ी बहन थी, ने सबसे पहले अंत्येष्टि संपन्न करने का बीड़ा उठाया। पूरी शक्ति लगाने पर भी वह यह काम पूरा नहीं कर पाई। महा मां की देह जस की तस रही। बल्कि वह थोड़ी सी गलने भी लगी। तब दूसरे नंबर की बेटी हवा ने कोशिश की। पर उससे भी यह नहीं हो पाया। हवा ने इतना जोर लगाया कि महा मां की मृत देह उड़ गई और आकाश के गिर्द घूमने लगी। अंत्येष्टि में विलंब के कारण धरती मां की लाश सड़ कर दुर्गंध देने लगी और उसमें कीड़े तक पड़ गए। प्रकृति ने भी अपनी पूरी शक्ति लगाई, लेकिन महा-मां की लाश और भी दुर्गंधमय हो गई। तब आई 'पानी' की बारी। वह अपने पूरे वेग के साथ **महा-मां** की अंत्येष्ठि के लिए उतरी। लाश डूबी और तैरी—पर जली नहीं। 'पानी' अपनी हार मानना नहीं चाहती थी। उसकी उत्ताल तरंगे आकाश तक को छू आईं—चारों तरफ जल-थल हो गया! लगा प्रलय हो गया है। महा मां की मृत देह पानी की भवरों में घूम-घूम, घेरों में घिर-घिर, चकरघिन्नी-सी डूबती-ऊबती रही और फिर वेग से बह निकली। सागर और नदियां मिलकर एक हो गए पर मिटी नहीं देह। अन्ततः 'पानी' को हार का मुंह देखना पड़ा।

फिर आई आग की बारी। महा मां की सबसे छोटी बेटी आग! वह **बिसकुरोम** की देखरेख में रहती थी। सो सरदार **यू शिनरियांग** ने मनुष्य को एक वानर अनुयायी के साथ आग को लिवा लाने के लिए भेजा। मनुष्य को आग तो मिल गई, पर वापसी में नदी पार करते हुए वह नदी में गिर पड़ा। उसके हाथ में पकड़ी आग पानी में गिरने से बुझ गई। मनुष्य के साथ चल रहा वानर बड़ा बुद्धिमान था। उसने **बिसकुरोम** को आग प्रज्ज्वलित करते हुए देख लिया था। उसने अपनी बुद्धि से आग को पुनः लुआठी के रूप में जला दिया। देखते ही देखते आग की लपटों ने **महा-मां** की देह को अपने आगोश में ले लिया। आग की चिंगारियां दूर आकाश से जा चिपकीं। समुद्र की लहरों की तरह बलखाता-लहराता—रोशनी का ज्वारभाटा मानों सब कुछ लील जाने के लिए बढ़ रहा हो। बड़वानल में बदल गई वह आग और जब बुझी तो **महा-मां** की देह भस्म हो चुकी थी। अन्त्येष्टि सम्पन्न हुई।

आज भी मेघालय में दाह-अग्नि को **दिंग-श्रिएह** अर्थात् वानर-अग्नि ही कहते हैं। इस प्रकार अंत्येष्टि-क्रिया करने की विधि विकसित हुई। अग्नि के विस्तार से ही मनुष्य के विकास की रफ्तार बढ़ी। जब **महा-मां** की छोटी बेटी अग्नि को मां की अंत्येष्टि करने में सफलता मिली, संभवतः तभी से खासियों में छोटी बेटी के मां की वारिस बनने की प्रथा आरंभ हुई।

गारो (मेघालय)

बोडो एवं गारो जनजातियों की आगमन-कथा

प्रस्तुति : **अनीता पांडा**

गारो एवं बोडो दो बहनें थीं, जिनका आगमन तिब्बत से हुआ था, जिसका प्राचीन नाम 'त्रिविष्टमं था। तिब्बत से आते समय जब वे ब्रह्मपुत्र नदी के किनारे पहुंची, तो एक काफिला नदी की हरी-भरी घाटियों के किनारे बस गया, जो आगे चलकर 'बोडो' कहलाया, जबकि दूसरा काफिला नदी पार कर गारो पहाड़ियों पर बस गया–जो 'गारो' नाम से जाना जाने लगा।

सृष्टि-कथा

यह धरती पहले अंधकार से घिरी थी और इसके अधिकतर इलाके पानी से भरे थे। धरती की यह दशा देखकर सृष्टा ने अंधेरा दूर करने के लिए सूरज, चांद और खाली जगह भरने के लिए हवा और सूने आकाश में बादल भेजे। बादल धरती के वस्त्र और बेंत एवं नारियल तथा घास आदि वनस्पतियां, इसके बाल बने। इस प्रकार सृष्टा ने धरती का शृंगार किया अर्थात् पृथ्वी को एक सुंदर रूप प्रदान किया।

जैन्तिया (मेघालय)

पृथ्वी की उत्पत्ति

प्रस्तुति : अनीता पांडा

जैन्तिया लोक-कथा के अनुसार पृथ्वी का निर्माण सृष्टा ने किया। सृष्टा ने सूर्य, जल और वायु इन तीन बहनों को पृथ्वी को बसाने का आदेश दिया। तदुपरांत सृष्टा ने उनके भाई आग को भेजा। उन्होंने मिलकर धरती को हरा-भरा और सुंदर बना दिया। दूसरी जैन्तिया मान्यता के अनुसार 'देवी रमाआओ' अर्थात् धरती मां ने धरती को इतना सुंदर बना दिया कि उन्हें ही धरती से ईर्ष्या हो गई। बस फिर क्या था? उन्होंने प्राणियों के बीच ईष्या-द्वेष आदि बुराइयां फैला दीं। इस सुंदर धरती पर शत्रुता की विष-बेल फैल गई और सुंदर धरती अशांत हो गई। यह देखकर सृष्टा ने अनुशासन स्थापित करने के लिए स्वर्ग से सात परिवारों को पृथ्वी पर भेजा।

मिजो (मिजोरम)

मिजो जाति का जन्म

प्रस्तुति : **डॉ. एल.टी. लियाना खियांगते**
अनुवाद : **अकील कैस**

ऐसे तो मिजो लोगों के उद्‌भव के संबंध में बहुत सारी कहानियां कही जाती हैं और उनमें कुछ कहानियां काफी रोचक भी हैं। एक लोकप्रिय मिजो अनुश्रुति के अनुसार उनके पूर्वज पृथ्वी में **छिनलुङ** नामक स्थान में एक पर्वत में बने एक बड़े छिद्र से निकले थे। **छिनलुङ** का अर्थ है—'छिद्र बंद करने का बड़ा पत्थर।' इस कथा के अनुसार पृथ्वी में एक बड़ा छिद्र था, जिसमें से मिजो समाज की विभिन्न उपजातियां, एक-एक करके बाहर आई थीं। छिद्र से बाहर निकलते समय बातूनी प्रकृति के **राल्टे** कबीले के लोगों ने इतना शोर मचाया कि मनुष्यों का रक्षक भी भयभीत हो गया। उनका शोर सुनकर उसने अनुमान लगाया की वे लोग भारी संख्या में हैं और यदि ये सारे-के-सारे छिद्र से बाहर निकल आएंगे तो पूरी-की-पूरी पृथ्वी इन्हीं से भर जायेगी, तो बाकी लोगों को कहां रखेंगे? इसलिए उसने उन्हें पूरी संख्या में निकलने से पहले ही छिद्र बंद कर दिया। यही कारण है कि दूसरे आदिवासी समुदायों की तुलना में मिजो लोगों की संख्या कम है।

गुफानुमा पत्थर के ढांचे से मिजो लोगों के पृथ्वी पर बाहर आने को इस प्राचीन कथा के पीछे कोई तर्क ढूंढ़ना कठिन है। एक अनुमान यह भी है कि ये लोग इजरायल से पलायन करके आ रहे थे, तो रास्ते में चीन में रुक गए और चीन की दीवार के निर्माण में लग गए। दूसरी कथा यह भी है कि चीन की दिवार के निर्माता इन श्रमिकों का एक भाग दक्षिण-पश्चिम दिशा में आगे प्रवास कर गया। दीवार के निर्माण में मजदूरों के रूप में काम करने को मजबूर ये लोग अंततः उस पर दीवार के नीचे से सुरंग खोदकर भाग निकले होंगे, जिसे ये छिद्र की संज्ञा देते हैं। यही आज का मिजो समुदाय है। दिलचस्प तथ्य यह है कि कई अन्य जनजातियों यथा **पाइये, पवी, लखेर, थहडो, कूकी, राल्टे** तथा **कुकी** एवं **चिन** समूह के कुछ अन्य कबीलों में भी गुफा के मुख को पत्थर से बंद कर दिये जाने वाली कथा प्रचलित है। एक प्रकार से मिजो जनजाति तथा **कुकी-चिन** समूह की अन्य जातियों का मूल एक होने की यह कथा तर्कसम्मत लगती है।

मिजो (मिजोरम)

मनुष्य का सृजन

प्रस्तुति : **रूथ ललरेमरूआती**
अनुवाद : **रमणिका गुप्ता**

शुरू में धरती पर कोई प्राणी नहीं था। **खुआजिगनू** शक्ति ने पृथ्वी का निर्माण किया था। इस धरती को ठंडी और नम बनाने के लिए उस शक्ति ने भिन्न-भिन्न प्रकार के हरे-हरे पेड़-पौधों का सृजन किया। जैसे-जैसे समय बीतता गया धरती सूखने लगी और पौधे मरने लगे। तब उस शक्ति ने स्वर्ग की खिड़की खोल दी। खुली खिड़की से उसने उन पौधों को मरते और धरती को सूखते हुए देखा। उसने तुरंत खिड़की से धरती पर पानी उड़ेला। पुराने जमाने में जब भी धरती पर वर्षा होती तो यह कहा जाता था कि स्वर्ग में वह शक्ति-रूपा स्त्री, धरती पर पानी उड़ेल रही है। आज भी यह कहावत एक किंवदंती के रूप में दोहराई जाती है।

जैसे-जैसे समय बीतता गया, पृथ्वी पर सभी पेड़-पौधे और फल-फूल बड़ी अच्छी तरह पनपने लगे। उस स्त्री शक्ति ने तब इस दुनिया में मनुष्य और पशुओं की रचना की, जो तेजी से बढ़ रहे इन पौधों को खाकर जीवित रहने की शक्ति से लैस थे। उन दिनों मनुष्य और पशु एक-दूसरे की भाषा-बोली समझते थे और आपस में बातचीत किया करते थे। वे सभी एक साथ रहते, खाते-सोते और खेलते। इसी प्रकार मनुष्यों में भी आपसी मेल-जोल, सद्भावना और एकजुटता कायम हो गई थी।

कालांतर में मनुष्य और पशुओं की आबादी तेजी से बढ़ने लगी। तब स्थितियां पहले की तरह सामान्य नहीं रह पाईं। खाने की सामग्री, जिसे खाकर सभी जिंदा थे, कम पड़ने लगी। इसलिए भोजन को लेकर उनमें आपस में लड़ाइयां शुरू हो गईं। वे एक दूसरे के शत्रु ही नहीं बने, बल्कि उनमें दुष्टता भी आ गई। तब उन्होंने फैसला किया कि उनमें से किसी को राजा बना दिया जाए, जो सभी पर नियंत्रण रखे। फलतः सरदार चुनने की प्रथा कायम की गई। इसीलिए तब से आज तक मिजो समाज में एक चयनित सरदार होता है, जो कानून और नियम बनाता है और उनका विधिवत पालन कराने का दायित्व भी संभालता है।

मिजो (मिजोरम)

पृथ्वी की शुरुआत

प्रस्तुति : **रूथ ललरेमरूआती**
अनुवाद : **रमणिका गुप्ता**

पुराने जमाने में दुनिया चट्टानों और पत्थरों से भरी हुई थी, पर मिट्टी नहीं थी। चट्टानों और पत्थरों के अतिरिक्त एक बहुत बड़ा दरिया भी था। उसका पानी बड़ी तेज धारा में वेगवान गति में बहता था। इस दरिया का नाम 'तुइहरियाम' (Tuihriam) अर्थात् धारदार पानी था। दरिया के उस पार मिट्टी के अंबार लगे थे। पानी की धार इतनी वेगवान थी कि कोई भी दरिया को तैरकर दूसरी ओर से मिट्टी लाने की हिम्मत नहीं जुटा पाता था। कई पशुओं ने दरिया के उस पार से मिट्टी लाने का प्रयास किया, पर वे सभी असफल रहे। कई असफल अभियानों के बाद एक **फिवाक** (Phivawk सूअरी की एक उपजाति) ने दरिया को तैरकर पार करने का निश्चय किया और उस पार से मिट्टी लाने के लिए दरिया में कूद गई। इस प्रकार वह सूअरी दरिया पार करके अपने थूथन पर मिट्टी रखकर इस पार लौट गई, जहां बहुत से पशु इकट्ठे होकर उसके आने का बेचैनी से इंतजार कर रहे थे। **फिवाक** द्वारा लाई गई मिट्टी को केंचुए ने खा लिया और जितना खाया था उससे ज्यादा मात्रा में उसकी टट्टीकर निकाल दिया। यह प्रक्रिया तब तक जारी रही जब तक दुनिया को ढंकने के लिए पर्याप्त मात्रा में मिट्टी तैयार नहीं हो गई। सभी पशु केंचुए के इस काम से इतने खुश हुए कि उनमें से एक ने उनका नाम **चुलतेइनू** (Chulteinu) रख दिया। उन्होंने जगह-जगह जाकर मिट्टी को समतल और सपाट करना शुरू कर दिया। इस प्रकार इस दुनिया में हमें मिट्टी मिली। इस मिट्टी से पृथ्वी बनी।

मिजो (मिजोरम)

छिनलुंग

प्रस्तुति : **रूथ ललरेमरूआती**
अनुवाद : **रमणिका गुप्ता**

बहुत समय पहले मनुष्य खुशी-खुशी एक दूसरे के साथ मिल-जुलकर रहते आ रहे थे कि अचानक सारी धरती पर अंधेरा छा गया और अजीबो-गरीब घटनाएं घटने लगीं। सारी मनुष्य जाति यकायक भिन्न प्रकार के पशुओं और पक्षियों में बदल गई। मानव मात्र की सृष्टा **'खुआजिंग्नू'** (Khuazingnu) ने जब अपने द्वारा सृजित मनुष्य को विकृत होते देखा, तो वह चिंतित हो गई। उसने मानव को बचाने की एक योजना बनाई। उसने हर कबीले से प्रतिनिधि के तौर पर एक स्त्री और एक पुरुष को चुना और सभी को एक स्थान पर बुलाया। जब वे सभी इकट्ठे हो गए, तो उसने उन सभी को एक बड़े गड्ढे में छिपा दिया और उस गड्ढे को एक बड़े पत्थर से ढक दिया। यह बड़ा गड्ढा ही छिनलुंग कहलाया।

दिन बीतने लगे। वर्ष बीत गए। इस बीच गड्ढे में छिपे मनुष्यों की संख्या दिन-पर-दिन बढ़ती चली गई। कुछ समय बाद **'खुआजिंग्नू'** को जिज्ञासा हुई कि वह उस गड्ढे में देखे कि वे सब लोग कैसे हैं और कितने हैं, जिन्हें वर्षों पहले उसने गड्ढे में बंद कर दिया था। उसने गड्ढे में झांका! यह क्या? मनुष्यों की संख्या में इतनी वृद्धि देखकर वह हैरान हो गई। उसे शंका भी हुई कि कहीं ये भीड़ पृथ्वी पर कब्जा न कर ले। उसने गड्ढे से ढक्कन उठाया। ढक्कन उठाते ही उसे बहुत ज्यादा बड़बड़ाहट की आवाज सुनाई दी। इतनी आवाज सुनकर बहुत खुश हुई और ढक्कन को गड्ढे पर से हटा दिया और मनुष्यों को बाहर आने दिया। एक के पीछे एक भारी संख्या में मनुष्य बाहर आने लगे। अंत में भारी संख्या में आई एक बहुत ही वाचाल 'राल्ते' नामक जनजाति। वे लगातार एक दूसरे से बात करते जा रहे थे। उन्होंने इतना शोर मचाया कि **'खुआजिंग्नू'** ने सोचा गड्ढे से उनके बाहर निकलने को रोकना ही उचित होगा। यह सोचकर उसने ढक्कन को बंद कर दिया। जो लोग ढक्कन बंद होने पर अंदर रह गए थे, वे सदा-सदा के लिए अंदर ही रह गए। ऐसा माना जाता है कि यदि 'खुआजिंग्नू' ने ढक्कन बंद न करके बाकी सभी मनुष्यों को बाहर आने दिया होता, तो मिजो जनों की संख्या जितनी आज है, उससे बहुत ज्यादा होती।

नंगामी (नागालैंड)

लिजाबा ने सिरजी नागा धरती

प्रस्तुति : **टी. पेन्जू**
अनुवाद : **रमणिका गुप्ता**

(ये मिथक मूलरूप से 'औ' नागा जनजाति की कविता में गाई जानेवाली लोक-कथा पर आधारित हैं। ये जनजाति ब्रह्मपुत्र के उर्वरा मैदानों के पास बसती है। इसे असम वैली भी कहा जाता है, जिसे बाद में अहोम या असमी भी कहा जाने लगा। इन्होंने थाइलैंड से आकर मध्य युग में इस घाटी पर कब्जा जमा लिया था। इस धरती के पास एक क्षेत्र है, जो बफर जोन की तरह काम करता है, जिसका अभी तक सीमांकन नहीं हुआ और न ही यह तय हुआ कि यह भूमि किस राज्य में है। उत्तर-पूर्व से दक्षिण-पश्चिम तक फैला हुआ असम और नागालैंड तक फैला हुआ यह इलाका लगभग 10 से 20 बीस किलोमीटर तक चौड़ा है। पहाड़ी क्षेत्र जो नागालैंड से शुरू होता है, मयांमार की घाटी चिंदविन दरिया तक फैला है और यह क्षेत्र और खड्डा व घाटियों ये ऊंचे-नीचे पहाड़ों, पतली नदियों और गहरी खाइयों व खंदकों (Gorges) से पटा है। यह मूलरूप में कविता में लिखा हुआ है। हम इसे गद्य में प्रस्तुत कर रहे हैं। यह एक नागा-कथा है, जिसे श्री टी पेन्जू ने पढ़ा।)

मैं सुधिजन पाठकों के निमित्त सुनाता हूं नागा देश के सृजन की 'नागा औ' गाथा। नागाओं का यह विश्वास है कि **'लिजाबा'** ने नागा देश की धरती को बनाया।

सृष्टि-सृजक **लिजाबा** ने जब पृथ्वी का सृजन शुरू किया तो वह पश्चिम से पूर्व तक सतत् धरती का सृजन करता ही चला गया। वह दिन-भर काम करता और रात को विश्राम! कभी नहीं थकता था वह। एक दिन एक अत्यंत ही उर्वर घाटी तैयार हो गई।

उस धरती को देख **लिजाबा** अत्यंत ही उल्लास से भर गया! फिर क्या था! बस, कुछ दिनों के लिए उसने छुट्टी ले ली और खूब आराम किया। अवकाश के बाद जब **लिजाबा** लौटा तो वह पूरब की तरफ धरती बनाने चल दिया।

पूर्व दिशा की ओर काम करना शुरू किया ही था कि उसके पास एक बहुत बड़ा कॉकरोच आ पहुंचा। कॉकरोच ने उसे बताया—"आगे खतरा है, सावधान हो जाओ! तुम्हारे सृजन में बाधा पड़ सकती है।" कॉकरोच पर खतरे का डर इतना हावी

था कि उसे देखकर **लिजाबा** भी सहम गया। उसका सृष्टि सृजन का सारा उत्साह कुछ ठंडा पड़ गया। उसका ध्यान बंट गया। इसलिए उसने हड़बड़ाकर बाकी की धरती जल्दी-जल्दी बना डाली।

'औ नागा' लोगों की ऐसी धारणा है कि असम और नागालैंड के बीच जो धरती चट्टानों से भरी, दलदली और ऊंची-नीची है, वहीं पर कॉकरोच आकर रुका था, जिस कारण वह धरती ऊबड़-खाबड़ और ऊजड़ हो गई।

वह जमीन ठोस नहीं बन पाई थी और कभी भी धंस सकती थी। नागा लोग ऐसा मानते हैं कि यह वही धरती है जिसे **लिजाबा** ने हड़बड़ी में बनाया था। वहीं से पहाड़ों, ढलानों तथा शिखरों का सिलसिला शुरू हो जाता है।

असम और नागालैंड के बीच में बहुत बड़ी और गहरी बंजर ढलानें हैं, जिन पर कुछ नहीं उगता। वे जगह-जगह से टूटी-फूटी तो हैं ही, वे हर बरस धंस भी जाती हैं, जिससे पहाड़ों के किनारे-किनारे बड़ी-बड़ी चट्टानें और पत्थरों के टुकड़े गिर जाते हैं।

नागा लोग अपनी भौगोलिक आकृति के बारे में यह धारणा पालते हैं कि कॉकरोच के डर और **लिजाबा** की हड़बड़ी के कारण ही नागा देश में पहाड़ियां-ही-पहाड़ियां हैं, जबकि असम और भारत में घाटियां हैं।

असम घाटी के खत्म होते ही पूर्व की तरफ पूरा-का-पूरा पहाड़ी क्षेत्र है, जिसमें पतली लीक-सी दिखनेवाली नदियां, अत्यंत गहरी घाटियों और खंदकों में बहती हैं। लगता है यह वही स्थान है जहां, संभवतः सृष्टा ने अपना सारा गुस्सा उतारा।

नागा पर्वत के शिखर से चढ़कर देखने पर बादलों से ढकी पहाड़ियां ऐसी दिखती हैं, जैसे कि परदे लटके हों।

पूर्व की तरफ बहुत धारदार चोटियां हैं। यह **लिजिन्द्री** और भूगोल का संगम जान पड़ता है। लोककथा और भौगोलिक नक्श, दोनों आपस में एकमएक होकर मिल गए लगते हैं। हमारा मानना है कि नागा के पूर्वजों को **लिजिबा** के इस सृजन कार्य का थोड़ा-थोड़ा आभास पहले से ही हो गया था।

प्रकृति

बोडो (असम)

बिजली और बादल की गर्जन

प्रस्तुति : **डॉ. मंगल सिंह हाजोवारी**
अनुवाद : **अकील कैस**

किसी स्थान पर एक वृद्ध दंपत्ति रहता था। उनके एक पोता और एक पोती थी। पोते का नाम **राओना** था और पोती का **राओनी**। बूढ़े-बूढ़ी के न तो कोई बेटा था और न कोई बेटी। इसलिए वे अपना सारा प्यार अपने पोते-पोती पर न्योछावर करते थे। अपने दादा-दादी के प्यार में पगे दोनों भाई-बहन **राओना** और **राओनी** जवान हो गए। वृद्ध दंपत्ति **राओना** तथा **राओनी** की किसी और से शादी करवाकर उन्हें खोना नहीं चाहते थे। इसलिए उन्होंन दोनों भाई-बहन की आपस में ही शादी करवाने की एक गुप्त योजना बनाई ।

एक दिन बूढ़ा घर से बाहर गया और लौटने पर **राओना** और **राओनी** को उसने बताया कि उसने **राओना** के लिए दुल्हन का चुनाव कर लिया है और ब्याह की तैयारी भी शुरु कर दी है।

एक दिन बुढ़िया आंगन में धान सुखा रही थी। कई चिड़ियां वहां आकर धान चुगने लगीं। बुढ़िया उन्हें हांकती हुई बोली—"भाग जाओ, भाग जाओ। धान मत खाओ। **राओना-राओनी** की शादी के दिन जितना खाना हो खा लेना!"

संयोगवश, **राओनी** ने बुढ़िया की बात सुन ली। उसकी अटपटी बात **राओनी** के पल्ले नहीं पड़ी। उसने एकांत में बुढ़िया से उसका अर्थ पूछा। बुढ़िया शुरू-शुरू में उसे कुछ बताने को राजी नहीं हुई, पर **राओनी** की जिद के आगे उसकी एक न चली। उसने सारी योजना **राओनी** को बता दी। यह जानकर कि बूढ़े-बूढ़ी उसकी शादी उसके अपने ही भाई **राओना** के साथ करवाना चाहते हैं, उसने जोरदार विरोध किया। वह जानती थी कि यदि ऐसा हुआ तो वे समाज में वे उपहास के पात्र बन जाएंगे। उसने दृढ़ निश्चय कर लिया कि चाहे जैसे भी हो, वह इस योजना को पूरा नहीं होने देगी।

आखिर उसने इस आसन्न संकट से बचने का एक उपाय सोच निकाला। उसने घर के आंगन में **खोखलिंङ** का पौधा लगाया और प्रतिदिन उसके नीचे एक दिया जलाकर प्रार्थना करने लगी कि पौधा खूब जल्दी बढ़े और इतना बढ़े कि अंततः वह आसमान को छू ले। उसने यह भी कामना की कि कोई उस पौधे को काट न सके।

उसकी मनोकामना पूरी हुई और पौधा बढ़ते-बढ़ते सचमुच आसमान तक पहुंच गया।

एक दिन **राओनी** उस **खोखलिङ** पेड़ पर चढ़ने लगी। उसने दो मुर्गे भी अपने साथ ले लिए। जब **राओनी** ने प्रार्थना शुरू की तो मुर्गे भी बांग देने लगे।

उधर **राओना** इन सारी बातों से बेखबर था। वह भी खोखलिङ पेड़ पर चढ़कर **राओनी** का पीछा करता हुआ आकाश की ओर चल पड़ा। **राओनी** तो तब तक आकाश में पहुंच चुकी थी। **राओना** भी हार माननेवाला नहीं था। उसने निश्चय किया कि वह **राओनी** को ढूंढ़ निकालेगा। वह शेर की तरह गरजता हुआ बढ़ा जा रहा था। आखिर वह भी आकाश में जा पहुंचा।

आकाश में पहुंचकर **राओनी** ने छिपने की कोशिश की ताकि **राओना** उसे ढूंढ़ न सके, इसलिए उसने बादलों के बीच शरण ले ली। **राओना** ने उसे ढूंढ़ने में कोई कसर न रखी और उसे मालूम हो गया कि **राओनी** कहां छिपी है। अब **राओनी** एक स्थान से दूसरे स्थान पर अपना **दोखना** (बोडो स्त्रियों का पहनावा) ऊपर उठाए भागती फिरने लगी। **दोखना** ऊपर उठ जाने के कारण जब-जब उसके नितंब नजर आते तो वे आकाश में बिजली बनकर चमकने लगते। उधर **राओना** शेर की तरह दहाड़े मारता हुआ उसके पीछे बेतहाशा भाग रहा था। उसकी वही दहाड़, वही गर्जन बादलों की गर्जन बन गई। बिजली की चमक और बादल की गर्जना की उत्पत्ति की यही लोककथा, बोडो के जनमानस में प्रचलित है।

खासी (मेघालय)

नील लोहित मुकुट

प्रस्तुति : **किनफामसिं नोंगकिनरिह**

अनुवाद : **सारंग कुमार**

हालांकि यह अपवित्र घटना थी, फिर भी 'दीएनगी' के पतन और पृथ्वी पर प्रकाश की वापसी के बाद मनुष्य, पशु-पक्षी एवं अन्य जीवधारी आनंद मनाने में तल्लीन थे। उत्सव मनाने के लिए मनुष्य ने एक विशाल नृत्यशाला तैयार की और पृथ्वी के सभी जीवों को नृत्य-उत्सव, जिसे वह आयोजित करने जा रहा था के बारे में सूचित किया। मनुष्य ने सूर्य और चंद्रमा जैसे आसमानी देवताओं को भी इसमें शामिल होने के लिए आमंत्रित किया।

उत्सव के दिन पृथ्वी के चारों छोरों से सभी प्रकार के जीव-जंतु नृत्य के मैदान में जुटे और जी भरकर उत्सव का आनंद लिया, खासकर उन्होंने, जिन्हें किसी प्रकार के आमोद-प्रमोद के बगैर लंबे अर्से तक कष्टकर जीवन बिताना पड़ा था। वे जितना ले सकते थे, उतना आनंद उन्होंने उठाया।

सूर्य और चंद्रमा उस स्थल पर पधारे भी तो समारोह के अंत में। विश्व की धुरी सूर्य, जिसके सहारे सारे कार्य-कलापों का सुचारु संचालन होता है, अपने कार्य को असुरक्षित छोड़कर या बिना व्यवस्थित किए तुरंत नहीं आ सकती थी। फिर भी, उत्सव में शामिल न होना अहंकार का सूचक माना जाता, इसलिए उसने सोचा कि कम से कम सदिच्छा जताने के लिए उसे समारोह में अवश्य उपस्थित होना चाहिए। यही कारण था कि वह अपने भाई चंद्रमा के साथ उत्सव में आयी और दोनों साथ-साथ नाचे भी। हालांकि और लोग उस समय तक उस स्थल को छोड़कर आनंद मनाने के दूसरे तरीकों में लीन थे। अकेले दोनों को नाचते देख जनसमूह में भारी कोलाहल मच गया, जिसमें मुख्य रूप से उल्लू, छछूंदर, मेंढक और बंदर शामिल थे। वे देर से आने वालों का मजाक उड़ाने लगे। उन्होंने इन दोनों का इतना मजाक उड़ाया कि दोनों ने यह संकल्प लेकर उस जगह को छोड़ दिया कि वे संसार को फिर कभी अपना चेहरा नहीं दिखाएंगे। खासकर विश्व की धुरी और आकाश की रानी सूर्य (यहां सूर्य को स्त्री माना जाता है) अपने और अपने भाई के साथ किए गए अपमान से अत्यंत मर्माहत हुई थी। दोनों दूसरी दुनिया में मौत की घाटी के पार **'क्रेम लमेत क्रेम लतांग'** (पवित्र पत्तों वाली गुफा) में जा छिपे।

उस दिन से समूची दुनिया में रात उतर आई। मनुष्य स्तब्ध हो गया। पहले के मर्मभेदी अंधेरे के बाद इतनी जल्दी दूसरे अंधेरे के अनुभव से वह भयभीत हो उठा। अन्य जंतु भी डरकर आंसू बहाने लगे। हरेक को पछतावा हुआ। उन्होंने सूरज और चांद को पुकारा और उनसे उजाला करने की प्रार्थना की। उनकी पुकार और दलील व्यर्थ हो गई। सूरज और चांद ने उन्हें माफ नहीं किया। फलतः वे बाहर नहीं आए।

जब शुरुआती झटके से वे उबरे तो मुनष्य, जो दूसरों की अपेक्षा अधिक विचारवान था, ने सूरज को पृथ्वी पर वापस बुलाने के लिए एक असाधारण प्रतिभा वाले प्रतिनिधि को भेजना चाहा। इसके लिये चयन के उद्देश्य से एक बैठक बुलाई गई। उनकी पहली पसंद हाथी था, जो उनमें सबसे विशाल और ताकतवर था। ऐसी पसंद पाशविक शक्ति और मनुष्य का अहंकार प्रदर्शित करती थी। ज्योति के प्रतीक सूरज को शक्ति प्रदर्शन द्वारा भयभीत करने का विचार निरी अदूरदर्शिता का प्रमाण था। हाथी भी उस दिव्य शक्ति का सामना करने की बात सोचकर कांपने लगा था। उसने कहा–

"ऐ मानव और मेरे सभी जीवधारी साथियो, सुनो! तुम सभी मेरा सत्यानाश करना चाहते हो! यह सही है कि मैं बड़ा और शक्तिशाली हूं लेकिन पवित्र पत्तोंवाली गुफा में जाने के लिए मुझे नदियों और दलदलों को पार करना होगा। मुझे डर है कि मेरे पांव कीचड़ में फंस जाएंगे। राक्षस मुझे निगल जाएंगे, मैं संकरे रास्ते में गड्ढे में गिर जाऊंगा और जो काम तुम लोगों ने मुझे सौंपा है, उसे पूरा किए बिना ही मर जाऊंगा। मुझे माफ कर दो। इस असंभव कार्य से मुझे मुक्त कर दो। मैं प्रतिज्ञा करता हूं कि परिषद् के हित में दूसरा जो भी काम मुझसे संभव होगा, करूंगा।"

हाथी की बात सुनकर सभा में चुप्पी छा गई। सभी उसकी सीधी-सादी बातों से प्रभावित हुए। सबने सिर झुका लिया, कोई भी उस काम के लिए तैयार नहीं था। लेकिन **हॉर्नबिल**, जिसे अपनी निपुणता और सुंदर चेहरे पर गर्व था, आगे आया और कहने लगा–

"सुनो मेरे दोस्तो, मैं यह जवाबदेही स्वीकार करता हूं। मैं गुफा में जाकर सूरज और चांद को अपने साथ ले आऊंगा, आपका प्रतिनिधि होने के कारण वे प्रतिरोध नहीं कर सकेंगे।" दृढ़ता-भरा संकल्प सुनकर लोग तनावमुक्त और प्रसन्न दिखने लगे कि कम-से-कम एक जीव ने तो खतरा मोल लेकर दूसरी दुनिया की यात्रा करने का साहस दिखाया।

अब **हॉर्नबिल** सूरज के छिपने की जगह पहुंचा, जहां उसने समूची दुनिया के प्रतिनिधि के रूप में स्वयं को पेश करते हुए सूरज की वापसी की बात चलाई। सूरज पहले तो उसके साथ आदर से पेश आया और उसने हॉर्नबिल की अच्छी आव-भगत की। उसे ठहरने का स्थान दिया और किसी प्रतिष्ठित मेहमान की तरह अच्छा खाना

भी उपलब्ध कराया। लेकिन अहंकारी और शेखी बघारनेवाले **हॉर्नबिल** ने दयालुता को उसकी कमजोरी समझा। विश्व के इस शासक की ओर, जहां कोई दूसरा जीव आंख उठाकर देखने का साहस नहीं कर सकता था, वहां **हॉर्नबिल** ने सूर्य के समक्ष विवाह का प्रस्ताव रख दिया। क्रुद्ध होकर सूरज ने एक सुनहरी तिपाई उठाकर पूरी ताकत से उसके मुंह पर दे मारी और शाप देते हुए कहा–

"तुम निर्लज्ज प्राणी हो! अब से तुम जहां कहीं भी जाओगे, मेरी तिपाई साथ ढोते रहोगे। तुम पर हमेशा खांसी और दमे का प्रकोप रहेगा। तुम जीवन-भर मेरी सुनहरी किरणों से बचने के लिए किनारे होकर चलोगे।"

बड़ी फजीहत झेलते हुए **हॉर्नबिल** पृथ्वी की ओर लौटा। सभासद दूर से ही उसका खांसना और हांफना सुन सकते थे।

वे यह जानने को उत्सुक थे कि आखिर क्या हुआ? अपनी टेढ़ी चोंच लिए वह सभा में पेश हुआ और खिन्न मन से उसने पूरी घटना कह सुनाई। उस दिन से उसने कभी सूरज की ओर सीधे मुंह नहीं देखा।

एक बार फिर पृथ्वी पर हो-हल्ला मचा। पुनः यह सवाल उठा–

"सूरज और चांद को कौन पृथ्वी पर लाएगा?"

हॉर्नबिल के साथ जो कुछ घटित हुआ था, उसके बाद किसी में हिम्मत नहीं थी कि वह अपनी सेवा दे। कोई और उपाय नहीं देख मनुष्य ने यह पता लगाया कि और कौन था जो उस मंडली में शामिल था। उन्होंने पाया कि सबका प्रतिनिधित्व तो था, पर मुर्गे ने स्वयं को उसमें शामिल होने लायक नहीं समझा था, क्योंकि वह कूड़ा-करकट और झाड़ियों में रमनेवाला एक नंगा प्राणी था, जो अन्य प्राणियों से डरता था। उसी समय किसी ने जोड़ा कि वह नाच में भी शामिल नहीं था। समूची मंडली ने इस पर गहरी नाराजगी जताई और कहा–

"उसे अवश्य दंड भुगतना चाहिए। सूरज और चांद को वापस लाने के लिए उसे ही गुफा में भेजना चाहिए, क्योंकि सारे अनर्थों की जड़ वही है।"

मुर्गे को बुलाया गया। उसने निवेदन किया–

"मेरे स्वामी और सहचर, मैं सभी प्रकार के खतरे उठाकर पवित्र पत्तेवाली गुफा में जाने को तैयार हूं। मैं आप लोगों की गलतियों और चूक के लिए अपना गला भी कटाने को तैयार हूं, लेकिन मैं राजकुल से संबंधित सूरज और चांद की बराबरी में खड़ा होनेवाला कौन होता हूं? मैं कूड़ा-करकट और अंधेरी मांद में रेंगनेवाला नंगा और नीच प्राणी हूं। यदि आप मुझमें **अबाबील** की मुड़ी हुई पूंछ लगा दें, सिर से पांव तक चमकीले रंग के परों से सजा दें, तो मैं वचन देता हूं कि आम लोगों की भलाई के लिए मैं स्वेच्छा से अपने प्राण न्यौछावर कर दूंगा। यदि आप वचन दें कि जीवन-भर मेरा आभार मानेंगे और सभी सामाजिक कृत्यों में मुझे गौरवपूर्ण स्थान देंगे,

तो मैं तुरंत जाने को तैयार हूं।"

परिषद् ने उसकी शर्तें मान लीं। इसके अलावा उसके सिर पर एक नीला-लाल मुकुट भी जड़ दिया गया ताकि वह देवताओं से मुलाकात करनेवाले दूत की तरह लगे।

गुफा के मार्ग में वह **ज्री** यानी रबर के पेड़ से मिला और उससे आश्रय मांगा। लेकिन **ज्री** ने कहा–

"मेरी डालों पर राक्षस रहते हैं। यदि तुम रात में यहां ठहरोगे, तो वे तुम्हें निगल जाएंगे।"

लेकिन उसने निर्भीक होकर जवाब दिया–

"अगर तुम मुझे रात में ठहरने दोगे तो सूरज को मनाकर वापस लाने के बाद, जो मनुष्य मुझे अपने पवित्र कृत्यों में भाग लेने देगा, उनमें मैं तुझे सहभागी बनाऊंगा।" उसका दृढ़ निश्चय देख **ज्री** ने उसे अपने तने की मांद में सोने दिया।

मुर्गा फिर **स्निग** यानी **बलूत** के पेड़ से मिला और सोने के लिए जगह मांगी। उससे भी उसने यही प्रतिज्ञा की कि अपने उद्देश्य में कामयाब होने के बाद वह उसे मनुष्य के धार्मिक समारोहों में हिस्सा दिला देगा। दूसरी रात उसने **लामेट** यानी पत्ते को भी यही वचन दिया, जहां वह उस रात ठ़हरा था।

कठिनाइयों से भरी कई दिनों की यात्रा के बाद वह मौत की घाटी के पार सूरज के ठिकाने पर पहुंचा।

पहली ही नजर में सूरज को लगा कि यह **हॉर्नबिल** की तरह बक-बक करनेवाला बेवकूफ युवक नहीं है। सूरज ने प्रसन्नता के साथ उसका स्वागत किया और उदारतापूर्वक उसे राजसी भोजन और बिछावन दिया। लेकिन मुर्गे ने विनम्र होकर केवल बचा हुआ चावल मांगा, जिसे वह दरवाजे के बाहर ले जाकर खाएगा। उसने कहा कि वह एक गरीब व छोटी जाति का है, उसे अच्छी वस्तुएं और राजसी आदर-भाव नहीं चाहिए।

खुश होते हुए सूरज ने पूछा–

"कहो, यहां क्यों आए हो?"

मुर्गे का जवाब था–"जब से आप इस गुफा में चली आईं, सारी दुनिया में अंधेरा छा गया है। आदमी, जानवर और अन्य प्राणी भयग्रस्त व चिंतित हैं। जब तक आप वापस नहीं लौटेंगी, दुनिया में शांति नहीं आएगी। मां, वापस चलो। मैं मानव व दूसरे प्राणियों की गलतियों और अपराधों की जवाबदेही अपने ऊपर लेता हूं। उन्होंने करने के पहले कुछ सोचा नहीं, लेकिन आज से उनकी गलतियों की जिम्मेदारी मुझ पर होगी। मैं फिर ऐसा उपद्रव नहीं होने दूंगा। मैं अपना कवच हिलाकर और तीन बार बिगुल बजाकर यह संकेत दूंगा कि दुनिया दैवीय कृपा के योग्य है। आओ माता,

मैंने अपराध करनेवालों को देवताओं से क्षमा दिलाने के लिए अपना जीवन दांव पर लगाकर मध्यस्थता स्वीकार की है।''

अत्यंत सहज और विनीत वक्ता से प्रभावित होकर सूरज माता उसे यह आश्वासन दिए बिना न रह सकी कि वह पृथ्वी पर लौटेगी और प्राणियों की गलतियों को माफ कर देगी। मुर्गे को पृथ्वी पर लौटने से पहले मार्गदर्शक बनने और सांसारिक तथा दैवीय सत्ता के बीच मध्यस्थता करने का अधिकार भी सौंपा गया।

इस तरह पृथ्वी पर लौटते ही विजेता मुर्गे का गर्मजोशी से स्वागत हुआ तथा उसे **ऊ सॉ शिरतौंग** यानी नीललोहित मुकुट की उपाधि मिली। इतनी प्रतिष्ठा मिलने के बावजूद भी वह यह नहीं भूला कि अपनी विनयशीलता व तुच्छता प्रदर्शित करने के कारण ही उसे विजय हासिल हुई है। इसलिए सूरज के समक्ष की गई प्रतिज्ञा के अनुसार उषाकाल में उसने नियमित अंतराल पर तीन बार बिगुल बजाया और इसी के साथ पर्दा उठने की तरह धीरे-धीरे अंधेरा गायब होता चला गया। एक बार फिर सबको जीवनदान देने के लिए रोशनी चारों ओर फैल गई।

वचन के अनुसार मनुष्यों ने भी अपना कर्तव्य निभाया और आज भी कोई धार्मिक कृत्य या श्रद्धा अर्पित करने का काम रबर, स्निग तथा लामेत पेड़ के टुकड़े के पास मुर्गे का खून रखे बिना पूरा नहीं होता। मुर्गे ने उन तीनों पेड़ों को धार्मिक समारोहों में भागीदारी का वचन जो दिया था!

आपातानी (अरुणाचल प्रदेश)

सूर्य और चंद्र

प्रस्तुति : **किनफामसिं नोंगकिनरिह**
अनुवाद : **सारंग कुमार**

खासी लोककथा के अनुसार **रैम्यू** (Ramew) अथवा धरती-माता को, जिसे सृष्टा की प्रथम कृति माना जाता है, अपने पति **बासा** से असीम शक्ति व कर्तृत्ववाली पांच संतानें प्राप्त हुईं। बाद में इन्हें गांव के देवता के रूप में पूजा जाने लगा। इन संतानों में पहली थी पुत्री **सूर्य** और एक मात्र पुत्र **चंद्रमा**। अन्य पुत्रियां थीं जल, वायु तथा अग्नि। उनके स्वभाव व प्रवृत्ति के कारण, उनके बड़े होने के पश्चात **रामु** ने उन्हें विश्व-विधाता से सलाह लेकर स्वर्ग में काफी दूर भेज दिया।

वहां अनंत अंतरिक्ष में दोनों, **सूर्य** व **चंद्रमा** अच्छे भाई-बहन की तरह एक-दूसरे के प्रति आदर व स्नेह भाव दर्शाते हुए एक सुंदर-सा महल बनाकर रहने लगे। दोनों में एक सुखद सामंजस्य का जन्म हुआ, जिससे उन्हें एक-दूसरे के कामों को साझा तरीके से संपन्न करने में आसानी होने लगी। पर दुर्दैव ऐसा कि यह सुख से भरा जीवन अधिक समय तक न चल सका। इस आनंददायी वातावरण में **सूर्य** व **चंद्रमा** के महल में साथ रहने के कारण शीघ्र ही **चंद्रमा** के मन में अपनी बहन **सूर्य** के प्रति विशेष आकर्षण उत्पन्न होने लगा। **सूर्य** संपूर्ण ब्रह्मांड में सर्वाधिक लावण्यपूर्ण व रूप संपन्न स्त्री मानी जाती थी।

परंतु इसमें चंद्रमा का क्या दोष था? उसके हृदय में यह भावनाएं बसंत ऋतु ने जगाई थीं, जिसे एक ऐसी ऋतु माना जाता है, जिसे चंचलता व प्रेमोत्तेजक शक्तियां शासित करती हैं। ये शक्तियां पृथ्वी से उठकर उसे ग्रसित करने के लिए आकाश तक जा पहुंची। परंतु उसकी बहन **सूर्य** निहायत ही सुशील, पक्के इरादेवाली, निर्मलमन व पवित्र विचारों के लिए जानी जाती थी। फलतः **चंद्रमा** उसके पास फटकने भी न पाया। **सूर्य** की आंखों में व लावण्यमय चेहरे पर एक अद्भुत शक्ति थी, जो स्वयं सृष्टा की ऊर्जा से दीप्त प्रतीत हो रही थी। इस रूप का तेज उसके अपवित्र विचारों को कमजोर बना देता था। अतः कुछ समय तो **चंद्रमा** ने अपने अपवित्र विचारों को दबाए ही रखना उचित समझा क्योंकि ऐसी भावनाओं को उस जमाने में अत्यधिक कलुषित भावनाओं में शुमार किया जाता था।

एक दिन जब **चंद्रमा** पांचवी कला में चमक रहा था, उसने बसंत की प्रथम वर्षा में खिले फूलों पर मंडराते भ्रमरों व मधुमक्खियों को देखा, जो एक फूल से दूसरे फूल पर

गुंजन करते हुए, मानों प्रेम का अमृत संग्रहीत कर रहे थे। घने वृक्षों के झुंडों से पक्षियों का प्रेमगीत सुनाई दे रहा था और वन के प्राणी एक-दूसरे का पीछा करके, प्रेम क्रीड़ा में लिप्त थे। ऐसे दृश्य को देखकर चंद्रमा स्वयं प्रेमातुर हो उठा। वह व्याकुलता अनुभव करने लगा। ऐसी स्थिति में उसका ध्यान सूर्य की तरफ खिंच रहा था। उसके कदम तीव्रता से सूर्य के महल की ओर जाने लगे, जहां वह थी। वहां पहुंचकर वह **सूर्य** से प्रेमनिवेदन करने लगा और विवाह का प्रस्ताव भी रखा।

पहले तो **सूर्य** ने समझा कि उसने कुछ गलत सुना, परंतु अपने भाई के शब्दों को पुनः एक बार सुना तो वह क्रोध से आग-बबूला हो उठी, और बोली—

"हे निर्लज्ज! ऐसे शब्दों से अपनी बड़ी बहन को संबोधित करने का साहस कैसे हुआ तुम्हे? मैंने तुम्हें मां जैसा प्यार दिया, नहलाया तथा सब तरह से तुम्हारी देखभाल की है! फौरन यहां से चले जाओ! तुम जैसे अपराधी वृत्ति के भाई के साथ रहने से बेहतर होगा कि मैं अकेली जीवन बिताऊं।"

चंद्रमा को अपने घर से निकाल कर भी उसका क्रोध शांत नहीं हुआ। वह तो अपने भाई को शाप देना चाहती थी, जो घिनौने पशु से भी बदतर आचरण पर उतर आया था। उसे शापितकर वह उसे ऐसा दंड देना चाहती थी कि समस्त ब्रह्मांड और पृथ्वीलोक उसके घृणित कार्य को जानें और महारोग की भांति उसके साये से भी दूर रहें। अतः उसके घर से बाहर निकलने से पूर्व **सूर्य** ने चूल्हे से एक बाल्टी राख भरकर अपने भाई के ऊपर उड़ेल दी, जिससे वह सर से पांव तक राख में सराबोर हो गया। अपनी बहन के कटु शब्दों को सुन और उसका प्रचंड क्रोध देखकर, **चंद्रमा** जितनी जल्दी हो सका वहां से निकल भागा और ब्रह्मांड के काले हिस्से में जाकर छिप गया।

उसके पश्चात्, अपनी बहन के मार्ग में कभी न आने के लिए वह हमेशा रात को ही बाहर निकलने लगा। इसीलिए हम आज भी **चंद्रमा** को हमेशा काली रात में ही देखते हैं। उसके चारों ओर राख-सी सफेदी बिखरी रहती है। मान्यता के अनुसार, वह वही राख है, जो **सूर्य** ने **चंद्रमा** पर फेंकी थी।

खासी (मेघालय)

चांद में दाग

प्रस्तुति : **अनीता पांडा**

चांद और सूरज भाई-बहन थे। दोनों भाई-बहनों में बहुत स्नेह था। बड़े होने पर चांद संसार की सबसे सुंदर स्त्री सूरज से विवाह करना चाहता था। जब यह बात सूरज को पता चली, तो वह अपने भाई से बहुत नाराज हुई। सूरज ने गुस्से में जलती राख चांद के चेहरे पर फेंक दी। चांद का चेहरा जल गया। आज तक उसके चेहरे पर वह दाग दिखाई देता है। अपनी ही बहन पर कुदृष्टि रखने के कारण वह आज तक उससे मुंह छिपाता फिर रहा है। यही कारण है कि जब सूर्यास्त होता है, तब ही चांद निकलता है।

कोकबोरोक (त्रिपुरा)

चेतुआंग

प्रस्तुति : **विनय देब बर्मा**
अनुवाद : **दिनेश अग्रहरि**

यह किसी अन्य गांव की भांति ही एक छोटा-सा ही गांव था। लेकिन इस गांव का आकाश इतना खुला था कि सूरज को उदय होने से लेकर अस्त होने तक देखा जा सकता था। गांव में एक परिवार रहता था, जिसमें एक बड़ा लड़का और उससे छोटी एक लड़की तथा उनकी एक दादी थी।

समय बीता और लड़का व लड़की दोनों बड़े हो गए। वे 'हक' (झूम खेती) में काम पर जाने लगे। जब वे खेत पर क़ाम करने जाते, तो उन्हें एक 'त्विसा' (छोटी नदी) को पार करना पड़ता था। एक दिन वे 'त्विसा' पार करने गए। बहन ने पहले छलांग लगाई। त्विसा को पार करते समय उसने अपनी 'रिग्नी' (नीचे पहना जानेवाला वस्त्र) निकाल लिया ताकि वह भीग न जाए। इसके कारण भाई को अपनी बहन के सुंदर पैरों का ऊपरी हिस्सा दिख गया। 'त्विसा' पारकर बहन ने देखा कि उसका भाई किनारे पर ही खड़ा है। उसने भाई से 'त्विसा' पार करने को कहा पर भाई ने कोई जवाब नहीं दिया। इसके बाद बहन 'खेत' में काम करने चली गई और भाई घर वापस लौट आया।

अब भाई के दिमाग में दिन-रात वही सुंदर पैर नाचने लगे। वह उदास रहने लगा। उसका किसी काम में मन नहीं लगता था। यह देखकर परिवार के सदस्यों को चिंता हुई और उन्होंने उसकी निराशा का कारण जानना चाहा, लेकिन उसने कुछ नहीं बताया।

एक दिन दादी ने भाई को बुलाकर उससे उसकी उदासी का कारण पूछा। दादी ने सोचा कि उसका पोता अब जवान हो गया है। गांव में उसके कुछ दोस्तों की शादी भी हो चुकी है, इसलिए शायद वह भी शादी करने का इच्छुक हो। दादी ने अपने सामने एक तरफ 'थोकवाटा' और दूसरे तरफ 'खुंबाटा' रखा। 'थोकबाटा' पसंद करने से आशय था कि शादी करने की इच्छा नहीं है, जबकि 'खुंबाटा' पसंद करने का मतलब था शादी की इच्छा है। पोते ने अपनी ऊंगली 'खुंबाटा' पर ही रखी।

दादी को इस कल्पना से खुशी हुई कि उसे 'बोरा' (नाती-पोते) मिलनेवाले हैं।

उसने एक-एक करके गांव की सभी कुंवारी लड़कियों के नाम अपने पोते को बताए। लेकिन भाई उनमें से किसी से भी विवाह के लिए तैयार नहीं हुआ। दादी काफी नाराज हुईं और उसने कहा–

"अब तो कोई भी कुंवारी लड़की नहीं बची है, सिर्फ एक लड़की ही बची है–वह है तुम्हारी बहन क्या तुम उससे शादी करोगे?" लड़ने ने 'हां' में जवाब दिया।"

यह मामला काफी असामाजिक, पापकर्म था और समाज इस संबंध को कभी भी स्वीकार नहीं करता। लेकिन लड़के ने जोर देकर कहा कि वह शादी करेगा तो अपनी बहन से ही, वरना आत्महत्या कर लेगा। लड़के को समझाने-बुझाने में असफल रहने पर उसके परिजन यह शादी करने को तैयार हो गए, क्योंकि वे नहीं चाहते थे कि अपने प्रिय इकलौते लड़के को खो दें।

विवाह समारोह की तैयारी गुपचुप ढंग से चल रही थी। बहन को इस सब की जानकारी नहीं थी। लेकिन उसे संदेह जरूर हुआ था। उसने अपने मां-बाप से पूछा भी था। लेकिन वे इसे टाल गए। इसके बाद उसने अपने दोस्तों से पूछा और किसी तरह उसे यह जानकारी हो गई कि उसकी शादी उसके भाई के साथ ही करने की तैयारियां चल रही हैं।

आंगन में सूखने के लिए धान रखा हुआ था। दादी मां उसकी रखवाली कर रही थी। वह चूजों को दूर भगाने का प्रयास करते हुए कहती जा रही थीं–

"सो, आंगसुक च्वाला खाई, अंगशुक ब्वविनो कैनानी बागविसे माई लामो, नोरोक्से चाहुई पाई खाई बुई तामो चहनाई, खारबाइदी।" (ओ चूजों दूर रहो, यह धान मेरे पोते और पोती के विवाह समारोह के लिए सुखाया जा रहा है। यदि तुम लोगों ने धान खा लिया, तो दावत के लिए क्या बचेगा?) यह सुनकर पोती को काफी अचरज हुआ और उसने अपनी दादी से पूछा कि वह विवाह के बारे में क्या कह रही हैं। दादी टाल-मटोल कर गई।

पोती ने चुप्पी साध ली और इस बात की पुष्टि के लिए कि उसकी दादी ने क्या कहा है, उसने चुपके से अपनी उंगलियों से धान को ठोंककर आवाज की। दादी को लगा कि चूजे आ गए, उसने फिर वही वाक्य दुहराया।

पोती को काफी अचरज और खीज हुई और वह बहुत दुखी हुई। वह किसी भी कीमत पर अपने भाई से शादी करने को तैयार नहीं थी। ऐसा होने से पहले ही वह आत्महत्या करने को तैयार होने लगी। सोते समय उसके सपने में अचानक आकाशवाणी हुई कि वह चिंता न करे और गांव के निकट **चेतुआंग** के किसी छोटे पौधे की तलाश कर उसे लाकर अपने आंगन में लगाए, सींचे और उसकी पूजा करे। इस वृक्ष की सहायता से ही एक दिन वह स्वर्ग तक पहुंच सकेगी।

उसने **चेतुआंग** के पौधे को तलाश कर लिया। उसके दोस्त अन्य कार्यों में व्यस्त थे लेकिन वह घर के आंगन में **चेतुआंग** पौधे को उगाने में लगी थी। वह उसे सींचती और उसकी पूजा करती। उसने **चेतुआंग** से कहा, ''यदि मैं तुम्हारे माध्यम से स्वर्ग तक पहुंच सकती हूं, तो यह बात पूरे समुदाय को बतायी जानी चाहिए।'' **चेतुआंग** के सामने वह इन शब्दों में विलाप करने लगती—''अता बाई अनो काइनानी हिनो, लोक चेतुआंग लोक (हे चेतुआंग वे मेरा विवाह मेरे भाई के साथ करना चाहते हैं। तुम जल्दी-जल्दी बड़े हो जाओ)।''

वह जितना ही रोती **चेतुआंग** वृक्ष उतनी ही तेजी से बढ़ता जाता। एक दिन वह चेतुआंग पेड़ पर चढ़ गई। आसपास काम करनेवाले उसके दोस्तों ने उसे चेतुआंग पर देखा तो वे सभी उसके करीब आ गए। उन्होंने उसे समझाने-बुझाने और पेड़ से नीचे उतरने के लिए मनाने का प्रयास किया।

मां-बाप भी आ गए। पूरे गांव के लोग भी पहुंचे, लेकिन वह नीचे उतरने को राजी नहीं हुई। गांव के लोगों ने पेड़ को कुल्हाड़ियों व गंड़ासे से काटने का प्रयास किया। लेकिन वह फिर भी रोती रही—''अता बाई अनो का इनामी हिनो, लोक **चेतुआंग** लोक (हे **चेतुआंग,** वे एक बार में जितना काटते हैं तुम उससे पांच गुना तेजी से बढ़ो, तुम अधिक से अधिक और तेज से तेज बढ़ना जारी रखो)।''

दादी मां को बुलाया गया। उन्होंने भी अपनी पोती को नीचे उतरने के लिए मनाने का प्रयास किया। उन्होंने कहा कि वह उसकी शादी उसके भाई के साथ नहीं करेंगी। सभी सूअरों, मुर्गियों और बकरियों को मार डाला गया और मदिरा के बर्तनों को तोड़ डाला गया। पोती ने कहा—

''अंगबा सियादे अंगबा नुक्यादे, स्बिहसा कोसोमनो तहनमा (मैं जानती हूं कि तुम लोग काले कुत्ते को मारकर उसका खून मुझे दिखा रहे हो)।'' वह लगातार रोते ही जा रही थी और कहती भी जा रही थी—''सालग्रुग गलानी नोबार सिपसादी, अफानो खुलुमनानी। सालगिरी गलानी नोबार सिपसादी, अफानो खुलुमनानी (ओ उत्तरी हवाओ बहती रहो, मैं अपनी मां को प्रणाम करती हूं। हे दक्षिणी हवाओ बहती रहो, मैं अपने पिता को प्रणाम करती हूं।)''

अंत में उसके भाई को बुलाया गया और उसने भी वादा किया कि वह उससे शादी नहीं करेगा, लेकिन वह इससे संतुष्ट नहीं हुई। वह फिर रो-रोकर कहने लगी—''अता बाई अनो काइनामी हिनो, लोक **चेतुआंग** लोक।''

और उसने **चेतुआंग** पेड़ की चोटी को तोड़ा और अपने मां-बाप को अलविदा कहा फिर वह बादलों में समा गई।

इसके बाद से जब कभी भी आकाश बादलों से ढका होता है और तूफान के

साथ बिजली चमकती है, तो बोरोक व त्रिपुरी समुदाय के लोग **चेतुआंग** की कहानी को याद करते हैं। ऐसा माना जाता है कि चमकती हुई बिजली के रूप में लड़की के उघड़े हुए खूबसूरत पैर दिखते हैं। **चेतुआंग** वृक्ष की चोटी कभी नुकीली नहीं होती। वह हमेशा सपाट दिखती है।

लेपचा (सिक्किम)

फगोरिप और तम्बम

प्रस्तुति : **ताखे कानी**
अनुवाद : **सारंग कुमार**

'मायेल ल्याङ' में **'ईतबू रम'** (सृष्टिकर्ता भगवान) ने सृष्टि रची। पशु-प्राणी, वन, जंगल, नदी-नाले सभी खुशी से अपना जीवन बिता रहे थे। समय बीतता चला गया। एक दिन **'फगोरिप'** (एक प्रकार का फूल) और **'तम्बम'** (भंवरा) के बीच झगड़ा हो गया। **तम्बम** सुबह उठकर अपना भोजन ढूंढ़ने के लिए इधर-उधर घूमता मंडराता था। कभी-कभी वह **फगोरिप** के अंदर भी घुस जाता था, पर तब फूल अपने आप बंद होकर **तम्बम** को मार देता था। ''यदि दिनों-दिन ऐसा ही होता चला गया, तो एक दिन हम लोगों का इस संसार में अंत हो जाएगा। हमें कुछ करना पड़ेगा।'' सभी भंवरे मिलकर **'ईतबू रम'** (सृष्टिकर्ता) की प्रार्थना करने लगे। रोते हुए शुद्ध मन से प्रार्थना करते देखकर **'ईतबू रम'** प्रकट होकर बोले, ''तुम लोगों को क्या तकलीफ है? ऐसे पवित्र 'मायेल ल्याङ' में रहकर भी क्यों रोते हो?''

तम्बम भंवरों के बीच से एक दुःखी आगे आकर बोला, ''हे देव! हम लोग मुसीबत में हैं। भोजन ढूंढ़ते-ढूंढ़ते **फगोरिप** के फूल के अंदर जाते हैं, तो ये हमें अपने अंदर समाकर बंद हो जाते हैं। हम अंदर ही मर जाते हैं। इसी कारण हमारा यहां जीना बहुत मुश्किल हो रहा है। हमारी दिनों-दिन संख्या घटती चली जा रही है। हे देव! आप ही कुछ करिए।'' इतना कहकर वह भंवरा रोने लगा।

तम्बम की बात सुनकर 'ईतबू रम' (सृष्टिकर्ता) ने **फगोरिप** को अपने सामने बुलाकर पूछा, ''क्या यह सच है? अगर ऐसा ही है तो तुम्हें इसकी सजा भोगनी पड़ेगी। तुमने जो अनर्थ **तम्बम** भंवरों के साथ किया है, इसके कारण तुम्हारा जो फूल है, वह रात को खिलेगा और सुबह होने से पहले पौधे से झड़ जायेगा।'' श्राप देकर **'ईतबू रम'** (सृष्टिकर्ता) अदृश्य हो गये।

इस श्राप के कारण **फगोरिप** के फूल रात को ही खिलते हैं और सुबह होने से पहले झड़ जाते हैं।

अब **तम्बम** भंवरे खुश थे। वे गाना गाते हुए एक फूल से दूसरे फूल में भोजन ढूंढ़ते-फिरते। 'मायेल ल्याङ' के **तम्बम** भंवरे तो खुश हो गए लेकिन **फगोरिप** पौधे को बहुत तकलीफ होने लगी, क्योंकि तितली-भंवरे अब उनके पास नहीं आते थे।

फगोरिप गुमसुम खामोश अपना जीवन बिता रहा था।

'ईतबू रम' (सृष्टिकर्ता) ने अपने हाथों से निर्मित किये **फगोरिप** को देखा, तो वह बहुत दुःखी लगा। उसके दुःख का कारण जानने के लिए **'ईतबू रम'** (सृष्टिकर्ता) मायेल ल्याङ में फिर प्रकट हुआ और फगोरिप को बुलाकर पूछा, "तुम क्यों दुःखी हो? औरों को देखो, कितने खुश हैं। झरना गा रहा है, तालाब के पानी में मछलियां नाच रही हैं, यहां के आदमी मेरे पुत्र हैं। **रम कप** (भगवान का पुत्र) कितना भोला-भाला, मिलनसार, मृदुभाषी और प्रकृति की पूजा करनेवाले हैं, तो तुम क्यों दुःखी हो?" **'ईतबू रम'** (सृष्टिकर्ता) भगवान की बात सुनकर **फगोरिप** रोता हुआ बोला, "मैं कुरूप और लाचार हो गया हूं। मेरे पास कोई नहीं आता। इतनी सुंदर आपने सृष्टि रची है। 'मायोल ल्याङ' में अकेला हो गया हूं। अब मेरे जीने का मकसद ही नहीं है, तो मैं जीकर क्या करूंगा?" इतना कहकर वह रोने लगा।

फगोरिप की दर्द-भरी कहानी सुनकर **'ईतबू रम'** (सृष्टिकर्ता) को भी अच्छा नहीं लगा। वे बोले, "ठीक है भंवरों को दिया हुआ वचन और तुम्हें दिया हुआ श्राप तो मैं वापस नहीं ले सकता, लेकिन तुम दोनों को खुश करने का प्रयत्न अवश्य करूंगा।"

'ईतबू रम' (सृष्टिकर्ता) ने तम्बम भंवरे को भी वहां बुला लिया और बोले, "इस मायेल ल्याङ में मैंने जो सृष्टि रची है, इसमें सभी को खुश और मिल-जुलकर रहने के लिए शांतिमय जीवन रचा है, मैं इसे खुश देखना चाहता हूं। मेरे होते हुए कोई दुःखी नहीं हो सकता।" **फगोरिप** को बुलाकर कहा–"तुम्हारे फूल सुबह होने से पहले ही झड़ जाते हैं। कोई बात नहीं। आज के बाद तुम्हारे फूल में जो फल लगेगा इसके अंदर जो बीज होगा, वह अन्य पौधे के बीज से अलग होगा और इसी को सभी लोग तुम्हारा फूल कहेंगे और यह 'मायेल ल्याङ' का सबसे पवित्र फूल माना जाएगा। मेरे जो अपने पुत्र **रम कप लेप्चा** लोग हैं, वे उसको सबसे पवित्र प्रसाद के रूप में अपनाएंगे और उन लोगों के धार्मिक और सभी पर्वों में भगवान के चरणों में और मेरे पुत्र **रम कप** (लेप्चा) के माथे पर यह खिलेगा। वे लोग तुमको इष्टदेव 'किङचुमजोङबू' (कंचनजंगा) हिमालय की तरह ही पूजेंगे। तुम्हारा जो असली फूल है, उसे कोई याद नहीं करेगा।" उसी दिन से **रम कप** (लेप्चा) जातिवालों में **फगोरिप** एक पवित्र फूल माना जाता है। यहां तक कि लेप्चा जाति की शादी में 'किङचूजोङबू' (कंचनजंगा) हिमालय की गवाही रखकर, 'बुङथिङ' (पुरोहित) **फगोरिप** को नव दूल्हा-दुल्हन के माथे पर लगाता है। ऐसा विश्वास है कि यह फूल दूल्हा-दुल्हन की सदा रक्षा करेगा। ऐसी नियमपूर्ण की हुई शादी हमेशा सुखदायी होगी। वह फूल सदा आशीर्वाद देता रहेगा। आज तक किसी ने इस बीज को फल नहीं कहा है।

इसके बाद **'ईतबू रम'** (सृष्टिकर्ता) भगवान ने **तम्बम** को भी बुलाकर कहा,

''मैंने **फगोरिप** को तुम्हारे साथियों को मारते हुए कुछ वरदान दे दिया, तो तुम्हें भी कुछ देता हूं। तुम्हारे अंदर घुसके मरी हुई संतान को तो जीवित नहीं कर सकता, उन लोगों को जीवन तो उतना ही है, जो पैदा होते हुए लेकर आता है। मरे हुए **तम्बम** को मैं अन्य रूप में इस 'मायले ल्याङ' पर ले आऊंगा, जिससे उसको सभी चाहने लगेंगे।'' इतना कहने के बाद मरे हुए **तम्बम** को एक खूबसूरत मीठी-सी सुगंध वाले फूल **'सुगुक बुर'** (कटहर चंपा) फूल के रूप में उत्पन्न किया, बाद में **'ईतबू रम'** (सृष्टिकर्ता) अदृश्य हो गए। इसीलिए **'सुगुक बुर'** फूल की कलियां हूबहू **तम्बम** जैसी होती हैं और **तम्बम** उनके आसपास नहीं घूमते। वे फूल उनकी मरी हुई संतान के पूर्वज हैं।

आज भी **फगोरिप** रात को ही खिलते हैं और **तम्बम** **'सुगुक बुर'** फूल के पास तक नहीं जाते।

प्रकृति विज्ञान (Vanhrikpa)

प्रस्तुति : **रूथ ललरेमरूआती**
अनुवाद : **रमणिका गुप्ता**

एक दिन बकरी नानी **'वांहरिकपा'** के पास अपनी समस्या लेकर गई कि उसके बच्चे सदैव असमय ही क्यों मर जाते हैं? रास्ते में उसे बांस, सुनहरी घास और पांग (Pang) मिले। उन्होंने नानी बकरी से अनुरोध किया कि वे उनकी इस समस्या को भी **वांहरिकपा** के सामने रखें कि उसके पत्ते परिपक्व होने से पहले ही क्यों मर जाते हैं? थोड़ी दूर जाने पर उसे 'हनाथियाल' (Hnahthial) मिली। उसने भी उसे अपना दुःखड़ा सुनाया कि वह अभी तक समुचित ढंग से विकसित ही नहीं हो पा रही। आखिर क्यों? उसने अपनी समस्या भी बकरी नानी की मार्फत **'वांहरिकपा'** के पास भेजी कि वह उसका कोई समाधान बताए।

लंबे सफर के बाद बकरी नानी उस स्थान पर पहुंची जहां **'वांहरिकपा'** का निवास था। उसने एक-एक करके सभी की समस्याएं **'वांहरिकपा'** के सामने रखीं।

'वांहरिकपा' ने बकरी नानी को बताया–"तुम्हारा दूध बहुत गाढ़ा है। इसलिए तुम्हारे बच्चे उसे हजम नहीं कर पाते। तुम अपने बच्चों को एक वक्त में ज्यादा दूध नहीं पिलाओ, कम पिलाओ ताकि वे हजम कर सकें।"

उसने उसे यह भी सलाह दी कि वह दूध पिलाने के बाद अपने बच्चों का मलद्वार सूंघ लिया करे। जैसे ही मलद्वार से दूध की गंध आने लगे, वैसे ही वह उन्हें दूध पिलाना बंद कर दे। अगर वह ऐसा करेगी, तो उसके बच्चे मरेंगे नहीं।

बांस की समस्या का निदान करते हुए उसने बताया–दरअसल बांस के तो जोड़ ही नहीं हैं, तभी तो वह टूटकर गिरता रहता है। उसे जोड़ों की दरकार है। उसने बकरी नानी को कुछ धागे दिए और निर्देश दिया कि इन धागों को बांस पर पर्याप्त दूरी पर बांध दे ताकि उसके जोड़ बन जाएं। इससे बांस और मजबूत हो जाएगा और टूटेगा नहीं।

वांहरिकपा ने सुनहरी घास और हनाथियाल की समस्या को एक साथ निपटाते हुए कहा कि जहां ये उगती हैं, वह स्थान इनकी प्रकृति के लिए उपयुक्त नहीं है। जहां सुनहरी घास उगती है वहां सूर्य की रोशनी नहीं पहुंचती। इसीलिए वह जल्दी उगती है और जल्दी झड़ भी जाती है और 'हनथियाल' पहाड़ी की चोटी पर उगती

है—इसलिए वह धीमी गति से उगनेवाला पौधा बन गई है। बेहतर होगा कि दोनों अपने उगने का स्थान बदल लें ताकि दोनों की समस्या हल हो जाए।

इसके अतिरिक्त उसने यह भी बताया कि ऐसा करने से सुनहरी घास अपने पति के लिए आग बनकर साथ दे सकेगी और इस प्रकार जलने से वह जलते हुए ही गर्भवती हो जाएगी, जिससे उसकी नई कोपलें निकल आएंगी। जहां तक पांग का मामला था, **वांहरिकपा** ने बताया कि दरअसल पांग के कांटे नहीं हैं। कांटे न होने की वजह से वह जल्दी टूट जाती है।

उसने बकरी नानी को सुझाव दिया कि वह पांग के सिर पर इतनी जोर से मुक्का मारे कि उसका सिर फट जाए ताकि वह उससे बंधकर टिकी रहे।

घर लौटकर बकरी नानी ने **वांहरिकपा** के कहे अनुसार सब कुछ किया। इस प्रकार बकरी नानी के बच्चे जिंदा रहने लगे। बांस के जोड़ विकसित हुए, जिससे वह पहले से ज्यादा मजबूत हो गई। सुनहरी घास और 'हनाथियाल' ने, जो अपने अस्तित्व के अनुकूल थे, अपने उगने के स्थान बदल लिए। सुनहरी घास जलकर गर्भवती हो गई और उससे अनेक कोपलें उग आईं। बकरी नानी ने पांग के शिखर पर मुक्का मारा जिससे वह कई लटों में बंट गया जो पेशु के शिखर पर शूल की तरह सख्त हो गए। ये सख्त शूल उसे सदैव बचाते रहे। फलतः वह आसानी से टूटने से बच गया।

पैते (मणिपुर)

चांद पर बरगद

प्रस्तुति : **एच. कामखेथांग**
अनुवाद : **रमणिका गुप्ता**

मिजो आस्था के अनुसार चांद पर एक बहुत बड़ा बरगद का पेड़ है। इसे सिंग्जाबुआंग (Sinzabuang) कहते हैं। इस पेड़ की बहुत बड़ी शाखाएं हैं। उनका मानना है कि चांद की सतह पर जो काले धब्बे दीखते हैं, वे सूरज की रोशनी के चलते इस पेड़ की शाखाओं की छाया है। इस बरगद के पेड़ पर पके फलों को हॉर्नबिल (Hornbill) तथा अन्य पंछी खाकर ही जिंदगी बसर करते हैं। इस पेड़ की शाखाओं पर एक चिंपाजी रहता है, जो पेड़ की एक शाखा से दूसरी शाखा पर कूदता और झूलता रहता है। सबके मन में एक विश्वास व्याप्त है कि अगर चांद के इस बरगद वृक्ष की टहनियों पर कूदते और झूलते हुए कोई व्यक्ति देख ले, तो वह तुरंत मर जाएगा। इसीलिए कोई भी व्यक्ति मृत्यु के भय से लंबे अर्से तक चांद को देखने से कतराता है।

एक दिन **'सिंग्जाबुआंग'** ने सभी पेड़ों की सभा बुलाई। पेड़ों में जो वृक्ष सबसे पहले सभा में आया, वह था बलूत (Oak) जो पेड़ों के नह्ही (Nahhi) उपजाति (Species) से था। जो सबसे पीछे पहुंचा वह भी बलूत ही था, उसकी उपजाति सेस्सिंग (Sessing) थी। देर से पहुंचने के कारण **'सिंग्जाबुआंग'** सेस्सिंग उपजाति से नाराज हो गया। उसने सेस्सिंग उपजाति को सिल्वन साम्राज्य से निकाल दिया और श्राप दिया कि उसे हमेशा कुरेदनेवाले कीड़े लगे रहेंगे। यह श्राप सच हो गया। खड़ा रहने पर भी सेस्सिंग वृक्ष में घुनवाले कीड़े लगे रहते हैं। दूसरी ओर उन्होंने नह्ही वृक्ष को वरदान दिया कि वह अनुष्ठानों में इस्तेमाल होगा। इस प्रकार वह प्रतिष्ठा पा गया। इसे पवित्र वृक्ष माना जाता है। सूरज की तपती गरमी से पसीना बहने पर भी इसे पंखे की तरह हवा करने हेतु इस्तेमाल करने की सख्त मनाही है। घर बनाने के लिए भी इस पेड़ की लकड़ी सख्त, टिकाऊ और सीधी होती है, जो भवन-निर्माण के लिए सबसे अधिक उपयुक्त होती है। इसके बावजूद गृह-निर्माण के लिए सिद्धांततः इस लकड़ी का उपयोग वर्जित है। इसीलिए घर बनाने का काम पूरा होने और गृह प्रवेश के बाद बुरी-आत्माओं को संतुष्ट करने और दूर रखने के लिए एक अनुष्ठान संपन्न किया जाता है। इस अनुष्ठान में दुष्टात्माओं से प्रार्थना की जाती

है कि यदि गलती से भी किसी पवित्र और वर्जित वृक्ष का गृह निर्माण में इस्तेमाल हो गया हो, तो उसके लिए उन्हें क्षमा करें। इसी अनुष्ठान में इस नियम के उल्लंघन के लिए शुद्धि भी की जाती है। बच्चे के नामकरण के अवसर पर बच्चे के पिता की बहन यानी बच्चे की बुआ, नहूही वृक्ष के पत्ते में भात की शराब बच्चे को चखाती है।

कृषि

आपातानी (अरुणाचल प्रदेश)

धान की खोज

प्रस्तुति : ताखे कानी
अनुवाद : रमणिका गुप्ता

अबोतानी का विवाह **दानयी गारती तमांग** से हुआ। वह एक अत्यंत ही सम्मानित और सुलक्षणा युवती थी। सूर्य की बहन थी वह। सूर्य ने नवदंपति को सुखी एवं वैभवपूर्ण जीवन जीने का आशीर्वाद दिया। इससे और भी कई संपन्न व शक्तिशाली लोग, देवी-देवता व पिशाच-दानव भी—जो कभी **अबोतानी** के प्रति अपने मन में वैर रखते थे, अब मेल-जोल बढ़ाने लगे। उसकी जिंदगी में निराशावादी दृष्टिकोण का अब कोई स्थान नहीं था। इतने सारे लोगों का आशीष पाकर **अबोतानी** को मालामाल होना ही था। सूर्य की दुआ से उसे पुत्ररत्न की भी प्राप्ति हो गई थी। बच्चे का नाम **अत्तो नेहा** रखा गया। इसी दिव्य पुत्र की लाखों संतानें इस धरती पर अवतरित हुई हैं।

अतीत

लेकिन **अबोतानी** अभी भी भोजन और रहने के लिए एक घर के लिए तरस रहा था। उसके कुत्ते द्वारा चुराए धान के बीज भी घटिया किस्म के थे। चिड़ियों ने उसकी उपज की बढ़वार रोक दी थी। जैसे ही फसल तैयार होती, चिड़ियों का झुंड अनाज चुगकर फुर्र उड़ जाता। उसके पास 'तबाबानइ', 'तबोबारो', 'गरो इमो', 'कापा इमो' और 'रालंग इमो' जैसी धान की उन्नत किस्में भी थीं, परंतु उपज के मामले में ये भी दोयम दर्जे की निकलीं।

अबोतानी को चावल की एक बेहतरीन किस्म का पता चला, जो बेहतर उपज दे सकती थी, लेकिन उसके पास इसे बोने के लिए जमीन नहीं थी। वह यह भी जानता था कि चावल की यह किस्म हीरी की कोमलस्थि से पैदा हुई है।

एक दिन **अबोतानी** अपना कुत्ता लेकर चिड़ियों, खासकर तोतों का शिकार करने जंगल गया। उसने देखा कि उसका कुत्ता एक पेड़ की ओर देखकर भौंक रहा है। यह पेड़ हीरी **तंगू सानी** का था जो हीरी से संबंधित था। कुत्ते के भौंकने से उसे एहसास हो गया कि पेड़ पर चूहे और गिलहरियों का निवास है। उसने पेड़ को ध्यान से देखा। **अबोतानी** ने पेड़ की शाखाओं पर काफी संख्या में चूहे, गिलहरी, अजगर

और चावल की नई किस्में देखीं। उसे चावल की इसी किस्म की तलाश थी, लेकिन पेड़ की चोटी से उसे उतारने में वह असमर्थ था।

जाड़े का मौसम दस्तक दे चुका था। जमीन पर बर्फ की चादर बिछने लगी थी। यह विचित्र किस्म का धान भी पककर तैयार हो गया था। पके धान के कुछ बीज **हाची, हादो, सीगांग** नामक नहर में गिर गए थे, लेकिन किसी को पता नहीं चला कि धान के वे बीज कहां गए। **अबोतानी** खोए धान की खोज में जुटा था। इसी सिलसिले में उसने चूहों और चिड़ियों के पेट फाड़ डाले, पर उसे धान के वे बीज नहीं मिले। लेकिन एक दिन धान के बीज इसी नहर में लगे **नियालियांग ताखुंग** और **गोराताको** के जाल में अटक गए। **अबोतानी** ने जाल के मालिकों से धान के वे दाने लौटाने की गुहार लगाई।

चावल की यह किस्म उसे भा गई थी। **अबोतानी** ने अपनी जमीन में धान के ये बीज बो दिए। उसे थोड़ा-सा अनाज प्राप्त हुआ। उसने धान के इन बीजों को फिर पेशाब खाने के पास की जमीन में बो दिया। इस बार फसल अच्छी रही। उत्साहित होकर उसने इस बार धान की इस किस्म को नर्सरी में बोया, जहां से उसे भारी मात्रा में अनाज मिल गया। अब वह और अधिक जमीन पर धान उगाने की स्थिति में था। उसने **जूलिया मियोगेग** और **तोलियों सीपर** से उपजाऊ भूमि ले ली। **अबोतानी** ने **अने दोनी** और **अबालिबो** की सलाह से इस भूमि को धान उगाने के लिए तैयार किया। दोनों विशेषज्ञों की मदद से **अबोतानी** ने इस बार धान की बेहतर उपज हासिल कर ली और सुखी-संपन्न हो गया।

समय गुजरने के साथ-साथ किस्मत ने उसे फिर धोखा दिया। अगली बार अच्छी भली फसल एक जगह से दूसरी जगह रोपने के दौरान पीली पड़कर मुरझाने लगी। फसल की जड़ एवं पत्तियों को दीमक व अन्य कीट चटकर गए। इसी कारण फसल बर्बाद हो गई। **अबोतानी** को इस बार अकाल का सामना करना पड़ा।

अने दोनी और **आबा लिबो** ने **अबोतानी** से इन हानिकारक कीटों से छुटकारा पाने के लिए पूजा-पाठ करने की सलाह दी। **अबोतानी** ने पूजा-पाठ के लिए **चांगुर मितूर** और **दोगू मीजर** नामक दो पुरोहितों को बुलाया। पूजा के दौरान पुरोहितों ने **तामू** और **मेती** से **अबोतानी** को संकट मुक्त करने की प्रार्थना की। उन्होंने **ड्री पारो** और **यारी आर्की** से भी कीटों को भगाने की प्रार्थना की। वे दोनों इन कीटों को खाने के लिए ललचा रहे थे, इसलिए उन्होंने भी आकाश के देवता से वर्षा करने की प्रार्थना की, ताकि धान के पौधों से कीट धुल जाएं। पूजा-पाठ प्रसन्न भगवान **तामू** और **मेती** ने सभी कीटों को मार दिया। **ड्री पारो** और **यारी आर्की** ने उन्हें खाकर अपनी भूख मिटाई। बारिश और बाढ़ से सभी

कीट-पतंग धुल गए थे। खेतों में इस बार फिर बेहतर पैदावार हुई। उस साल बागान में भी फल भी खूब फले। इस तरह **अबोतानी** फिर से मालामाल हो गया। गरीबी की हालत में संघर्षपूर्ण जीवन जीते हुए उसने फिर से संपन्नता प्राप्त कर ली। बुढ़ापे में **अबोतानी** ने इस धरती का शुक्रिया अदा किया और स्थायी रूप से रहने के लिए दूसरे संसार को रवाना हो गया।

वाद्ययंत्र

बोडो (असम)

सेर्जा की रचना

प्रस्तुति : **मंगल सिंह हाजोवारी**
अनुवाद : **अकील कैस**

बहुत समय पहले **खेराई बराई** नामक एक बूढ़ा आदमी था। उसके दो पुत्र थे। बड़े बेटे का नाम था **धनसिं** और छोटे वाले का नाम था **मानसिं**। एक दिन सुबह-सुबह वह घर से अपने धान के खेतों की जुताई करने को चल पड़ा। अचानक उसने अपने घर के एक मुर्गे को मनुष्य की तरह बोलते सुना। वह कह रहा था कि जो कोई उसका सिर लेगा वह राजा बनेगा। यह बात मुर्गे ने तीन बार जोर-जोर से चिल्लाकर कही। बूढ़े को आश्चर्य हुआ। मुर्गे की बात पर विश्वास नहीं होने के बावजूद उसने मुर्गे को मारकर टुकड़े-टुकड़े कर दिया। उसने सोचा कि खेतों से लौटकर मुर्गे का सिर ले लेगा। इसलिए उसने अपनी पत्नी को मुर्गे का सिर, उसके दो पैर और डैने संभालकर किसी गुप्त स्थान में रखने को कहा और काम पर चला गया।

बूढ़े के बेटे **धनसिं** और **मानसिं** खेलने-कूदने के बाद दोपहर में घर आए। उनको इतनी तेज भूख लगी थी कि वे घर में इधर-उधर खाने की कुछ चीज ढूंढ़ने लगे। उनकी मां पास ही कहीं पानी लेने गई हुई थी। उसे मालूम भी नहीं हुआ कि उसके बेटे भूख के मारे इधर-उधर खाने की कोई वस्तु खोजने में लगे हैं। उन्हें इस बीच मुर्गे का सिर, दोनों पैर तथा डैने मिल गए, जिसे उन्होंने भूनकर खाने के लिए तैयार कर लिया। **धनसिं** ने सिर खाने के लिए लिया, जबकि **मानसिं** के हिस्से आए डैने और टांगें। ये सब कुछ खाकर वे समाप्त ही करनेवाले थे कि उनकी मां घर वापरा आ गई। उसने दोनों बेटों से पूछा कि उन्होंने क्या खाया है? बेटों के उत्तर सुनकर वह सकते में आ गई। दुःख और भय से घबराई वह बोली, "यह तुमने क्या कर डाला? अपने पिता का गुस्सा तो तुम जानते ही हो! उन्होंने ये अंग रखवाए थे। अब वे तुम दोनों का सिर तो काटेंगे ही, मेरे सिर की भी खैर नहीं।" उसने दोनों को घर से भाग जाने की सलाह दी और दोनों भाइयों ने इसमें देर नहीं लगाई।

बूढ़ा आदमी खेत से वापस आते हुए रास्ते में नदी में स्नान करने के बाद घर लौटा। घर में प्रवेश करते ही उसने पत्नी से मुर्गे के सिर, डैने और टांगों के

बारे में पूछा। बुढ़िया ने सारी बात सच-सच उसे बता दी। बूढ़ा अपने रौद्र रूप में आ गया और हाथ में अपना तेज धारवाला दाव (शिखा फाथंगा) लिए **धनसिं** और **मानसिं** को घर के अंदर बाहर हर जगह खोजने लग गया। वह सचमुच उनका सिर काट देना चाहता था। घर में वे नहीं मिले तो वह उन्हें गांव में और गांव की सीमा के बाहर भी उनकी तलाश में घूमता फिरा। पर उसके बेटे कहां पकड़ में आते! वे पास के जंगल में जा घुसे थे और सिर पर पैर रखकर भागे ही जा रहे थे। बूढ़ा हताश होकर घर वापस आया। उसका क्रोध और भी प्रचंड हो गया था। वह बुढ़िया की बांहें पकड़, उसे घसीटते हुए घर से बाहर लाया और अपने तेज दाओ से उसका सिर काट दिया। उधर **धनसिं** और **मानसिं** को जंगल में भटकते हुए सात दिन हो गए थे और अब तक उन्हें खाने को कुछ भी नसीब न हुआ था। छोटा भाई मानसिं तो भूख-प्यास से इतनी कमजोरी महसूस कर रहा था कि उसके लिए आगे एक कदम चलना भी दुश्वार हो रहा था। बड़े भाई से उसने पानी मांगा पर बीहड़-जंगल में पानी कहां मिलता! आखिर उसने बड़े भाई को सलाह दी कि वह किसी ऊंचे पेड़ पर चढ़कर पानी के किसी स्रोत का पता लगाए। बड़े भाई ने एक ऊंचे पेड़ के ऊपर चढ़ कर दूर-दूर तक का जायजा लिया। दूर स्थित एक स्थान पर बगुले के झुंड मंडराते दिखे। लगा, जैसे कुछ बगुले वहां उतर रहे हैं और कुछ वहां से उड़ान ले रहे हैं। उसने सोचा, हो न हो वहां पर कोई झील या नदी जरूर है। छोटे भाई को उसने थोड़ी देर और धैर्य रखने के लिए कहा और पानी लाने चल पड़ा। कांटों भरे रास्ते और शिकार की टोह में भटकते भयंकर जानवरों की बाधाओं को पार करते हुए काफी दूर स्थित उस झील के पास **धनसिं** पहुंच गया। वह झील **'बिलो बुदां'** के नाम से मशहूर थी। वहां उसे एक अद्‌भुत दृश्य दिखाई दिया। उसने देखा कि एक बहुत बड़ा बगुला, जिसके तीन सिर थे, तीन अलग-अलग स्थानों पर स्थित तीन झीलों को अपनी लंबी बृहदाकार गर्दन से ढंके खड़ा था। उन तीनों झीलों के बीचों-बीच एक भीमकाय हाथी भी सो रहा था। वह देखने में एक पहाड़ी सा दीख रहा था। वह पक्षी वस्तुतः बगुलों का राजा है, यह बात धनसिं समझ गया। उसने उसका अभिवादन किया और बोला—"हे **दाओबो** (वक) राजा! भयंकर जंगली जानवरों से भरे इस बीहड़-जंगल में मेरा छोटा भाई भूख-प्यास और कमजोरी से अधमरा पड़ा है। यदि उसे जल्दी पानी नहीं मिला तो मैं उसे जीवित नहीं देख पाऊंगा। इसलिए हे पिता! इस झील से आप मुझे थोड़ा सा जल अपने भाई के लिए ले जाने की अनुमति दें। उसकी प्रार्थना सुनकर वक राजा ने एक झील से अपना सिर बाहर निकाल लिया पर इससे पहले कि धनसिं पानी निकाल पाता, वहां पड़े हाथी ने कहा कि पानी निकालने

से पहले वह उसकी पीठ पर बैठ जाए और तब झील से पानी निकाले। जैसे ही उसने पानी निकालना समाप्त किया, वह हाथी उठ खड़ा हुआ और **धनसिं** को पीठ पर लिए चल पड़ा। दो दिन और दो रातें वह निरंतर चलता रहा। आखिर वे **मयखुङ** राजा के राज्य में पहुंचे। संयोग से **मयखुङ** राजा पिछली रात ही मर गया था। **धनसिं** को हाथी पर सवार देख वहां के लोगों ने **धनसिं** को ही अपना नया राजा चुन लिया। इस प्रकार मुर्गे की भविष्यवाणी सच निकली। राजा बनने के बाद **धनसिं** अपने छोटे भाई, जो जंगल में प्यास से लगभग मुर्दा पड़ा था को भूल गया।

मानसिं बड़े भाई की प्रतीक्षा में सो गया। काफी लंबे समय के बाद उसकी नींद खुली, तब उसने अपने बड़े भाई को खोजना शुरू किया। वह जोर-जोर से आवाज लगाता फिरा, "ओ मेरे बड़े भाई, तुम मुझे इस जंगल में अकेला छोड़कर कहां चले गए?" तब **मानसिं** को वह पेड़ याद आया, जिस पर उसका बड़ा भाई पानी का पता लगाने को चढ़ा था। किसी तरह वह भी उस पेड़ पर चढ़ गया। पेड़ के ऊपर से उसे भी वह स्थान नजर आ गया जहां पर बगुले उतर रहे थे और कुछ उड़ानें भर रहे थे। पेड़ से उतरकर वह भी उसी दिशा में चल पड़ा। वहां पहुंचने पर उसे भी वही तीन सिरोंवाला **दाओबो** (वक) राजा दिखाई पड़ा, जिसने अपने सिर से तीनों झीलों को ढंक रखा था। उसे देख कर **मानसिं** पहले तो भयभीत हो गया पर प्यास से मजबूर उसने उसका अभिवादन किया और झील से पानी लेने की अनुमति मांगी। **दाओबो** राजा ने उसका अनुरोध स्वीकारकर उसे इच्छानुसार पानी लेने दिया। **मान सिंह** ने पानी लिया और वहीं आराम करने को लेट गया। थोड़ी देर में ही उसे नींद आ गई।

उसने सपने में देखा कि उसका बड़ा भाई राजा बन गया है। जब उसकी नींद खुली तो उसने वक राजा को सलाम किया और उससे पूछा कि क्या उसे उसके बड़े भाई **धनसिं** की बाबत कुछ मालूम है। वक राजा ने बताया कि उसके बड़े भाई को एक हाथी अपनी पीठ पर लिए किसी देश चला गया है। उसने यह भी बताया कि उसके बड़े भाई ने रास्ते में अपने कुछ कपड़े भी छोड़ दिए थे ताकि छोटे भाई **मानसिं** रास्ता पहचान कर उसके पीछे-पीछे **हाफौ** राजा के देश तक पहुंच सके। **मानसिं** उसी दिशा में चल पड़ा।

तीन महीने तक चलते रहने के बाद वह **हफौ राजा** के देश पहुंचा। रास्ते में उसे एक हाथी मिला जिसके माथे पर उसके भाई का नाम लिखा था। उसे मालूम हुआ कि उसका बड़ा भाई वहां का राजा बन गया है। उसकी खुशी की कोई सीमा न रही। मानसिं ने उस हाथी पर सवार होकर राजा के महल जाना चाहा। पर महावत क्रुद्ध हो गया और **मानसिं** को खूब बुरा-भला कहा। चूंकि उसने हाथी का

शरीर स्पर्श करने का अपराध किया था, हाथी की रक्षा पर तैनात सिपाही उसे पकड़कर ले गया और राजा के सामने उसे दंड के लिए हाजिर कर दिया। मुकदमा ज्यादा लंबा नहीं चला। राजा ने **मानसिं** को गोशाला में मवेशियों के साथ रखने का आदेश दिया, जहां वह रात-दिन ढोर-ढंगरों की देखभाल करेगा। राजा के आदेश का अक्षरशः पालन किया गया। **धनसिं**, जो अब **हाफौ राजा** कहलाता था, भूल चुका था कि उसका एक छोटा भाई भी था, जिसे वह जंगल में भूखा-प्यासा छोड़ आया है। **धनसिं** एकदम बदल गया था।

मानसिं का जीवन गोशाला में मवेशियों के संग चरवाहे की तरह बीतने लगा। रात को उसे अपने पुराने दिन याद कर रोना आ जाता। कभी-कभी आधी रात को वह उठ बैठता और भगवान **अबंग गोसाईं** से प्रार्थना करने लगा—

"**हे अबंग गोसाईं!** आपने मुझे बहुत दुःख दिया है, अब और दुख न दें। इस यातना को अब मैं झेल नहीं सकता, इसलिए आप मेरा दुःख दूर करें।"

चरागाह में भी वह दुःख-भरे गीत गाता रहता, जिसका आशय था कि **मानसिं** को इसका बहुत दुःख है कि उसके बड़े भाई ने उसे पूरी तरह भुला दिया है। **मानसिं** अब मरनेवाला है क्योंकि उस पर अमानवीय अत्याचार किया जा रहा है।

चरागाह में ही **सिजौ** का एक बड़ा पेड़ था। **मानसिं** अपने मवेशियों के साथ **सिजौ** पेड़ के निकट स्थित एक अन्य बड़े पेड़ की छाया में दोपहर में आराम किया करता था। एक दोपहर उस पेड़ के नीचे सोते हुए उसने स्वप्न देखा कि **सिजौ** पेड़ उससे कह रहा है कि वह उसे काटकर, चार तारोंवाला एक वाद्ययंत्र बनाए और उसे बजाकर दूसरों को अपनी जीवन कहानी सुनाए जिससे उसे अपने कष्टों से मुक्ति मिले। यह स्वप्न उसे तीन दिनों तक लगातार आता रहा। अगले दिन वह एक कुल्हाड़ी लिए **सिजौ** पेड़ के पास गया और उसे प्रणाम करने के बाद, उसने पूर्व, पश्चिम, उत्तर, दक्षिण चारों दिशाओं को प्रणाम किया और रोते हुए गाने लगा—

"हे सृष्टा, मैं आया हूं काटने **सिजौ** पेड़! तुमने ही तो कहा मुझे—'इस पेड़ को काटो।' हे पिता, मुझ पर दया करो, मुझे अनुमति दो कि मैं तीन प्रहारों में इस पेड़ को धराशायी कर दूं! और अपने दुःखदायी दिन खत्म कर दूं।" दुःखदायी गीत समाप्त करते ही **मानसिं** ने पेड़ पर तीन प्रहार किए और **सिजौ** पेड़ एक जोरदार आवाज के साथ गिर पड़ा। आवाज इतनी तेज थी कि सुननेवालों को लगा कि भूचाल आ गया है। **मानसिं** ने स्वप्न में बताए गए माप के अनुसार दाओ और कुल्हाड़ी से पेड़ के टुकड़े काट-काटकर तैयार कर लिए। उन टुकड़ों की मदद से, जिस वाद्ययंत्र ने आकार लिया, बोडो उसे **सेर्जा** कहते हैं। यंत्र पर कई प्रकार की कलात्मक आकृतियां बनाई गईं। शाम को **मानसिं** इस नए वाद्ययंत्र को लेकर घर लौट गया।

उस रात उसने एक और स्वप्न देखा। सपने में उसे **सिज़ौ** पेड़ के टुकड़े इकट्ठा करने का आदेश मिला। उससे कहा गया–"उस वाद्ययंत्र का निचला भाग सारस पक्षी की गलथैली से ढंको और उसका हैंडल उड़ने वाले घोड़े की पूंछ के बालों से बनाओ। इस वाद्ययंत्र का **गोरय** नामक एक अन्य छोटा भाग **ओडाल** नामक पेड़ से तैयार करो।"

स्वप्न में बताई गई इस विधि के अनुसार ही **मानसिं** ने वाद्ययंत्र तैयार कर लिया, पर वह हैंडल उस रीति से तैयार नहीं कर पाया। अगले दिन उसे उड़ते घोड़े की पूंछ के बाल प्राप्त करने की विधि के बारे में सपना आया। **अबंग गोसाईं** ने सपने में उसे दर्शन दिए और बताया कि आकाश से अपने उड़नेवाले घोड़े पर सवार परियां पृथ्वी पर उतरती हैं और एक मायावी झील में स्नान करती हैं। वह वहां झाड़ियों के पीछे छुपा रहे और जब वे आकाश को लौटने की तैयारी में हों, तो वह बाहर आकर पीछे से घोड़े की पूंछ से कुछ बाल खींच कर निकाल ले। **अबंग गोसाईं** ने उसे यह चेतावनी भी दी कि यदि परियां उसे आवाज़ देकर बुलाएं तो वह पीछे मुड़कर न देखे वर्ना उसका शरीर काठ का बन जाएगा।

मानसिं ने बताई गयी विधि के अनुसार कार्य किया और बहुत कठिनाई से जोखिम उठाकर बाल प्राप्त कर लाया। इस तरह वाद्ययंत्र के सभी भाग प्राप्त हो गए और **सेर्जा** अपने पूरे आकार में बन गया। अब **मानसिं सेर्जा** बजाकर अपने दुःख भरे गीत गाने लगा। उसके गीत बड़े दर्दनाक थे। वह गा-गाकर बचपन से लेकर अपनी वर्तमान दुःस्थिति की दास्तान अत्यंत सुरीले व उदास स्वर में सुनाता और लोग उसकी आवाज के सम्मोहन में अपना आपा खो बैठते।

इसी बीच बड़ा भाई **धनसिं** जो अब **हाफौ राजा** के नाम से जाना जाने लगा था, ने दस रानियों से ब्याह रचा लिया था। उन रानियों में हर दिन झगड़ा होता रहता था। साथ-साथ राज्य में कई स्थानों पर उपद्रव भी फैल गए थे। उन्हें हल करना राजा के लिए टेढ़ी खीर सिद्ध हो रहा था। राजा का मन पूरी तरह अशांत हो गया।

राजा के सलाहकारों ने राजा को अपने दुःखों के कारण मालूम करने के लिए किसी ज्योतिष या भविष्यवक्ता से राय लेने को कहा। कई विख्यात ज्योतिषों की सेवाएं ली गईं। उन्होंने राजा को **सेर्जा** बजाकर कहानी सुनानेवाले किसी ऐसे प्रसिद्ध गायक को बुलाने की सलाह दी, जो अपने गीतों से वर्षा करवा और रुकवा भी सकता हो। ऐसा आदमी तो **मानसिं** ही था। **मानसिं** को राजा के दरबार में प्रस्तुत किया गया और बोडो पौराणिक कहानियां गाकर **सेर्जा** की धुनों पर सुनाने को कहा गया। **मानसिं** ने जो **सेर्जा** बजाकर अपनी दुःखद दास्तान सुनानी शुरू की तो महीने भर का समय देखते-देखते ही निकल गया।

धनसिं बड़ी तन्मयता से गीत सुनता रहा और जब गीत थमा तो उसने महसूस किया कि यह उसके अपने जीवन की ही कहानी थी। उसने अपने छोटे भाई **मानसिं** उर्फ **माओरियाश्रन** अर्थात अनाथ को गले लगा लिया और बड़ी देर तक रोता रहा। आखिर उसने घोषणा की कि **मानसिं** उसके आधे राज्य और शाही संपत्ति का स्वामी होगा।

बोडो लोगों का विश्वास है कि चार तारों वाले वाद्ययंत्र **सेर्जा** की रचना उसी **माओरियाश्रन** या **मानसिं** नामक व्यक्ति ने की था।

बोडो (असम)

बांसुरी की वेदना

प्रस्तुति : **मंगल सिंह हाजोवारी**
अनुवाद : **अकील कैस**

गड़रियों का एक दल चरागाह में मवेशियों के साथ हमेशा आया करता था। जब तक मवेशी घास चरते वे समय बिताने को तरह-तरह का खेल खेलते रहते और जब खेल समाप्त करने का समय आता, तो हर गड़रिया वेदी पर एक टिड्डे की बलि चढ़ाकर पूजा करता। अंत में गड़रियों के दल का सरदार भी एक टिड्डे की बलि देता अपनी पूजा संपन्न करता।

एक बार ऐसा हुआ कि एक गड़रिया दुर्भाग्यवश टिड्डा नहीं पकड़ पाया और खाली हाथ लौटा। गड़रियों का सरदार बहुत कुपित हुआ। उसने मजाक-मजाक में कहा कि उस गड़रिये की ही बलि दे दी जाए।

यह सुनते ही अन्य गड़रियों ने 'बिरना बिलाई' नामक तेज धार वाली घास की पत्ती एकत्र की और जिस प्रकार वे टिड्डे को बलि चढ़ाते थे, उसी प्रकार उन्होंने अपने उस अभागे गड़रिये साथी की गर्दन काट दी। जैसे ही गर्दन धड़ से अलग हुई, सब ने जोर से हर्ष ध्वनि की और वेदी के गिर्द खूब नाचे।

अचानक वहां एक वृद्ध व्यक्ति प्रकट हुआ और उन गड़रियों के संग ही नृत्य करने लगा। नाच के बाद उसने उन्हें पास ही बहनेवाली छोटी नदी के किनारे से सरकंडे की डंठल और एक केकड़ा लाने को कहा। गड़रियों ने उसके कहे अनुसार सरकंडे का डंठल और केकड़ा हाजिर कर दिया।

बूढ़े ने सरकंडे के एक सिरे में एक छोटा सा छेद कर दिया और दूसरे सिरे पर केकड़े को रख दिया। केकड़े ने अपने पंजो से सरकंडे को जो पकड़ा, तो उसमें छोटे-छोटे पांच छिद्र बन गए। बूढ़े ने तब गड़रियों के सरदार को केवल पहलेवाले छिद्र के सहारे बांसुरी बजाने को कहा। सरदार ने जो फूंक लगाई तो उससे एक मधुर संगीत-ध्वनि फूट पड़ी और उसी क्षण बूढ़ा वहां से गायब हो गया। इस तरह सरकंडे ने **सिफुंग** का आकार ले लिया। बोडो लोगों का विश्वास है कि वह बूढ़ा आदमी जिसने सरकंडे से बांसुरी या **सिफुंग** बनाने की विधि सिखाई, वह कोई और नहीं बल्कि बोडो लोगों के देवताओं का प्रमुख था, जिसे लोग 'बाथौ बराई' महाराजा या **खरिया बोराई** कहते हैं।

राभा (असम)

कार्हानल का सृजन

प्रस्तुति : **फुकन चंद्र बसुमतारी**
अनुवाद : **रमणिका गुप्ता**

सबसे बड़े देवता **रिसी बॉय** ने दैवी गुण संपन्न चार नवयुवकों की सृष्टि की। उन्हें पृथ्वी पर जाकर लोगों को संगीत शिक्षा देने को कहा गया। नवयुवकों ने मानव कल्याण तथा लोगों को संगीत की औपचारिक शिक्षा देने का वचन दिया। **रिसी बॉय** ने उन नौजवानों को बार-बार अच्छी तरह ताकीद की कि वे पृथ्वी के आमोद-प्रमोद के मोह-जाल में न फंसें। नवयुवकों ने हर कीमत पर इस बात का ध्यान रखने का वायदा किया।

अब नौजवान नीचे पृथ्वी पर उतरे और जगह-जगह भटकते फिरे। पृथ्वी अपने सौंदर्य और आकर्षण के साथ उनके सामने प्रस्तुत थी। एक दिन एक छोटी नदी के किनारे उन्हें कुछ सुंदर कन्याएं दिखाई दीं। वे नवयुवतियां वहां किसी ब्याह समारोह के लिए पानी लाने हेतु घड़ा लिए वहां आई थीं। उन कन्याओं के सौंदर्य सम्मोहन में वे अपनी सुधि खो बैठे। अपने **रिसी बॉय** के आदेश की अवहेलना के दोषी ये नौजवान दंडस्वरूप चार प्रकार के बांस के पेड़ के रूप में परिवर्तित हो गए। उनके नाम पड़े—'नोलुआ', 'सोलुआ', 'हुलुंग लुगां' तथा 'जुलङ लुङा'। ऐसा विश्वास है कि नल बांस 'रंगकरंग' यानी 'रंगकरन' का अर्थ स्वर्ग होता है। **'रंगकरन'** उन दैवी गुण संपन्न बालकों में से एक था, जो संगीत वाद्ययंत्र के प्रयोग में सिद्धहस्त था। राभा लोग ऐसा मानते हैं कि नल बांस से बना उनका 'कार्हा' नामक वाद्ययंत्र **रिसी बॉय** भगवान की कृपा से प्राप्त हुआ है।

पशु-पक्षी

आपातानी (अरुणाचल प्रदेश)

बाघ और बिल्ली (सिंहफो)

प्रस्तुति : **वीरेंद्र सिंह**

प्राचीनकाल में मनुष्य और जानवर सभी एक साथ रहते थे। उनमें कोई भाषायी भेद नहीं था। एक दिन बाघ शिकार से वापस आया। वह अपने साथ एक हिरन को मारकर लाया था। वह बहुत भूखा था। बाघ ने बिल्ली से कहा कि वह पड़ोस के गांव से शीघ्र आग लेकर आए और मांस को पकाकर तैयार करे। बिल्ली पड़ोस के गांव में आग लेने गई। उसने एक बूढ़ी महिला को सुगंधित चावल पकाते हुए देखा, तो उसके मुंह में पानी आ गया। उसने महिला से कहा कि मुझे बहुत भूख लगी है। बूढ़ी ने उसे खाने के लिए भात दिया। भात बहुत स्वादिष्ट और लसीला था। लसीला होने के कारण बिल्ली को खाना खाने में बहुत देर हो गई। इधर बाघ उसकी प्रतीक्षा में घंटों बैठा रहा। क्रोध और भूख से बेचैन होकर वह बिल्ली की खोज में निकला। उसने प्रतिज्ञा की कि यदि बिल्ली रास्ते में मिल गई तो वह उसे कच्चा ही खा जाएगा। बिल्ली भी इस बात से अवगत हो चुकी थी, इसलिए वह छिप गई। उसी समय से दोनों का संबंध सदा के लिए समाप्त हो गया। आज भी बिल्ली शेर के भय से छिपती रहती है।

बोडो (असम)

फिशौआ पक्षी की कथा

प्रस्तुति : **फुकन चंद्र बसुमतारी**
अनुवाद : **रमणिका गुप्ता**

एक गांव में पति-पत्नी रहते थे। उनका एक छोटा-सा लड़का था, जिसे वे दोनों बहुत प्यार करते थे। आदमी किसान था और खेती-बाड़ी के काम में निपुण भी था। वह धान के खेतों में कड़ी मेहनत करता था। एक दिन वह भरी दोपहरी में सूखे घास-पत्तों को जलाने के लिए धान के खेत पर गया, लेकिन उसका बेटा उसका पीछा करता हुआ, धान के खेत पर पहुंच गया। दूसरी ओर, बच्चे की मां को बच्चे के बारे में कुछ भी पता नहीं था। वह चरखा चलाने में व्यस्त थी। बच्चे का पिता भी धान के खेत में कार्य करने में व्यस्त था। बच्चा खुशी से अपने आप खेलता रहा। दुर्भाग्य से बच्चा आग में गिर गया और असहाय स्थिति में छटपटाकर मर गया। जब मां-बाप को उनका बच्चा नहीं मिला, तो वे अपने लाड़ले के लिए फूट-फूटकर रोने लगे। उन्होंने उसे सभी जगह—जंगल, धान के खेतों, पूरी पृथ्वी और आकाश में खोजा, लेकिन वे उसे ढूंढ़ने में असमर्थ रहे। तब से ऐसा माना जाता है कि उस दिन से, वे पति-पत्नी जो अपने बच्चे को गंवा चुके थे, फिशौआ चिड़िया का जोड़ा बनकर अपने खोए हुए प्रिय बेटे को देखने के लिए रात भर ताकते रहते हैं। इसीलिए, बोडो लोगों का विश्वास है कि फिशौआ चिड़िया का चिल्लाना, दरअसल उस दुर्भाग्यशाली जोड़े का विलाप ही है।

बोडो (असम)

मेंढक राजा की कहानी

प्रस्तुति : **फुकन चंद्र बसुमतारी**
अनुवाद : **रमणिका गुप्ता**

एक बूढ़ा और एक बुढ़िया थे। उनकी कोई संतान नहीं थी। बूढ़ा हमेशा अपनी खेतिहर भूमि के जल में जाल डालकर मछलियां पकड़ता रहता था। कुछ दिनों तक उसके जाल में कोई मछली नहीं फंसी। एक दिन जाल में एक मेंढक फंस गया। इससे बूढ़ा बहुत नाराज हुआ और वह घर जाकर अपनी पत्नी से कहने लगा कि वह उस मेंढक को ही तलकर उसका भोजन तैयार करे! बूढ़ा पुनः अपने धान के खेत पर चला गया। जब बुढ़िया मेंढक को काटकर बनाने जा रही थी, तभी मेंढक ने उसे बूढ़ी मां कहकर पुकारा और वादा किया कि वह उसके घर का सारा कार्य करेगा। बुढ़िया ने मेंढक को छोड़ दिया, जब बूढ़ा घर लौटा और उसे पता चला कि उसकी पत्नी ने मेंढक का भोजन नहीं बनाया, उसे छोड़ दिया, तब वह स्वयं मेंढक को काटने के लिए चला। लेकिन उसने भी मेंढक को छोड़ दिया।

मेंढक ने बूढ़े के ऊंचे और ऊबड़-खाबड़ खेतों में खेती करनी शुरू कर दी। बूढ़े की बंजर पड़ी भूमि, दिन-प्रतिदिन फसल से लहलहाने लगी। एक बार बहुत तेज बाढ़ आयी। उस समय, राजा ने बूढ़े के खेतों से बहाकर नाव चलाना चाही। यह देखकर मेंढक ने राजा और उसके सिपाहियों को डांट दिया। इससे राजा बहुत नाराज हुआ और उसने अपने सिपाहियों से मेंढक तथा उसकी बैलगाड़ी को राजमहल में उठा लाने के लिए कहा। लेकिन मेंढक बाहर निकल आया।

मेंढक अपने घर आ गया और अपने बूढ़े संरक्षकों (मां-बाप) को सारी घटना सुनाई और अपनी बूढ़ी मां से 'खराई' (एक प्रकार का सूखा भोजन जो चावल और तिल से तैयार किया जाता है) तैयार करने के लिए कहा, क्योंकि उसे कहीं दूर जाना था। इस तरह, वह राजा के महल के लिए रवाना हो गया। रास्ते में उसे मक्खियां और सांप भी मिले, जो उसकी मदद के लिए साथ चल पड़े।

महल में वह राजा से मिला और उसने राजा से अपनी बैलगाड़ी वापस मांगी, लेकिन राजा ने मना कर दिया। तब मेंढक ने मक्खियों और सांपों से राजा और उसके महल में रहने वालों पर आक्रमण करने का हुक्म दिया। इससे सभी बहुत भयभीत हो गए। राजा ने मेंढक के सामने आत्मसमर्पण कर दिया और अपनी बेटी की शादी

उससे करने की घोषण कर दी। इससे उसकी बेटी तथा सभी लोग परेशान हुए। लेकिन सहवास की रात्रि को ही मेंढक सुंदर युवक के रूप में बदल गया। इससे सभी आश्चर्यचकित हुए। मेंढक ने अपने पूर्वजन्म की संपूर्ण घटनाएं उन्हें सुनाईं। उसके बाद, राजा बहुत खुश रहने लगे और उसने अपनी राज्य की सभी जिम्मेदारियां मेंढक को सौंप दीं। यह राजा ही मेंढक राजा है।

खासी (मेघालय)

बैल का दोष

प्रस्तुति : **बिजोया सावियान**
अनुवाद : **अकील कैस**

बहुत पहले की बात है। उन दिनों बैल **'यू ब्लेई'** सर्वशक्तिमान सृष्टा का प्रिय पात्र था। स्वर्ग में उसका जीवन सुख और शांति से गुजर रहा था।

एक दिन **'यू ब्लेई'** ने बैल को बुलाकर अपना एक संदेश मनुष्यों तक पहुंचा देने को कहा। संदेश यह था कि **'यू ब्लेई'** लोगों की फिजूलखर्ची से नाराज हैं। उन्हें घर बनाने और चूल्हा जलाने की आवश्यकता पूरा करने भर लकड़ी के लिए ही पेड़ काटने चाहिए और यह भी कि वे पशुओं को अपने भोजन के लिए या उनसे अपने बचाव के लिए ही मारें। वे चावल भी उतना ही पकाएं जितना खाना हो। जरूरत से अधिक चावल पका कर फेंकें नहीं। **'यू ब्लेई'** का कहना था कि आदमी इसी तरह लंबा और सुखद जीवन जी सकता है।

बैल **'यू ब्लेई'** का संदेश लेकर स्वर्ग से नीचे उतरा और मनुष्यों के पास चल पड़ा। पर उनके घर तक जाने में उसे लंबी दूरी तय करनी पड़ी। रास्ते में उसकी पीठ पर बैठी मक्खियों तथा कीड़ों ने उसे काट-काटकर बहुत दिक किया। स्वर्ग में उसे इस प्रकार के कष्ट नहीं झेलने पड़ते थे।

अचानक एक कौआ उधर से गुजरा। बैल की कष्टपूर्ण स्थिति देखकर वह उसकी पीठ पर आ बैठा और मक्खियों और कीड़ों-मकोड़ों को अपनी चोंच से मार-मारकर भगाने लगा। बैल को इससे बहुत राहत मिली। उसने कौए का बहुत शुक्रिया अदा किया और फिर जरा आराम करने बैठ गया।

"तुम कहां जा रहे हो?" कौए ने उससे पूछा।

"मैं मनुष्यों के लिए **'यू ब्लेई'** का संदेश लेकर आया हूं।"

"क्या है वह संदेश?" कौए को कौतूहल से हुआ।

बैल तो बैल ही था। तिस पर इस नए मित्र के अहसान का बोझ भी था उस पर। उसने उसे पूरा संदेश कह सुनाया। धूर्त पक्षी ने तुरंत ताड़ लिया कि **'यू ब्लेई'** का मनुष्य के निमित्त यह संदेश, उसके लिए बुरा ही सिद्ध होगा। उसने कुछ देर सोचकर कहा–

"देखो दोस्त, मैंने इन कीड़ों के उत्पात से बचा कर तुम्हारी कितनी मदद की

हैं। मुझे विश्वास है कि तुम मेरे इस उपकार का बदला मुझे नुकसान पहुंचाकर नहीं चुकाओगे। तुम यह संदेश पूरा का पूरा मनुष्य को नहीं पहुंचाओ वर्ना यदि मनुष्य ने अपनी फिजूलखर्ची सचमुच छोड़ दी, तो फिर मेरा क्या होगा? उनके जूठे पर ही मेरी जिंदगी पलती है। वे यदि अपना जूठा चावल और मांस आदि फेंकना बंद कर देंगे, तो मुझे भोजन कहां से मिलेगा? भैया, तुम मुझे भूखों मरवाने का इंतजाम मत करो।''

भोला-भाला बैल कौए के अनुनय-विनय से पिघल गया। उसने यह नहीं सोचा कि **'यू ब्लेई'** की योजना में कौए की समस्या का भी कोई-न-कोई समाधान होगा। वह कौए के अनुरोध के अनुसार यू ब्लेई के संदेश को काट-छांटकर आंशिकरूप से मनुष्य तक पहुंचाने के लिए राजी हो गया।

जब बैल स्वर्ग वापस **'यू ब्लेई'** के सामने पहुंचा, तो उसे अपराध-भाव सताने लगा और उसने अपनी भूल तुरंत स्वीकार कर ली। **'यू ब्लेई'** के क्रोध का क्या कहिए! उसने गुस्से में बैल को मारा। पहला प्रहार बैल के मुंह पर पड़ा और दूसरा उसकी पसलियों पर। चोट इतनी जोरदार थी कि उसके मुंह के ऊपरी सभी दांत टूट गए और उसकी पीठ पर एक खोखला स्थान बन आया। आज भी इस कारण वह बेढंगा-सा दीखता है। **'यू ब्लेई'** ने बैल को हमेशा के लिए स्वर्ग से निष्कासित कर दिया सो अलग। अपमानित बैल क्या करता? वह अपना-सा मुंह लेकर धरती पर आ गिरा। स्वर्ग की ठाठ-भरी जिंदगी छोड़ उसे बोझ ढोने वाला मवेशी बनना पड़ा।

तभी तो लोग कहते हैं आदमी को बुजुर्गों की बुद्धिमत्ता पर भरोसा करना चाहिए तथा अपना काम पूरी ईमानदारी से करना चाहिए। जो ऐसा नहीं करते वे समाज की नजर में गिर जाते हैं।

खासी (मेघालय)

बाघ और बंदर

प्रस्तुति : **बिजोया सावियान**
अनुवाद : **अकील कैस**

कहते हैं कि बाघ जंगल का राजा बुद्धिमानी के कारण नहीं, वरन् अपने बाहुबल के कारण बना। आत्म-महत्ता के नशे में वह इतना चूर था कि उसने अपनी प्रजा में से बहुतों के—विशेष रूप से साधारण लोगों के तौर-तरीकों और विशेषताओं को जानने की कभी कोशिश नहीं की। जिसके कारण वह अक्सर ऊटपटांग-सी हरकतें कर बैठता। परिणामस्वरूप जंगल के पशु, खासतौर पर शरारती बंदर उसका मजाक उड़ाते और उसके साथ उपहासपूर्ण व्यवहार करते थे। ऐसी ही एक शरारत भरी घटना की यह कहानी है।

एक दिन जब सूर्य दिन-भर की थकान के बाद क्षितिज के पीछे छिपने की तैयारी कर रहा था, बाघ की आंख खुली। वह हमेशा की तरह सुस्ती से अंगड़ाइयां और उबासियां भरने लगा। तभी उसे दूर कहीं से किसी के गाने की मीठी आवाज़ सुनाई दी। कुछ देर तक वह उस आवाज की ओर कान लगाए सुनता रहा। उसने सोचा कि इतना मधुर कंठ किसी सुंदरी का ही हो सकता है। ऐसी सुंदरी तो उसकी रानी होनी चाहिए। जैसे ही वह मधुर आवाज बंद हुई, वह उठकर झाड़ियों के पार देखने लगा। उसने इधर-उधर हर जगह निगाहें दौड़ाईं। उसने आंखें फाड़-फाड़कर यूं देखा जैसे उसने अभी-अभी दृष्टि-शक्ति पाई हो और अब सब कुछ देख लेना चाहता हो। लेकिन खेलते हुए बंदरों के एक झुंड के सिवा उसे कुछ दिखाई नहीं दिया। उसने तुरंत बंदरों को बुलाया और उनसे पूछा कि कौन इतना सुंदर गाना गा रहा था। बंदरों को अच्छी तरह पता था कि वह आवाज **दायओर** यानी **मैगपाई रॉबिन** की थी। पर उन्होंने बाघ की मंदबुद्धि और अज्ञानता का लाभ उठाकर उसे उल्लू बनाने की सोची।

"वह मेरी बहन थी महाराज!" सबसे छोटे और नटखट बंदर ने जवाब दिया।

"तो नौजवान, तुम तो मेरे साले हो।" बाघ ने घोषणा की—"उसे फौरन मेरे पास हाजिर करो क्योंकि मैं उसे अपनी रानी बनाना चाहता हूं।"

छोटे बंदर के हाथ के तोते उड़ गए। राजा के चेहरे को देख भय से उसकी आंखें जैसे बाहर निकलने को हो आईं।

"**ल ल ल** लेकिन महाराज, **म म** मेरी बहन तो बहुत कमसिन है। उसकी शादी अभी कैसे हो सकती है?" वह हकलाता हुआ बोला।

"जितनी कमसिन उतनी बेहतर!" बाघ ने जवाब दिया।

"कम उम्र पत्नी को अपनी पसंद के अनुसार ढालना मेरे लिए आसान होगा।"

"महाराज, मेरी ब्रहन सुस्त और जिद्दी है। उसका स्वभाव बदल पाना संभव नहीं।" बंदर भय से कांपते हुए बोला।

"यह तो मेरी जिम्मेदारी है।" बाघ ने उसे झिड़क दिया।

"अपनी बहन को मेरे पास हाजिर करो।" चुकते धैर्य के कारण बाघ दहाड़ उठा।

मामला बिगड़ता देख स्थिति संभालने के लिए एक बुजुर्ग बंदर बीच में ही बोल पड़ा—"महाराज, आपके विवाह प्रस्ताव से हम सब प्रतिष्ठित महसूस कर रहे हैं। पर इसके लिए हमें कम-से-कम एक सप्ताह का समय चाहिए ताकि हम आपकी गरिमा के अनुरूप विवाह-भोज का प्रबंध कर सकें। हमें केवल एक सप्ताह का समय दीजिए महाराज!"

बुजुर्ग बंदर की बातें सुनकर राजा एक सप्ताह इंतजार करने को तैयार हो गया।

"याद रखो, एक और केवल एक सप्ताह!" वह गरजता हुआ बोला और वहां से चला गया।

जैसे ही बाघ आंखों के सामने से ओझल हुआ, बंदरों ने सबसे पहले उस छोटे शरारती बंदर की अच्छी तरह पिटाई की। फिर उस आकस्मिक विपत्ति से निबटने की युक्ति सोचने को गंभीर विचार-विमर्श में जुट गए। आपा-धापी भरी उनकी सभा सुबह पौ फटने तक चलती रही। आखिर एक समाधान उन्होंने खोज ही लिया।

एक सप्ताह जैसे-तैसे बीता और विवाह की रात आ पहुंची। आशंकित, डरे-सहमे सारे बंदर इस प्रतीक्षा में थे कि कब वनराज वहां आकर दुल्हन को प्रस्तुत करने की आज्ञा देते हैं। जब गोधूलिवेला समाप्त हुई और रात अपने पैर पसारने लगी, तो सबने राजा को खूब शानदार कपड़े पहने हुए समारोह स्थल की ओर आते देखा। बंदरों ने राजा का उसके पद के अनुरूप भव्य स्वागत किया। फिर उसे दुल्हन के निकट स्थित आसन पर बिठाया।

चांदनी रात में सुंदर गहने तथा पोशाक में सज-धजकर लजाती, शरमाती घूंघट काढ़े दुल्हन को राजा ने देखा तो उसके मन की कलियां चटक उठीं। दुल्हन के सामीप्य से वह इतना सम्मोहित-सा हो गया था कि वातावरण में व्याप्त तनाव की उसे भनक भी नहीं लग पाई।

"वह इतनी स्थिर और चुप क्यों है? उसने एकबार भी अब तक सिर उठाकर नहीं देखा।" खामोशी और डर के माहौल को भेदते हुए वह बाघ बोला।

''दुल्हन बहुत कम उम्र और शर्मीली है।'' बंदर बोले। ''महाराज उसे थोड़ा समय दें। सब ठीक हो जाएगा।'' बंदरो ने बाघ को समझाया और उसे तरह-तरह के पकवान खिलाने में लग गए।

थोड़ी देर बाद जब उन्होंने अनुभव किया कि राजा का धैर्य अब अपनी अंतिम सीमा पर है तथा संभवतः अब और प्रतीक्षा वह न कर पाए, बुजुर्ग बंदर उसके पास गया और बोला,

''महाराज, लगता है आपकी दुल्हन को नींद आ गई है। आप उसे जगाइए और उसे अपने घर ले जाइए।''

राजा को तो इसी क्षण का इंतजार था। वह तुरंत उठ खड़ा हुआ और राजसी शान से दुल्हन की ओर बढ़ा। दुल्हन शांत और स्थिर बैठी थी। जैसे गहरी नींद में हो। राजा ने अपनी शक्तिशाली बांहों से झिंझोड़कर उसे गहरी नींद से जगाने की कोशिश की। पर यह क्या? चालाकी से तैयार की गई मिट्टी की दुल्हन जमीन पर लुढ़क गई। उसका सिर और उसके गहने सब इधर-उधर छितरा गए। बंदर अचानक जोर-जोर से विलाप करने लगे जैसा कि अपने निकट संबंधी की मृत्यु पर लोग किया करते हैं।

''हाय! हमारी बहन! तू हमें छोड़कर चली गई। हमारी बहन मर गई !!'' दुख भरे आर्तनाद से पूरा वातावरण दहल-सा उठा।

स्थिति यह मोड़ लेगी, राजा ने कल्पना भी नहीं की थी। वह घबराकर अपनी हैसियत भूलकर वहां से भाग खड़ा हुआ।

उसके वहां से गायब होते ही बंदर कहकहा लगाकर हंस पड़े।

खासी (मेघालय)

घोंघे और हिरन की दौड़

प्रस्तुति : **बिजोया सावियान**
अनुवाद : **अकील कैस**

प्राचीनकाल की बात है। उन दिनों किसी वन के सभी पशु साप्ताहिक बाजार में एकत्र हुआ करते थे। उस साप्ताहिक बाजार को लूरी-लूरा का बाजार कहते थे। वहां वे घर की जरूरत की वस्तुएं बेचते या खरीदा करते थे।

बाजार जाने के रास्ते में केले के पेड़ों का एक बागीचा मिलता था। वे वहां थोड़ी देर रुककर आराम करते, थकान मिटाते और एक-दूसरे से समाचारों का आदान-प्रदान करते। उनकी बातचीत मुख्य रूप से बाजार के बारे में ही होती—जैसे किसके पास सामान कितना ज्यादा है और बाजार तक पहुंचने के लिए तराई पार करने में कितना समय लगेगा आदि-आदि।

एक हिरन, जो उस वन के पशुओं में सबसे तेज धावक था खूब जोर-जोर से अपनी शेखी बघारने में लगा रहता। हफ्तों उसकी एक ही गप्प सुन-सुनकर सारे जानवर तंग आ गए थे। घोंघे की सहनशक्ति तो एक दिन जवाब ही दे गई। वह सबके साथ बातचीत में शामिल होने की जब भी कोशिश करता, हिरन उसे बड़े भद्दे ढंग से झड़प देता—

"चुप रह सुस्त कीड़े! बड़े लोगों की बातचीत में शामिल होने की तुम्हारी हिम्मत कैसे हुई?"

आखिर उसकी अपमानजनक बातों से क्रुद्ध होकर घोंघे ने घोंघों के समाज की एक गुप्त सभा बुलाई। सभा में वे घंटों विचार-विमर्श करते रहे कि हिरन की डींगें हांकने की आदत हमेशा के लिए किस प्रकार छुड़ाई जाए। उन्होंने एक तरकीब सोची।

अगले सप्ताह घोंघे ने हिरन को अपने साथ दौड़ लगाने को ललकारा—

"इस सप्ताह लूरी-लूरा हम दोनों में कौन पहले पहुंचता है, दौड़ लगाकर आजमा लिया जाए।"

घोंघे की दौड़ लगाने की बात और वह भी हिरन के साथ—सुनकर सभी अचंभित थे। कुछ तो इस बात पर हंसने भी लगे। पर घोंघे ने स्पष्ट कर दिया कि वह यह बात पूरी गंभीरतापूर्वक बोल रहा है। जब दूसरों को लगा कि वह मजाक नहीं कर रहा है, तो उन्होंने हिरन को घोंघे की शर्त मान लेने को उकसाया।

"ठीक है, ठीक है। बदतमीज कीड़े!" हिरन ने आखिर उसकी चुनौती मंजूर कर ली।

"तो इस सप्ताह दौड़ पक्की रही!"

"बिल्कुल।" घोंघे ने उत्तर दिया और घास के बीच गायब हो गया।

आखिर साप्ताहिक बाजार का दिन आ पहुंचा। दौड़ योजनानुसार शुरू हो गई। कुछ देर हिरन हवा से बातें करता रहा। फिर उसने सोचा कि घोंघे से इतनी तेज दौड़ लगाना भी क्या जरूरी है? वह तो कहीं दूर पीछे रेंग रहा होगा। पर सही स्थिति को जांच लेना उसने बेहतर समझा।

"घोंघे तुम कहां हो?" वह जोर से चिल्लाया।

उसे तुरंत अपने पैरों के पास की घास के बीच से आवाज सुनाई दी,

"मैं यहां हूं यहां। दौड़ते रहो। घबराओ मत।"

हिरन को घोर आश्चर्य हुआ कि इतनी तेज दौड़ लगाने पर भी घोंघा उसके इतने पास कैसे मौजूद है। फिर क्या था? इस बार वह तूफानी गति से उड़ चला। जब लूरी– लूरा का बाजार सामने दीखने लगा, तो उसने फिर घोंघे की स्थिति मालूम कर लेना बेहतर समझा।

"घोंघे, क्या तुम मेरे आस-पास हो?" वह कड़ककर बोला। अपनी बगल से ही घोंघे का उत्तर सुनकर उसके होश ही उड़ गए। घोंघा कह रहा था–

"मैं यहां हूं, हां। दौड़ते रहो। घबराओ मत।"

इस बार हिरन ने अपनी पूरी शक्ति लगा दी और सरपट दौड़ पड़ा। जब वह विजय-स्तंभ से कुछ गज की ही दूरी पर था, उसे घोंघे का विजयोल्लासपूर्ण स्वर सुनाई दिया, "मैं जीत गया, मैं जीत गया। हिरन हार गया। मैंने अपनी श्रेष्ठता सिद्ध कर दी है।" और घास के बीच से विजयी घोंघा बाहर निकल आया

घोर अपमान और अत्यधिक थकान से हिरन अशक्त-सा अनुभव करने लगा था। वह मूर्च्छित होकर धड़ाम से जमीन पर गिर पड़ा। चोट इतनी जोरदार थी कि उसका पित्ताशय उसके मुख से बाहर आ गिरा। आज भी हिरनों के शरीर में पित्ताशय नहीं होता।

कई सप्ताह तक घोंघे द्वारा हिरन को दौड़ में मात देने की घटना बस एक चमत्कार ही बनी रही। यह बात तो बाद में खुली कि घोंघों ने दौड़ वाले रास्ते में अपने समाज के सारे सदस्यों को गुप्त रूप से खड़ा कर रखा था। घोंघे की बुद्धिमानी जानकर सबने दांतों तले अंगुली दबा ली। इस प्रसिद्ध दौड़ की कहानी आज भी खासी समाज में खूब प्रचलित है।

जैन्तिया (मेघालय)

कमजोर का ब्लांग

प्रस्तुति : **अनीता पांडा**

'का ब्लांग' को हमेशा यह शिकायत रहती थी कि सृष्टा ने उसे कमजोर क्यों बनाया? पर उसे यह नहीं मालूम था कि उसकी दाढ़ी देखकर जंगल का राजा शेर भी डर जाता है। एक दिन शेर ने **'का ब्लांग'** को पहाड़ी पर जोर-जोर से **'यू ब्लेई'** (सृष्टा) को कोसते हुए और अपनी कमियों के बारे में बताते हुए सुना, तो उसने मौका पाते ही उसे धर दबोचा। सच है कि हम जीवन-भर केवल अपनी कमियों की शिकायत करते-करते पूरा जीवन ही नष्ट कर देते हैं।

ये लोककथा यह संदेश देती है कि कभी अपनी कमजोरी या कमियों की शिकायत नहीं करनी चाहिए, अपितु उसे दूर करने का प्रयास करना चाहिए। 'का' शब्द का प्रयोग स्त्री के लिए किया जाता है।

कायांतरण

आदि (अरुणाचल प्रदेश)

गिलहरी की उत्पत्ति

प्रस्तुति : **वीरेंद्र सिंह**

प्राचीनकाल में एक गांव में **ओकी** और **बंदो** नामक दो मित्र रहते थे। गांव के पास ही एक छोटी सी नदी थी, जिसमें काफी मछलियां थीं। दोनों मित्र नियमित रूप से साथ-साथ नदी में मछली मारने के लिए जाते थे। कभी-कभी जब एक मित्र देर तक सोता रह जाता तो दूसरा उसे जगाने जाता और तब वे साथ-साथ नदी तट पर मछली मारने जाते। दुर्भाग्यवश उनकी मैत्री को किसी की कुदृष्टि लग गई। उस रात आकाश मेघाच्छन्न था। बादलों के कारण रात्रि का अंधकार और घनीभूत हो गया था। संपूर्ण वातावरण कालिमा की चादर में सिमटा-सहमा था। रात-भर बादल और बिजली का खेल चलता रहा। सूर्योदय से कुछ देर पहले ऐसा लगा कि **ओकी** को उसका मित्र **बंदो** पुकार रहा है। **ओकी** हाथ में दांव लेकर बाहर निकल पड़ा लेकिन बाहर कोई नहीं था। उसने सोचा कि सुबह हो गई है और उसका मित्र बाहर नदी पर चला गया है, इसलिए उसे भी शीघ्र प्रस्थान कर देना चाहिए। वह तेजी से नदी की ओर बढ़ने लगा, लेकिन उसका मित्र रास्ते में कहीं नहीं मिला। नदी तट पर जाने के बाद उसने नदी में एक व्यक्ति को देखा। उसने अनुमान लगाया कि शायद यह जल में निवास करने वाली एक दुष्टात्मा है। **ओकी** को बहुत डर लगा। प्रेतात्मा उसकी ओर धीरे-धीरे बढ़ रही थी। **ओकी** भय से कांपने लगा और भागने का प्रयास करने लगा, लेकिन वह प्रेतात्मा के चंगुल से मुक्त नहीं हो पाया। जब **बंदो** को पता लगा कि उसका मित्र नदी पर पहले ही चला गया है, तो उसे संदेह हुआ। यथाशीघ्र वह नदी के तट पर पहुंचा। वहां का दृश्य देखकर उसका दिल दहल गया। उसने देखा कि उसके मित्र का सिर जमीन पर लुढ़क रहा है। वह इधर-उधर भागने लगा लेकिन सिर ने उसका पीछा नहीं छोड़ा। अंततः वह एक पेड़ पर चढ़ गया और सहायता के लिए चिल्लाने लगा। लेकिन गांव का कोई भी व्यक्ति उसकी सहायता के लिए नहीं आया। वह चिल्लाता रहा और अंततः गिलहरी में तब्दील हो गया।

आदि (अरुणाचल प्रदेश)

निबो-रोबो (प्रेत और आदमी)

प्रस्तुति : **अनंत कुमार नाथ**
अनुवाद : **आरती मोयं**

प्राचीनकाल की बात है। उस समय **निबो** और **रोबो** दोनों एक साथ रहा करते थे। एक दिन वे दोनों मछली पकड़ने के लिए पहाड़ के नीचेवाली एक नदी में चले गए। दोनों में काफी दोस्ती थी। दोनों दोस्त पहाड़ की चोटी पर बैठकर मछली पकड़ने के बारे में विचार करने लगे। **निबो** ने अपने दोस्त से कहा–"मछली पकड़ने के लिए 'पोराङ' (मछली पकड़ने की एक पद्धति) करना ठीक होगा। क्यों न मेरी नदी में 'पोराङ' किया जाये।"

निबो की बात को सुनकर **रोबो** ने जवाब दिया–"मेरी तो कोई नदी नहीं है, जहां मैं 'पोराङ' कर सकूं।"

"तुम इसकी चिंता मत करो। मेरी नदी में ही हम दोनों मिलकर 'पोराङ' लगायेंगे।" **निबो** की बात सुनकर **रोबो** खुश हुआ। वह उसके साथ मछली पकड़ने के लिए जाने को तैयार हुआ।

इस प्रकार दोनों दोस्त **निबो** की नदी में मछली पकड़ने के लिए जाने लगे। रास्ते में वे दोनों तरह-तरह की बातें करने लगे। बातों-ही-बातों में **निबो** ने अपने दोस्त से कहा–"मैं अपने 'पोराङ' को नदी धारा की उल्टी दिशा में लगाऊंगा और तुम अपने 'पोराङ' को नदी की धारा की दिशा में लगाना।"

निबो के कथनानुसार दोनों ने अपने-अपने 'पोराङ' लगाये। थोड़ी देर बाद वे निश्चिंत होकर अपने-अपने घर वापस चले गए।

इस तरह दो दिन बीत गए। तीसरे दिन वे पुनः अपने-अपने 'पोराङ' देखने के लिए नदी में आ गये। **निबो** ने अपने 'पोराङ' को पहले देखा। उसके 'पोराङ' में एक भी मछली नहीं फंसी थी लेकिन **रोबो** के पोराङ में बहुत मछलियां फंसी हुई थीं।

इसके बाद दोनों दोस्त 'ऐदा दोयुज' (खेत के घर) में चले गये। वे गुलुङ (लोहे का चूल्हा) में आग जलाकर उसके पास बैठ गये। **निबो रोबो** को बता रहा था कि किस कारण से उसके 'पोराङ' में मछली नहीं मिली। इस पर **रोबो** कहने लगा–"तुम्हीं ने तो मुझे उल्टी दिशा में 'पोराङ' लगाने को कहा था? मैंने वैसा ही किया और शायद इसीलिए मेरे 'पोराङ' में अधिक मछलियां फंसी हैं।"

इस प्रकार दोनों में बातचीत बढ़ने लगी। **निबो** बहुत ही अप्रसन्न था। उसे **रोबो** पर बहुत क्रोध आया। मन-ही-मन उसे **रोबो** से ईर्ष्या भी होने लगी। दोनों झगड़ने लगे। **निबो** शांत प्रवृत्ति का था। उसका हृदय भी निर्मल था। कुछ देर तक वे मौन हो गये। फिर **रेनबो ने रोबो** से शांत भाव से कहा—"तुम मुड़कर बैठ जाओ।" **रोबो** ने मुड़कर बैठने से इनकार कर दिया। वह समझ नहीं पा रहा था कि **निबो** ऐसा क्यों कह रहा है—

"तुम ऐसा क्यों कह रहे हो?"

तब **निबो** उसे समझाते हुए कहने लगा—"तुम तो मेरे बहुत अच्छे दोस्त हो। तुम मेरी हर बात मानते भी हो। मैंने तुमसे 'पोराङ' को उल्टा रखने को कहा था। तुमने वैसा ही किया। अब देखो, तुम्हें कितनी मछलियां मिलीं? मैंने तुम्हें तुम्हारी भलाई के लिए ही मुड़कर बैठने को कहा है। पर..." ऐसा कहने पर **रोबो** तुरंत मुड़कर बैठ गया। बिना समय गंवाए **निबो** ने तुरंत एक जलती हुई लकड़ी उठाकर **रोबो** के गले में ऐसे दे मारी कि वह छटपटाने लगा। कुछ ही पलों में **रोबो** की मौत हो गई। **निबो** ने **रोबो** के शव को उठाकर नदी में फेंक दिया और वह **रोबो** के 'पोराङ' एवं सारी मछलियों को अपने घर ले गया।

घर पहुंचने पर **रोबो** के परिवार के लोग **निबो** से पूछने लगे—"रोबो को क्या हो गया? वह क्यों उसके साथ नहीं आया?" इस प्रकार के प्रश्नों से वह मन-ही-मन घबरा गया। फिर भी वह लोगों से स्वभाविक रूप से बातें करने लगा। उसने कहा कि—"मैंने तो रोबो को देखा तक नहीं।"

रोबो जब कहीं भी नहीं मिला, तब सभी ग्रामवासी इकट्ठे हुए और केबाङ (सभा) बुलाकर **निबो** से **रोबो** की जानकारी मांगी गई। इस पर ग्रामवासी दो हिस्सों में बंट गये। इस केबाङ (सभा) में लोगों ने **रोबो** के लोगों को गांव से बाहर निकल जाने को कहा। विचार करने पर यह निर्णय लिया गया कि यदि **निबो** के लोग और **रोबो** के लोग एक साथ रहेंगे, तो गांव में झगड़े बढ़ते जायेंगे। इसलिए दोनों गुट के लोगों को अलग कर दिया गया। **निबो** लोग (आदमी) गांव में ही रह गये और **रोबो** लोग (भूत/प्रेत) दिते-मोपाङ (ऊंचे-ऊंचे पहाड़), आसि सिने (बड़ी नदी), कोजिक कोरिक (छोटी नदी), कोलुङ आने (केले के पेड़) आदि जगहों पर रहने लगे। इस महत्त्वपूर्ण केबाङ (सभा) के बाद से आदमी और प्रेत के स्थान अलग-अलग हो गये। इसलिए आज धरती पर आदमी रहते हैं और नदी, पहाड़, जंगल, पेड़ आदि में भूत-प्रेत आदि रहते हैं।

बोडो (असम)

बेलमुठी

प्रस्तुति : **मधुराम बोरो**
अनुवाद : **दिनकर कुमार**

एक राजा के सात बेटे थे। छह बेटों की शादी हो गई थी। छोटे बेटे की शादी नहीं हुई थी। उसे भाभियों का पकाया खाना नहीं सुहाता था। भाभियों ने **बेलमुठी** को ले आने के लिए कहा। **बेलमुठी** स्वादिष्ट भोजन बनाना जानती थी।

छोटा राजकुमार एक दिन उसे लाने के लिए रवाना हो गया। रास्ते में एक जंगल में उसकी मुलाकात एक साधु से हुई। साधु ने उसे बताया कि–"जिस नदी में **बेलमुठी** नहाने के लिए आती है वह काफी गहरी है। वह सोने के डिब्बे में बंद होकर आती है। उसे मेरे पास लेकर आना।" राजकुमार ने नदी के किनारे जाकर, रेत खोदकर छिपने की जगह बनाई और इंतजार करने लगा। तभी सुंदरियों का हुजूम स्वर्ग से उतरने लगा।

सोने के डिब्बे में बंद बेलमुठी को पालकी में लाया गया। पालकी को जमीन पर रखकर दरवाजा खोलने पर **बेलमुठी** सोने के डिब्बे से बाहर निकली। उसकी सहेलियां उससे दूर नहा रही थीं। **बेलमुठी** नहाने के बाद जैसे ही सोने के डिब्बे में घुसी, राजकुमार उसे लेकर नदी के दूसरे किनारे पहुंच गया। वह दौड़ता रहा, मगर साधु के पास पहुंचने का रास्ता उसे नहीं मिला।

स्वर्ग से देवतागण आ गए और राजकुमार का पीछा करने लगे। दौड़ते हुए राजकुमार एक साधु के घर पहुंच गया। साधु ने उसे बिल्ली बना दिया। देवता निराश होकर लौट गए। साधु ने एक डंडे के बदले राजकुमार से बेलमुठी की मांग की। उस डंडे को, जिस किसी को भी मारने का हुक्म दिया जाता, वह उसे मार सकता था। बाद में एक साधु ने थैले के बदले **बेलमुठी** की मांग की। थैले की खासियत थी कि उसे खोलकर जिस चीज की मांग की जाती थी, वह हासिल हो जाती थी। इस प्रकार राजकुमार सोने के डिब्बे में बंद **बेलमुठी** को लेकर आगे बढ़ता गया। नगर के करीब पहुंचकर पेड़ की छाया में राजकुमार ने **बेलमुठी** को देखने की कोशिश की और उसने डिब्बे को खोला। उसकी आंखें चुंधिया गईं और वह बेहोश होकर गिर गया।

राजकुमार के सिर पर पानी डालने के लिए बेलमुठी कुएं से पानी लेने गई। एक राक्षसी ने उसे देख लिया। उसने बेलमुठी को कएं में धकेल दिया और पानी

भरकर स्वयं ही राजकुमार के सिर पर उड़ेलने लगी। राजकुमार को होश आया तो वह राक्षसी की बेटी को ही बेलमुठी समझकर अपने घर ले आया।

एक दिन राजकुमार घूमने गया तो उसे रास्ते में प्यास लगी। वह कुएं से पानी निकालने गया, तो उसने कुएं में एक फूल देखा। औरतें पानी भरती थीं, तो फूल ऊपर नहीं आता था। राजकुमार ने पानी भरा तो फूल ऊपर आ गया। राजकुमार फूल को घर ले आया। राक्षस की बेटी ने फूल को पैरों से कुचलकर फेंक दिया। उसके बाद एक बेल का पेड़ पनपा। राक्षस की बेटी ने बेल के पेड़ को भी काट दिया। बेल फल को एक बुढ़िया धोबिन ले गई। बेल के फल से एक लड़की का जन्म हुआ। उन दोनों ने राजकुमार को गालियां दीं। राजकुमार ने सिपाहियों से कहा कि लड़की को पकड़कर खत्म कर दो। सिपाहियों ने उसकी जान ले ली। जहां लड़की मरी थी, वहां एक तालाब बन गया था।

तालाब में लड़की के खून ने कमल का रूप धारण कर लिया। एक दिन राजकुमार शिकार के लिए गया। शाम में लौटते हुए उसने तालाब को देखा। वह पानी पीने के लिए तालाब के करीब गया, तो कमल ने कहा—

"हे स्वामी, पेड़ के ऊपर वृद्ध गिद्ध दंपत्ति रहते हैं। उनसे कहानी कहने के लिए कहिए।" राजकुमार ने गिद्ध दंपत्ति से वैसा ही अनुरोध किया। गिद्ध ने राजकुमार को पूरी कहानी सुना दी। राजकुमार को **बेलमुठी** बारे में सब कुछ पता चल गया। उसने कमल को तोड़ लिया। वह कमल का फूल **बेलमुठी** बन गया। राजकुमार ने राक्षसी को मार दिया और **बेलमुठी** के साथ सुखपूर्वक रहने लगा।

कार्बी (असम)

राक्षसी और कर्बी औरत (हाईपी और कर्बीपी)

प्रस्तुति : **थेस्सो क्रॉपी**

"ओ भाभी, ओ भाभी, मछली पकड़ने चल"

"मामी! आप हैं क्या? बाद में चलेंगे। आपके ननदोई की धोती बुननी है।"

राक्षासी बोली—

"भाभी मैं बुनती हूं।" फिर क्या था, राक्षसी ने जैसे भी बन पड़ा कुछ ही मिनटों में धोती बुन दी।

वह फिर बोली—"देखो मामी, हमने धोती बना दी है, अब मछली पकड़ने चलो!"—राक्षसी बोली।

कर्बी औरत मजबूर होकर बोली—"अच्छा चलो, जल्दी चलो। धूप भी कम होती जा रही है।"

दोनों औरतें **बुरुक** (मछली रखने का साधन) और इंग्क्रूंग (मछली पकड़ने का साधन) लेकर मछली पकड़ने चल दीं। मछली पकड़ते वक्त कार्बी औरत को बड़ी-बड़ी मछलियां एवं झिंग्गा मिली, जब कि राक्षसी को सांप, बिच्छू, कीड़े-मकोड़े मिले। अतः राक्षसी ने पूछा—"भाभी, मछलियां मिलीं?"

"हां! इतनी काफी हैं।" कर्बी औरत बोली।

"मुझे और अधिक चाहिए।" राक्षसी बोली।

राक्षसी सांप, बिच्छू बगैरा पकड़ती गई, जब उसकी बुरुक भर गई तब बोली—"चलो भाभी, चलते हैं।"

घर वापस जाते वक्त सड़क के किनारे उन्होंने एक जंगली फल देखा, तो राक्षसी बोली—"ओ भाभी, बच्चों के लिए ये जंगली फल ले जाएंगे।"

"ले तो जा सकते हैं परंतु मुझे पेड़ पर चढ़ना नहीं आता।" कर्बी औरत बोली।

"आप चिंता न करें। मेरे कंधे पर पैर रखकर ऊपर चढ़ जाइएगा।" राक्षसी बोली।

अतः **कर्बी** औरत ने वैसा ही किया, जैसे राक्षसी ने उससे कहा था। कर्बी औरत के पेड़ पर चढ़ते ही राक्षसी बोली—"ओ भाभी, आप पेड़ की टहनियों को हिलाइए, मैं फलों को उठाती हूं।"

एक-दो बार पेड़ की टहनियों को हिलाने के बाद **कर्बी** औरत बोली—"इतना

बहुत है ना?" परंतु राक्षसी और अधिक टहनियों को हिलाने के लिए कहती रही। परिणामस्वरूप उसे बहुत सारी चींटियां काटने लगीं।

"आह! आह! अब तो नीचे उतरने दो।" **कर्बी** औरत ने दर्द से व्याकुल होकर कहा। परंतु राक्षसी ने उसे अपनी चूड़ियां, अंगूठी, माला आदि नीचे फेंकने के लिए कहा। उसने मजबूर होकर सब कुछ नीचे फेंक दिया। इधर राक्षसी ने नदी से पकड़कर लाए हुए सांप, बिच्छू, कीड़े-मकोड़े भी पेड़ पर छोड़ दिए। अतः सांप, बिच्छू भी पेड़ पर चढ़कर **कर्बी** औरत को डसने लगे। वह ऊपर चिल्लाती रही। राक्षसी ने उसे अपने कपड़े नीचे फेंकने के लिए कहा। **कर्बी** स्त्री ने अपने कपड़े भी नीचे फेंक दिए।

"अब वहां से नीचे कूद जाओ।" तब राक्षसी ने कहा। उतरने की कोशिश में **कर्बी** औरत नीचे गिरकर मर गई।

उसके बाद राक्षसी ने **कर्बी** औरत का रूप धारण कर लिया और उसके कपड़े, चूड़ियां, अंगूठी, माला आदी पहनकर घर की तरफ चल दी।

घर पहुंचते ही उस औरत रुपी राक्षसी ने उसकी बेटी **सेरली** से कहा—"**सेरली,** अभी तक तुमने चूल्हा नहीं जलाया?" पत्नी की बदली हुई आवाज सुनकर पति बोला—"अरे **सेरली,** आज पता नहीं तुम्हारी मां की आवाज कुछ बदली हुई सी लग रही है।"

"हां, बदली हुई है। जाओ नई पत्नी और नये बच्चे ढूंढ़कर लाओ।" राक्षसी गुस्से से भर कर बोली।

पत्नी का गुस्सा देखकर पति की फिर से उसे कुछ कहने की हिम्मत नहीं हुई। राक्षसी खाना बनाते वक्त चम्मच ढूंढ़ने लगी।

"ओए **सेरली,** जरा देखो न चम्मच कहां है?"

"आप ही रोज खाना बनाती हैं, मुझे कैसे पता होगा?" उसने महसूस किया कि यह औरत उसकी मां नहीं हो सकती।

"ओह, चम्मच मिल गया।" राक्षसी बोली।

कर्बी औरत की एक छोटी लड़की भी थी, जो रात-भर रोती रही थी। राक्षसी ने उसे दूध पिलाने की कोशिश भी की, परंतु वह दूध पीने की बजाय और अधिक जोर से रोने लगी। अतः राक्षसी परेशान होकर बोली—"लो **सेरली,** अपनी बहन को थोड़ी देर के लिए बाहर ले जाओ, पता नहीं क्यों इतना रो रही है।"

सेरली अपनी बहन को बाहर ले गई।

उसकी असली मां की आत्मा एक चील के रुप में अपने दोनों बच्चों के पास 'ओकालीक लीक' चिल्लाती हुई आई। छोटी बच्ची भी उसकी आवाज सुनकर चुप हो गई। इसी तरह वह चील हर दिन अपनी छोटी लड़की को दूध पिलाने आती।

परंतु यह बात राक्षसी से देर तक छिपी न रह सकी। राक्षसी ने चील को पकड़ने के लिए जाल बिछाया, पर **सेरली** ने उसे देख लिया। अतः वह गाना गाकर चील को बताने लगी—

ओ, हा—ए
चील ओकालीक
उस राक्षसी ने
खूंटे के नीचे
बिछाया है जाल
मत उतरना नीचे।

'ओक—ओक कालीक-लीक' चील ने जवाब दिया।

इसी तरह प्रतिदिन **सेरली** गाकर चील को बचाती रही परंतु एक दिन **सेरली** की अनुपस्थिति मे चील जाल में फंस गई। राक्षसी खुशी के मारे नाच उठी, जबकि **सेरली** कुछ न कर पाने की ग्लानि से रोने लगी। राक्षसी ने चील को मारकर चूल्हे पर पका लिया।

भोजन के समय राक्षसी खुश होकर बोली—"चलो बच्चो, खाना खाते हैं।"

सब भोजन करने लगे। बच्चों ने जब चील का मीट खाया, तो उन्हें वह बहुत स्वादिष्ट लगा, जबकि राक्षसी को वह बहुत कड़वा और कसैला लगा। उसने गुस्से के मारे सारा मीट उठाकर पिछवाड़े की तरफ फेंक दिया।

कुछ दिनों के बाद वहां एक लौकी का पौधा उग आया। कुछ ही दिनों में घर के पीछे और आगे की तरफ एक-एक लौकी लटकने लगी। राक्षसी को अंदर आते-जाते वक्त या बाहर निकलते वक्त दिक्कत होने लगी, उसने परेशान होकर दोनों लौकी तोड़ लीं और पका दीं। खाते वक्त इस बार भी बच्चों को लौकी का सालन बहुत स्वादिष्ट लगा, जबकि राक्षसी को वह कड़वा एवं कसैला लगा। अतः इस बार वह लौकी की सब्जी खेतों में जाकर फेंक आई।

कुछ ही दिनों बाद जिस जगह पर सब्जी फेंकी गई थी, वहां पर संतरे का एक पेड़ उग आया जिसमें जल्दी ही संतरे भी फलने लगे। जब भी बच्चे उस पेड़ के नीचे जाते, उनके मन को अच्छा लगता था। अतः **सेरली** ने चुपके से एक संतरा तोड़कर टोकरी में छिपा दिया।

घरवालों की अनुपस्थिति में वह संतरा औरत का रूप धारण कर लेता। संतरे से औरत बनी वह औरत घर तथा आंगन की सफाई करके, पानी एवं लकड़ियां रख देती और फिर वापस जाकर वह औरत संतरे का रूप धारण कर टोकरी में छिप जाती।

शाम को जब पूरा परिवार घर लौटकर आता, तो घर को व्यवस्थित देखकर आश्चर्य में पड़ जाता। कई दिन तक ऐसा ही होता रहा। एक दिन सबने मिलकर

उस व्यक्ति को पकड़ने की योजना बनाई। "आज उस आदमी को रंगे हाथ पकड़ने के लिए कौन रहेगा?" पति ने पूछा।

"मैं रहूंगी, तुम लोग खेत जाओ" राक्षसी बोली। राक्षसी **लांग्थे** (बांस का बना पानी भरने का साधन) के पीछे छिप गई परंतु **कर्बी** औरत यह बात जान गई थी इसलिए वह टोकरे से बाहर निकली ही नहीं।

अगले दिन राक्षसी बोली—"आज तुम रहना **सेरली** के पापा।"

"आज मैं देखूंगा"—**सेरली** के पिताजी ने जवाब दिया।

सेरली का पिता भी लांग्थे के पीछे चुपचाप बैठकर इंतजार करने लगा। संतरे रूपी औरत भी अपने पति को बैठा जानकर टोकरे से बाहर निकल आई। वह घर-आंगन की सफाई करने लगी ही थी कि **सेरली** के पिता ने उसका हाथ पकड़ लिया।

"छोड़, छोड़ दो, तुम्हारी राक्षसी पत्नी ने देख लिया, तो वह फिर से मुझे खाने दौड़ेगी। वह पहले भी मुझे मारकर खा चुकी है।" **कर्बी** औरत बोली।

"मैं नहीं छोड़ूंगा तुम्हें, यदि ऐसी बात है तो आज से तुम यहीं रहो। तुम्हारा अपना घर है बच्चे हैं।" पति बोला।

"तुम पहले उस राक्षसी को मृत्युदंड दो, उसके बाद ही मैं तुम लोगों के साथ रहूंगी।"

अतः शुरू से लेकर अन्त तक की कहानी बताकर वह औरत वापस टोकरी में छिप गई।

शाम के समय राक्षसी ने घर आते ही पूछा—"आज तुमने घर पर किसी को काम करते देखा? **सेरली** के पापा।"

"वैसा ही हुआ जैसे कल हुआ। कोई नहीं आया।" पति ने जवाब दिया। अगले दिन सुबह से ही उसके पति दाउ (चाकू से बड़ा हथियार) की धार तेज करने लगे। उसकी दाउ धार इतनी तेज हो गई थी कि चमचमाती हुई एवं गहरी काली दिखाई दे रही थी। पत्ते-घास बगैरह तो छूते ही कट जाते थे। पति को काम में व्यस्त देखकर राक्षसी ने पूछा—"आज तुम किस लिए दाउ की धार तेज कर रहे हो?"

"कुएं तक जाने के रास्ते में काफी घनी झाड़ियां उग आई हैं। तुमने नहीं देखा?" वह सब झाड़ियां काटना जरूरी हैं।"

पति शाम को एक बोतल सोदा लेकर, राक्षसी के साथ नहाने चला था। रास्ते में राक्षसी ने पूछा—"यह सोदा की बोतल किसलिए ले जा रहे हो?"

"अरे भाई सिर-विर धोने के लिए है।" पति ने जबाव दिया। वह रास्ते-भर एक-दो झाड़ियां भी काटता गया। नदी पर पहुंचने पर उसके पति ने जल्दी से नहा लिया और राक्षसी से बोला—"अच्छा, तुम भी जल्दी से नहा लो, बारिश होनेवाली है।"

राक्षसी नहाने के लिए झुकी। उसके पति ने उसका सिर कलम करने के लिए दाउ को ऊपर उठाया। राक्षसी ने पानी में कुछ चमकती हुई चीज देखी और पूछा—"**सेरली** के पापा, पानी में क्या चमक रहा है?"

"पानी में कुछ चमकने की बात छोड़ो, जल्दी करो, बारिश होनवाली है। इसलिए आकाश में बिजली चमक रही है।" पति ने जवाब दिया।

अतः राक्षसी जैसे ही सिर धोने के लिए झुकी, उसके पति ने उसका सिर धड़ से अलग कर दिया। उसका सिर फिर से जुड़ने जा रहा था लेकिन उसने पानी में सोडा पानी डाल दिया और राक्षसी को मारकर उसकी लाश को पानी में बहा दिया।

भोट–टोमोपंरु : ए कलैक्शन ऑफ फॉक टेल्स, 'कर्बी लेम्मेअ रमे' द्वारा प्रकाशित पुस्तक से साभार।

कार्बी (असम)

दो तारे भाई-भाई (हिनचोंग मुसोसो)

प्रस्तुति : **थेस्सो क्रॉपी**

प्राचीनकाल में एक सिएम (गांव के मुखिया) अपनी दो पत्नियों के साथ रहते थे। उनकी बड़ी पत्नी एक डायन थी, दूसरी कर्बी औरत। डायन का अपना कोई बच्चा न था, पर कर्बी औरत कई महीनों से गर्भवती थी।

एक दिन डायन अपने पति से बोली—"छोटी के लिए शिकार करने जाओ। उसकी तबियत ठीक नहीं रहती है। ऊपर से अच्छी सब्जी भी नहीं खा पाती, बेचारी कष्ट सह रही है।" डायन की बातों में दम था। अतः सिएम शिकार पर जाने की तैयारी करने लगा। जाने से पहले वह दोनों पत्नियों से बोला—"यदि कोई समस्या हो तो दीवार पर लटका तबला बजा देना, क्योंकि तुम लोगों के बुलाने या चिल्लाने की आवाज मुझे सुनाई नहीं देगी। तबले की आवाज सुनकर मैं तुरंत लौट आऊंगा।" इतना कहकर वह भाला और तलवार लेकर शिकार के लिए चला गया।

सिएम को शिकार करते हुए कई दिन लग गए, परंतु एक हिरन या जंगली सुअर तक हाथ नहीं लगा। इधर घर पर उसकी छोटी पत्नी ने दो जुड़वां लड़कों को जन्म दिया। अगले दिन डायन ने तबला बजाया और छोटी बहू से बोली—"छोटी, तुम नहाने जाओ। बच्चों के पापा भी आनेवाले हैं। वे आते ही शराब और मांस खाएंगे। ऐसे समय तुम्हें भी साफ-सुथरा रहना चाहिए, वरना उन्हें अच्छा नहीं लगेगा। नदी में जाकर अपने कपड़े भी धो लेना।" अतः छोटी बहू को मजबूरन नहाने जाना पड़ा।

छोटी के नहाने जाते ही डायन दोनों बच्चों को उठाकर घने जंगल में छोड़ आई। उसने सोचा था कि बाद में आकर वह चुपके से दोनों बच्चों को खा लेगी। घर लौटते ही उसने जल्दी-जल्दी बच्चों की जगह बांस के दो कटे हुए टुकड़े रख दिए और ऊपर से कपड़ा ओढ़ा दिया। वह बाहर आकर इधर-उधर कान लगाकर सुनने लगी कि कहीं जंगल से बच्चों के रोने की आवाज तो नहीं आ रही। इधर पति भी तब तक लौट आया। आते ही उसने पूछा—"क्या बात है? मुझे किस लिए बुलाया है?

"बात यह है कि छोटी को बच्चा हो गया है।" डायन ने जवाब दिया। **सिएम** बच्चोंवाली बात सुनकर बहुत खुश हुआ और पूछा—"बच्चे कहां हैं?"

"घर के अंदर हैं, जुड़वां लड़के पैदा हुए हैं। जाकर देख आओ।" डायन ने

जवाब दिया। **सिएम** अंदर जाकर बच्चों के पास बैठ गए और गोद में लेने के लिए कपड़े को हटाया, तो वहां बांस के दो टुकड़े मिले, जिन्हें देखकर **सिएम** को बहुत गुस्सा आया। उसे बहुत दुःख भी हुआ। छोटी बहू जब नहा-धोकर वापस आई, तो देखते ही पति ने उसे पूछा—"तुमने यह कैसे बच्चों को जन्म दिया है?"

"क्यों ! सभी शिशु ऐसे ही होते हैं। हमारे बच्चे भी ओरों के बच्चों की तरह हैं।" छोटी ने हंसकर जवाब दिया।

"अगर ये बच्चे औरों के बच्चों की तरह होते, तो मुझे बहुत खुशी होती। वहां तो बांस के दो टुकड़े पड़े हैं। क्या औरों के बच्चे भी ऐसे ही होते हैं?" दुःखी होकर सिएम बोला। छोटी को पति की बात समझ में नहीं आई। वह उसका चेहरा देखने लगी कि कहीं सिएम मजाक तो नहीं कर रहा। लेकिन **सिएम** के चेहरे में गम्भीरता थी। वह तुरंत अंदर गई। देखा तो वास्तव में दोनों बच्चे वहां थे ही नहीं। वह आश्चर्य में पड़ गई। बाहर निकलकर उसने बड़ी बहू से पूछा—"दीदी, बच्चे कहां हैं? और ये बांस के टुकड़े यहां कैसे?'

"यही तो मैं भी कब से सोच रही हूं।" डायन ने जवाब दिया। छोटी बहू ने दोनों बच्चों को ढूंढ़ा पर वे नहीं मिले। रोते-धोते ही सबके दिन गुजारने लगे।

कहते हैं—बच्चे स्वयं भगवान होते हैं, अतः दोनों बच्चों की रक्षा के लिए शेर और शेरनी आए। दोनों बच्चों को खाने की दृष्टि से वे उन्हे अपने बच्चों के पास ले गए। परंतु वहां पहुंचने पर शेरनी दोनों शिशुओं से अपने बच्चों की तुलना करने लगी। उसे उन अबोध शिशुओं पर दया आई और वह अपने पति शेर से बोली—"क्यों न हम इन बच्चों को भी पाल लें? देखो ये बिल्कुल अपने बच्चों की तरह ही हैं। इन बच्चों को हम लोग खा जाएंगे तो हो सकता है कि एक दिन ये ही हमारे बच्चों को खा जाएं। हम इन्हे पालेंगे तो हमे हमारे कर्मो का फल एक दिन जरूर मिलेगा। अतः अब से मैं इन दोनों को भी दूध पिलाऊंगी।" शेर ने शेरनी की बात मान ली। इस तरह दोनों बच्चे पलने लगे।

धीरे-धीरे बच्चे बड़े होने लगे। अब वह खाना खाना भी सीख गए। शेरनी ने एक दिन पति से पूछा—"इन दोनों बच्चों के लिए भोजन की कैसी व्यवस्था करें?" शेर बोला—"यदि पास में दिमाग हो तो भोजन भी मिल जाएगा।" अतः दोनों भोजन की खोज में चल पड़े। चलते-चलते वे एक जगह पहुंचे, जहां पर जवान लड़के-लड़कियां सामूहिक कार्य कर रहे थे। दोनों जोर से दहाडे। दहाड़ सुनकर सब बच्चे भाग गये। शेर-शेरनी उन लोगों का भोजन उठा लाए। ऐसे ही कुछ दिनों तक चलता रहा। परंतु कब तक ऐसे चलता? डर के मारे लोगों ने वहां आना ही छोड़ दिया। अब उनके सामने प्रश्न था कि उनके भोजन की व्यवस्था कैसे करें? इधर दोनों बच्चे कमजोर होने लगे। इसलिए शेरनी चितिंत होकर पति शेर से बोली—"शायद हम लोग उनको

डराते रहते हैं इसलिए उन लोगों ने आना ही छोड़ दिया। अब उनके डराने की बजाय हम केवल उनका भोजन ही चुराएंगे और दोनों बच्चों को खिलाते रहेंगे।"

अब बच्चे बड़े होने लगे। अतः शेर और शेरनी बात करने लगे–"अब भोजन चुराने के साथ-साथ उनके कपड़े भी चुराने पड़ेंगे। अगले दिन से वे भोजन के साथ-साथ लड़कों के कपड़े भी चुराकर लाने लगे। दोनों लड़के अब समझदार हो गए थें। एक दिन दोनों लड़कों अपने माता-पिता यानी शेर-शेरनी से बोले–"पिताजी और माताजी, अब हम लोग जवान हो गए हैं। हमें शादी कर लेनी चाहिए। इसलिए हमारे लिए लड़कियां भी उठा लाइये।" लड़को की बात सुनकर दोनों बहुत खुश हुए।

"बच्चो, तुम दोनों ने हम दोनों को माता-पिता का दर्जा दिया है। हम तुम दोनों से बहुत खुश हैं। परंतु अभी तुम्हारे असली माता-पिता जिंदा हैं। इसलिए यदि शादी करनी हो तो तुम्हारे असली माता-पिता ही तुम्हारे लिए लड़कियां ढूंढ़ेंगे। हम तुम दोनों को तुम्हारे घर तक छोड़ने जाएंगे। वहां पर तुम दोनों को कोई नहीं पहचानता, इसलिए वहां पर तुम दोनों को वे मेहमान समझकर खिलाएंगे-पिलाएंगे। तुम दोनों रात में भोजन करने के बाद नींद न आने का नाटक करना और एक दूसरे को अपनी कहानी सुनाना। दोनों को समझाने-बुझाने के बाद शेर-शेरनी चलने की तैयारी करने लगे।

सांझ होने पर शेर-शेरनी बच्चों को लेकर **सिएम** के गांव की सीमा तक पहुंचे और दोनों लड़कों से बोले–

"यहां से आखिरी मकान तुम्हारे माता-पिता का घर है। अब तुम लोग जाओ। हम दोनों भी तुम दोनों की बातें घर के पिछवाड़े से सुनेंगे।" अतः दोनों बच्चे सीधे सिएम के घर की तरफ चले।

मुखिया के घर पहुंचने पर दोनों बहुओं ने मेहमान समझकर स्वागत किया। घर में जो कुछ भी था, दोनों लड़कों को खिलाया। दोनों लड़के भी बहुत खुश थे। रात को दोनों भाई के लिए बैठक में सोने की व्यवस्था की गई। दोनों भाई लेटे-लेटे ही बातें करने लगे। बड़ा भाई बोला–"भाई, हम दोनों को नींद तो नहीं आ रही है। क्यों न हम एक दूसरे को कहानी सुनायें ! हां, तो सुनो, लोग कहते हैं कि हमारे पिताजी की दो पत्नियां थीं। बड़ी पत्नी डायन थी और छोटी पत्नी सीधी-सादी कर्बी औरत। हम दोनों उसी **कर्बी** औरत के बच्चे हैं। डायन ने मां को नदी में नहाने भेजा और पीछे से हम दोनों को उठाकर घने जंगल में छोड़ आई। शेर और शेरनी ने हम दोनों को पाल-पोसकर बड़ा किया। इसी से आज हम दोनों जिंदा हैं।"

रात को घर के सभी लोग भी दोनों की कहानी सुन रहे थे। सुबह चाय नाश्ता किया। नाश्ते के बाद मुखिया की छोटी पत्नी ने दोनों लड़कों से पूछा–"कल रात को आप दोनों कहानी आपस में सुना रहे थे। क्या वास्तव में कोई सच्ची घटना थी?"

"हां, यह सच्ची घटना है।" लड़कों ने जवाब दिया। छोटी बहू ने फिर पूछा–"तब

तो आप ही दोनों मेरे बच्चे हो क्योकि मेरे बच्चों के साथ भी ऐसी ही घटना घटित हुई थी। इसलिए आप लोगों से कहानी सुनने के बाद रात-भर मैं अपने दोनों बच्चों के बारे में सोचती रही।"

जब **सिएम** को भी डायन की असलियत मालूम हुई तो वह उसके साथ झगड़ा करने लगा। **सिएम** अपने लड़कों से बोला—"तुम दोनों अब कहीं नहीं जाओगे ! यहीं रहो! खाओ-पिओ और मौज करो! तुम लोगों को जो भी चाहिए, मुझसे बोलना—मैं दूंगा। यदि मेरे पास वह चीज उपलब्ध नहीं होगी, तो मैं कहीं से भी ढूंढ़कर लाऊंगा। आज से तुम दोनों का नाम बड़ा तारा और छोटा तारा रखा जाता हैं। आज से तुम दोनों दो चमकते तारे हो। जिसनें तुम दोनों के साथ बुरा किया है, उस औरत को भी मैं देखूंगा। उस डायन के कारण तुम दोनों को दुःख के दिन देखने पड़े हैं। मैं उसे छोड़ूंगा नहीं।"

इस प्रकार दोनों बच्चों को अपने माता-पिता मिल गए। दोनों ने शेर और शेरनी के लिए प्रार्थना की—"हे सृष्टा! जिस शेर और शेरनी ने हम दोनों भाइयों को पाल-पोसकर बड़ा किया है, उन्हें आशीर्वाद दें! उनकी जिंदगी को खुशियों से भर दें, ताकि वे जीवन-भर शांति से रह सकें।"

मुखिया बड़ी पत्नी को रस्सियों से बांधकर घसीटते हुए गांव की सीमा तक ले गया, जहां घनी झाड़ियां एवं जंगल थे। ये जंगल जंगली जानवरों से भरा हुआ था। वहां पहुंचकर उसने अपनी बड़ी पत्नी को एक पेड़ से बांध दिया और बोला—"मैंने यह जानबूझकर नहीं किया। तुमने खुद ही गलत काम किया है। इसलिए मुझे तुम्हारे साथ ऐसा व्यवहार करना पड़ रहा है। यदि तुम तीन दिन बाद भी जीवित रह गयी, तो मैं तुम्हें फिर लेने आऊंगा। यदि इस बीच तुझे कोई जंगली जानवर खा गया, तो मेरी गलती नहीं होगी।" इसके बाद वह घर लौट आया।

सिएम के जाते ही शेर और शेरनी ने डायन को देख लिया और दोनों ने मिलकर उसे मार दिया। मार कर खाने के बाद शेर बोला—

"शायद हमे हिनचोरी मुसोसो (दो तारे-भाई-भाई) को पाल-पोसकर बड़ा करने का फल मिला है, इसलिए आज पेट-भर इंसान का मांस खाने को मिला।"

इस प्रकार मुखिया अपनी छोटी पत्नी एवं दोनों बच्चों के साथ खुशी-खुशी जीवन व्यतीत करने लगा।

खासी (मेघालय)

याक जाकोर का वध

प्रस्तुति : **बिजोया सावियान**
अनुवाद : **अकील कैस**

बहुत समय पहले की बात है। किसी नदी में **याक जाकोर** नामक एक ड्रैगन रहता था। वह नदी कई क्षेत्रों से होकर गुजरती थी, जिससे लोगों को पता नहीं चल पाता था कि **याक जाकोर** किस स्थान पर रहता है। अचानक ही वह कहीं भी प्रकट हो जाता और लोगों की जान लेकर गायब हो जाता। लोग उसके डर से थर्राते रहते। पर अंततः एक बहादुर जवान ने उसे मार कर उसके आतंक से लोगों को मुक्ति दिलाई। यह कहानी उसी भयानक ड्रैगन और साहसी नौजवान की दास्तान है।

एक गरीब परिवार था। गरीबी के बावजूद उस परिवार के सदस्य खुश रहते थे। परिवार में केवल चार सदस्य थे—बूढ़े पति-पत्नी और उनका इकलौता बेटा तथा बहू। उनकी जिंदगी अपनी थोड़ी-बहुत जमीन पर खेती करके और पास की नदियों से मछली मार कर बसर हो रही थी। घर में शांति और संतोष का वातावरण था, पर एक रात हुई एक घटना ने सबकुछ छिन्न-भिन्न कर दिया।

उस रात वे रात का खाना बस शुरू ही करने वाले थे कि घर के सामने दरवाजे पर दस्तक हुई। दरवाजा खोलने पर सामने एक साधु खड़ा मिला। वह रात-भर के लिए घर में शरण तथा थोड़ा भोजन चाहता था। परिवारवालों ने उसका अच्छी तरह स्वागत किया और यथाशक्ति उसके भोजन तथा आराम का प्रबंध किया। साधु उनके सत्कार से इतना अनुग्रहीत तथा प्रसन्न हुआ कि अगली सुबह विदा होने से पहले इसके बदले में उसने उस परिवार के लिए कुछ करने का निश्चय किया।

"भले लोगो! तुमने मुझे अपने घर में जगह देकर और मुझे भोजन खिलाकर जो कृतार्थ किया है, उससे मैं बहुत खुश हूं। तुम्हारे भाग्यशाली भाइयों ने मुझे अपने घर में आश्रय देने से भी मना कर दिया था। मेरी ओर से यह खरगोश स्वीकार करो और इसका मांस खा जाओ। तुममें से प्रत्येक इसके मांस का कम-से-कम एक टुकड़ा अवश्य खाएं क्योंकि जो इसका मांस खाएगा, उसका भाग्य खुल जाएगा और उस पर धन-वैभव की वर्षा होगी।" यह बोलकर साधु ने उनसे विदा ली।

उसके बाद बुढ़िया खरगोश का मांस पकाने में जुट गई। उसकी बहू के पैर भारी थे। उसे आराम की जरूरत थी। बुढ़िया भोजन तैयार करते हुए उस सारे सुख और

ऐश्वर्य की कल्पना में खो गई, जो उन्हें खरगोश का मांस खाने के बाद प्राप्त होने वाला था। वह अकल्पनीय भौतिक सुखों की कामना करने लगी। अचानक ही उसका शांत संतोषी स्वभाव बदल गया और वह लालची और स्वार्थी बन गई। मांस पक जाने के बाद वह बाहर धूप में चावल साफ करने चली गई, लेकिन उसके सपने देखने का क्रम जारी रहा।

इसी बीच उसकी बहू की आंख खुल गई और वह रसोईघर में आई। वहां ताजा पके मांस की गंध से वह भी ललचा गई। उसने मांस का एक टुकड़ा उठाया और मुंह में डाला ही था कि उसकी सास उसी क्षण वापस रसोईघर में आ पहुंची। बहू को मांस खाते उसने देख लिया था। उससे यह सहन नहीं हुआ। उसने बहू को खूब खरी-खोटी सुनाई और तीखे ताने दिए। बहू एकदम अवाक् रह गई। उसने अपनी सास को इतने प्रचंड क्रोध में कभी नहीं देखा था। जब वह थोड़ा संभली, तो वह अपने पति की तलाश में खेतों की ओर चल पड़ी।

पति के मिलते ही वह फूट-फूटकर रोने लगी। उसने अपनी सास के अप्रत्याशित व्यवहार की कहानी उसे सुनाई। अपनी पत्नी की बातें सुनकर और उसकी स्थिति देख, बेटे ने तुरंत माता-पिता का घर सदा के लिए छोड़ देने का निश्चय किया। यह निर्णय अत्यंत साहसिक था क्योंकि उसकी पत्नी अनाथ थी। पत्नी के साथ उसके मायके चले जाने का कोई अन्य आसान विकल्प उनके पास नहीं था। दूसरा गांव वहां से मीलों दूर था और उनका कोई जानकार भी उस गांव में नहीं था, तो भी दोनों केवल एक-एक लोटा पीने का पानी हाथ में लिए वहां से चल पड़े।

वे अधिक दूर नहीं जा पाए थे कि नौजवान की पत्नी ने एक बच्चे को जन्म दिया। नौजवान ने तुरंत बांस तथा अन्य पेड़ों की टहनियां और पत्तियों के सहारे एक काम चलाऊ झोपड़ी बनाई और पत्नी के आराम की भरसक व्यवस्था कर दी। वह जंगल में घूम-घूमकर खाने के लिए जड़ी-बूटियां और फल जमा कर लेता। कभी-कभी कुछेक खरगोश तथा पक्षियों का भी शिकार कर लाता।

जल्द ही उनके लोटों में पीने का पानी समाप्त हो गया। नौजवान की पत्नी को जोरों से प्यास लगी। नौजवान वहां पर के सबसे ऊंचे पेड़ पर चढ़ गया और इधर उधर दृष्टि दौड़ाने लगा। थोडी ही दूर एक नदी बहती देखकर उसकी खुशी का कोई ठिकाना न रहा। वह फटाफट नीचे उतरा। जंगल में भटक जाने की आशंका से बचने के लिए उसने अपनी धोती का एक टुकड़ा फाड़कर उसके धागों को आपस में जोड़ दिया। फिर उसका एक सिरा झोपड़ी के निकट स्थित एक पेड़ से बांधकर उसका दूसरा सिरा अपने हाथ में लेकर वह नदी की ओर चल पड़ा।

लोटे में पानी भर कर उसने नदी तट पर रख दिया। फिर उसने अपने कपड़े

उतारे और शांत गहरे पानी में उतर कर वह स्नान का खूब आनंद उठाने लगा। उसे क्या खबर थी कि **याक जाकोर** पास ही छिपा हुआ है। एकाएक **याक जाकोर** ने नौजवान को अपना शिकार बना लिया।

उधर जंगल में उसकी बाट जोहती उसकी पत्नी का धैर्य, समय बीतने के साथ-साथ टूटने लगा। जब उसकी सहन-शक्ति जवाब दे गई, तो उस धागे के सहारे वह नदी की ओर चल पड़ी। वहां उसने लोटा तथा पति के कपड़े नदी के तट पर पड़े पाए। उन्हें देखकर उसने अनुमान लगाया कि उसका पति नदी में डूब गया है। नवजात शिशु को छाती से चिपकाए वह जोर-जोर से रोने लगी। अचानक उसने शांत पानी में हलचल होती देखी। अचानक **याक जाकोर** ने अपना भयावह सिर बाहर निकाला। उसे देखकर वह स्त्री पीछे की ओर भागी लेकिन भय तथा थकान से वह बच्चे को बाहों में लिए मूर्च्छित हो वहीं गिर पड़ी।

उधर से कुछ लकड़हारे गुजरे। उस स्त्री को बेहोश पड़ा देखकर वे उसे तथा उसके बच्चे को अपने गांव ले गए। वह अपने छोटे बेटे के साथ उसी गांव में बस गई। साधु के आशीर्वाद का ध्यान रखते हुए उसने अपने बेटे का नाम रखा—**यू बकाइरखू दोह**—जिसका अर्थ है 'मांस द्वारा वरदान प्राप्त'। वह वरदान तो सचमुच पा ही चुकी थी। दरअसल पहले वसंत में ही उसके बेटे की आंखों से गिरनेवाले अश्रु-कण, सोने के डले में परिवर्तित हो गए थे। इस प्रकार मां-बेटे का जीवन ऐशो-आराम से बीतने लगा, जिसमें चिंता और फिक्र का कोई स्थान नहीं था।

जवान होने पर **यू बकाइरखू दोह** अपनी तीक्ष्ण बुद्धि तथा अप्रतिम सुंदरता के लिए मशहूर हो गया था। अपने गुणों के बल पर वह उस राज्य के युवराज का सहचर भी बन गया।

एक दिन युवराज ने उसे अपने साथ पांसा खेलने की चुनौती दी। दरबार में उपस्थित सभी यह देखकर चकित रह गए कि पूरे खेल में **यू बकाइरखू** युवराज पर हावी रहा और युवराज उससे जीत नहीं पाया। जबकि वास्तविकता यह थी कि वह नौसिखिया खिलाड़ी था। युवराज इस अपमानजनक स्थिति से कुपित होकर दांव की राशि बढ़ाता गया। लगातार हारते-हारते उसके पास दांव लगाने के लिए अपनी राजगद्दी ही बच गई। आखिर वह उसे भी हार बैठा। भरी सभा में हुई करारी हार से अपमानित युवराज अब **यू बकाइरखू दोह** पर व्यक्तिगत आक्षेप लगाने पर उतर आया।

"मुझे मालूम है तुम्हें यह चतुराई कहां से प्राप्त हुई है।"

वह क्रोध से लाल होकर बोला।

"यह तुम्हारे पिता से तुम्हें मिला है। तुम्हें मालूम है तुम्हारा पिता कौन है?"

यू बकाइरखू क्या बोलता? उसे सचमुच मालूम नहीं था कि उसका पिता कौन

है। उसकी मां ने उससे इस विषय पर कभी कोई बात नहीं की थी।

"जरा देखो, इसे अपने बाप का भी पता नहीं।" युवराज चिल्लाकर बोला।

"अरे, मैं बताता हूं इसके बारे में। यह **याक जाकोर** का बेटा है—नदी में रहने वाले ड्रैगन का।! छिः छिः, कितनी लज्जा की बात है!"

यू बकाइरखू यह सुनकर जड़वत हो गया। जब वह तनिक होश में आया तो वह महल से लगभग दौड़ता हुआ अपने घर पहुंचा और दरवाजे पर पड़े पायदान पर गिरकर फूट-फूटकर रोने लगा। मां ने जब बेटे के दुःख का कारण जाना तो उसने उसके पास बैठकर उसे अपनी आप-बीती विस्तारपूर्वक सुनाई। साधु के घर आने की घटना से लेकर नदी तट पर बेहोश होकर गिर पड़ने तक की पूरी दास्तान! उसने बेटे से कुछ भी नहीं छिपाया।

"मां।" वह बोला।

"मैं **याक जाकोर** को पकड़कर लाऊंगा और राज्य भर के लोगों के सामने उसे जान से मार डालूंगा, तभी मैं इस कलंक को अपने माथे से धो पाऊंगा।"

उसकी मां ने बेटे को समझाने की बहुत कोशिश की पर वह टस से मस न हुआ। हथियार के रूप में उसके पास केवल एक रस्सी तथा एक बड़ा-सा छिद्रदार संदूक था। उन्हें माथे पर रखकर वह एक खतरनाक अभियान पर निकल पड़ा।

नदी का वह स्थान जहां **याक जाकोर** रहता था ढूढ़ने में उसे अधिक कठिनाई नहीं हुई। उसकी मां ने उसे रास्ते का पूरा नक्शा समझा दिया था। कई दिनों तक वह नदी के एकदम निकट होकर उस दैत्य को लुभाने का प्रयत्न करता रहा। वह वहां खड़ा **याक जाकोर** का ध्यान खींचने के लिए ऐसे उपक्रम करता, मानो वह अपने खोए साथी को पुकार रहा हो।

आखिर एक दिन **याक जाकोर** वहां आ पहुंचा। यह सोचकर कि **यू बकाइरखू** उसकी उपस्थिति से बेखबर है, वह तैरता हुआ उसके निकट पहुंचा और उसे नदी में घसीटने की कोशिश करने लगा। पर **यू बकाइरखू** बिजली की गति से उस पर टूट पड़ा और उसे खींचकर नदी से बाहर निकाल लाया। उसकी मार से वह बिल्कुल अधमरा हो गया और चलने फिरने के योग्य भी नहीं रहा। **यू बकाइरखू** ने उसे रस्सी से बांधकर साथ लाए संदूक में कैद कर लिया और विजयीभाव के साथ गांव लौट गया। उसने निश्चय किया कि प्रत्येक सप्ताह लगने वाले बड़े दरबार में सबके सामने अगले हफ्ते वह उसे मार डालेगा। चूंकि साप्ताहिक दरबार लगने में कुछ दिन शेष थे इसलिए उसने संदूक को अपने घर के तहखाने में रख दिया और मां को वहां जाने से मना कर दिया।

उसकी मां का मन शांत नहीं था। वह जानना चाहती थी कि क्या उसके बेटे ने ड्रैगन को सचमुच पकड़ लिया है। सो एक दिन जब उसका बेटा कहीं बाहर गया

हुआ था, वह तहखाने में जा पहुंची।

याक जाकोर ने जब उस औरत की पगध्वनि सुनी, तो उसने अपनी जान बचाने का एक उपाय चटपट सोच लिया। उसने अंदाज लगा लिया कि **यू बकाइरखू** को मारे बिना उसका त्राण नहीं है। इसलिए उसने तुरंत उस स्त्री के मृतक पति का रूप धार लिया। जब **यू बकाइरखू** की मां ने संदूक खोलकर देखा, तो अपने खोए पति को वहां पड़ा देख वह बेहोश होकर गिर पड़ी। जब उसे होश आया तो खुशी से उसकी आंखों से आंसुओं की अविरल धारा फूट पड़ी।

"ओह, मेरे प्रिय पति, अब संदूक से बाहर निकल आओ। हमारे बेटे ने तुम्हें इस प्रकार कैद करके क्यों रखा है?"

धूर्त ड्रैगन ने उस स्त्री को उसके बेटे के विरुद्ध इस्तेमाल करने का निश्चय किया, इसलिए वह उससे अत्यंत ही अंतरंग स्वर में बोला—

"प्राण-प्यारी, रोओ मत और मेरी बात ध्यान से सुनो। मेरे सामान्य जीवन में आने के लिए मुझे अपनी कुछ प्रतिज्ञा पूरी करना जरूरी है। तुम मुझे पीने के लिए बाघिन का एक सेर दूध लाकर दो।"

"बिल्कुल चिंता न करो, प्रियतम।" वह खुशी से रोती हुई बोली।

"हमारा बेटा जवान और बहादुर है। वह जंगल के तौर तरीकों से पूरी तरह परिचित है। तुम्हारे लिए बाघिन का दूध जरूर प्रबंध कर देगा।"

"हां, मुझे भी यही विश्वास है।" वह बोला पर उसने तुरंत ही यह भी चेताया, "उसे बताना मत कि दूध मेरे लिए चाहिए।"

परिस्थितियों के इस अप्रत्याशित सुखद परिवर्तन से **यू बकाइरखू** की मां इतनी अभिभूत थी कि ड्रैगन के इस विचित्र आग्रह से उसके मन में किसी प्रकार की शंका उत्पन्न नहीं हुई। वह तुरंत उसके कहे अनुसार बाघ के दूध की व्यवस्था करने को मान गई।

जब शाम को उसका बेटा वापस आया तो उसने मां को पीड़ा से छटपटाते और रोते हुए पाया। उसके पूछने पर वह बोली—

"बेटे, यह बीमारी अब मेरी किस्मत ही बन गई है। मुझे मालूम था एक-न-एक दिन यह मुझे ग्रसित कर लेगी। अगर मुझे बाघिन का एक सेर दूध पीने को नहीं मिला तो मैं मर जाऊंगी।"

अगले दिन तड़के ही उसका बेटा जंगल चला गया। कुछ दूर ही जाने पर उसे किसी के कराहने की आवाज सुनाई दी। उस आवाज के स्रोत का पता करने पर उसे बाघ के तीन बच्चे मिले। एक बच्चे के गले में हड्डी फंसी थी और वह दर्द से कराह रहा था। **यू बकाइरखू** ने पेड़ की टहनियों की मदद से एक चिमटा बनाया और बाघ के बच्चे के मुंह से हड्डी निकालकर उसे पीड़ा से निजात दिलाई। वह व्याघ्र-शावक

उसका इतना आभारी हुआ कि उसने आजीवन **यू बकाइरखू** की सेवा करने का प्रस्ताव रखा। शीघ्र ही बाघिन वहां लौटी। उसने नौजवान के परोपकार के बारे में सुना, तो वह भी कृतज्ञता के भाव से अभिभूत हो आई। अपने छोटे बच्चे के निर्णय को उसने तुरंत स्वीकार कर लिया और उसे अपना एक सेर दूध भी दे दिया।

दुष्ट ड्रैगन ने जब सुना कि **बकाइरखू** बाघिन का दूध ले आया है और उसे किसी प्रकार की क्षति भी नहीं पहुंची, तो क्रोध से वह उबल पड़ा। उसे मरवाने की उसने दूसरी योजना बनाई। जब उसकी मां खुशी-खुशी बाघिन का दूध लिए याक जाकोर के पास पहुंची, तो उसने दूसरी मांग रख दी।

"मेरी दूसरी प्रतिज्ञा है कि तुरंत मारे गए भालू की चर्बी से मेरे शरीर की मालिश करो।" वह बोला।

उस शाम भी जब उसका बेटा घर लौटा, तो उसने मां को असह्य वेदना से तड़पते हुए पाया।

"मेरे बेटे।" वह रोती हुई बोली, "अगर तुमने तुरंत मारे गए भालू की चर्बी लाकर मुझे नहीं दी, तो मैं नहीं बचूंगी। उसके बगैर तो मेरे भाग्य में मरना ही बदा है।"

अगले दिन नौजवान पुनः जंगल गया। वहां एक भालू का दो दिनों तक पीछा करते रहने के बाद शहद देकर उसे लुभाने में वह कामयाब हुआ। जैसे ही भालू शहद खाने में जुटा, उसने उसे पकड़ लिया। फिर रस्सी से बांधकर अपने घर ले आया।

जब वह घर के निकट पहुंचा तो बाघ का छोटा बच्चा घर से बाहर उसकी ओर दौड़ता हुआ आया। उसने खुशी-खुशी **यू बकाइरखू** को बताया, "मेरे मालिक, आपकी मां अब चंगी हो गई है। मैंने किसी सम्माननीय अतिथि से उन्हें बात करते भी सुना है। उन्होंने उसके लिए अत्यंत स्वादिष्ट भोजन बनाया है। उसकी सुगंध पूरे घर में फैली है।"

भालू को पास के एक पेड़ से बांधकर **यू बकाइरखू** बड़े उत्साहपूर्वक तेजी से घर में गया, पर अंदर का दृश्य देखकर वह अवाक् रह गया। उसकी मां जमीन पर लेटी दर्द से कराह रही थी। इस दुखद दृश्य को देखकर वह फौरन बाहर निकला और भालू को मारकर उसकी चर्बी अपनी मां को लाकर दी।

"यह लो मां। भालू की चर्बी है यह।" इससे तुम मालिश करो और भली चंगी हो जाओ।" भाव-विह्वल होकर वह बोला। दुष्ट ड्रैगन के षड्यंत्रों से वह बिल्कुल अनजान था।

उसके बाद वह बाघिन के बच्चे के पास गया और जोरदार डांट पिलाते हुए बोला, "बदमाश, तुम्हें मुझसे झूठ बोलने की हिम्मत कैसे हुई? मेरी मां दर्द से मरी जा रही थी। मैंने उसे दर्द से तड़पते हुए पाया।"

बाघिन का बच्चा चकित हो गया। उसने कसम खाते हुए उसे बताया कि उसने एक शब्द भी झूठ नहीं कहा है। वह भ्रम तथा शंका में पड़ गया। उसने इसकी जांच करने का निश्चय किया।

इस दरम्यान नौजवान के सकुशल वापस लौट आने के समाचार सुनकर **याक जाकोर** ने एक अंतिम योजना तैयार की। उसके कहे के अनुसार **यू बकाइरखू** की मां बेटे से कहने लगी, "बेटे, मेरी अंतिम प्रार्थना है कि तुम मुझे अजगर की खाल उधेड़कर ला दो।" वह फिर कराहने का स्वांग करने लगी। **यू बकाइरखू दोह** ने मां की मांग पूरी करने का वादा किया। अगली सुबह उसने सफर पर रवाना होने का नाटक किया। वह घर से बाहर गया और कुछ दूर जाकर जंगल में छिपता हुआ चुपके से घर वापस आ गया। वह घर के पिछवाड़े छिप गया, जहां से रसोईघर का पूरा दृश्य स्पष्ट दीखता था।

उसे यह देखकर बहुत आश्चर्य हुआ कि उसकी मां भली चंगी गुनगुनाती हुई खाना तैयार करने में व्यस्त थी। जब खाना तैयार हो गया तो खाना लकड़ी की ट्रे में सजाकर वह तहखाने की ओर चली। वह अपने पति का नाम लेकर पुकार रही थी।

याक जाकोर के षड्यंत्र को देखकर **यू बकाइरखू** एकदम सन्नाटे में रह गया। बगैर समय गंवाए वह मां पर बरस पड़ा और उसने मां को सच्चाई से अवगत कराया।

"यह **याक जाकोर** है, मां!" वह चीखता हुआ बोला,"तुम्हें मालूम नहीं कि दैत्य इच्छानुसार कोई भी रूप धार सकते हैं।"

बेचारी औरत यह सब सुनकर आतंकित होकर, बेहोश हो गिर पड़ी। उसके होश में आने पर **यू बकाइरखू** ने उसे बाघिन के बच्चे की निगरानी में छोड़ा और बंद संदूक लेकर महल की ओर रवाना हुआ।

सिएम ने जब उसके आने का उद्देश्य जाना, तो वह तुरंत उससे मिलने को सहमत हो गया। **यू बकाइरखू** ने भरे दरबार में अपने माता-पिता के साहसिक कारनामों की दास्तान सुनाई। उसके बाद दरबारियों की जोरदार तालियों की गड़गड़ाहट के बीच उसने **याक जाकोर** को संदूक से निकालकर सबके सामने तलवार से टुकड़े-टुकड़े कर दिए।

सिएम उसके वंश के बारे में जानकर उससे बहुत प्रभावित हुआ और उसके साहस को देखते हुए उसने उसे अपना उत्तराधिकारी बना दिया।

खासी (मेघालय)

मानव-भक्षी सांप 'उथ्लेन'

प्रस्तुति : **किनफामसिं नोंगकिनरिह**
अनुवाद : **सारंग कुमार**

उथ्लेन का उपाख्यान आज भी प्रचलित है। लोग जिस तरह प्लेग, कैंसर, यक्ष्मा व अन्य घातक रोगों के बारे में बातें करते हैं, उसी तरह इस मानव-भक्षी सांप के विषय में भी चर्चा करते हैं। दरअसल अब भी शरीर का स्वाभाविक रंग बदलना, दुबला-पतला होना, विचित्र रूप से चेहरे और पेट की सूजन जैसे जानलेवा रोगों का प्रतिनिधि, उस दानव को ही माना जाता है। लोग कहते हैं कि इस जीव को पालनेवाली जनजाति अभी भी मौजूद है, जिनकी सेवा में वे हत्यारे कार्यरत हैं, जिनका धंधा खून के लिए खासी पहाड़ियों के कुछ भागों में लोगों का शिकार करना है। पहले उथ्लेन को मनुष्य के लहू से पेट भरने के लिए नौकरों या शिकारियों की जरूरत नहीं थी। लेकिन मनुष्य-भक्षी से वह लहू पीनेवाला कैसे बना और किस तरह दूसरों पर निर्भर हुआ, यह कहानी उस धुंधलके भूतकाल में शुरू हुई, जब आदमी और दुष्टात्मा एक-दूसरे के निकट संपर्क में आए।

आख्यान के अनुसार उथ्लेन एक दुष्ट जीव था, जिसे अलौकिक शक्तियां प्राप्त थीं। वह बाहरी दुनिया के लिए ज्ञात सोहरा या चेर्रा के जंगलों में रहता था। वास्तव में यह मानव इतिहास का प्राचीनकाल था। उन दिनों उसके बारे में कहा जाता था कि वह अपनी इच्छा के अनुसार शक्ल और आकार बदलने में सक्षम है, पर उसे सबसे प्रिय था डेंथलेन की गुफा में चौड़े मुंह वाले भीमकाय अजगर के रूप में पड़ा रहना। यह जगह सोहरा का पश्चिमी भाग है। उसकी पूंछ सोहरा की मुख्यभूमि से कुछ किलोमीटर दूर तक पसरी रहती थी। लेकिन उथ्लेन उस सुरंग में कैसे आया? उसकी उत्पत्ति कैसे हुई और उसकी वंशावली क्या थी? यह उपाख्यान इसके बारे में भी बताता है।

उथ्लेन का जन्म संदिग्ध पारिस्थितियों में हुआ था। वह सोहरा के दक्षिण में माउसमाइ गांव के आसपास के क्षेत्र का मुख्य देवता **उ मावलौंग सिएम** की चरित्रहीन बेटी का पुत्र था। **कमा खराइ** स्वयं गुफाओं और खाइयों की देवी थी, लेकिन उसका नाम उन देवताओं के साथ जुड़ा हुआ था, जिनका जीवन गंदा था और जिन्हें नीच व ईर्ष्यालु लोगों को छोड़, सभी त्याग चुके थे। स्वेच्छाचारी जीवन जीते हुए और पतित होकर एक दुष्ट परी बनने पर उसे एक जारज व कुरूप दानव को जन्म देने का शाप लगा। इससे उसका पिता इतना क्रोधित हुआ कि उसे घर छोड़कर नई जगह ढूंढ़नी पड़ी। कुछ दिनों बाद सोहरा के उत्तरी

क्षेत्र में पहाड़ों के बीच के संकीर्ण मार्ग को उसने अपना स्थायी निवास बनाने की ठानी। स्वभाव से स्वेच्छाचारी होने के कारण उसे अपना बच्चा भी बोझ लगने लगा, इसलिए उसने पोमडोलाई झरने के नीचे की गुफा में बच्चे को छोड़ देने का निश्चय किया। उस गुफा का चुनाव उसने कारणवश किया था। चूंकि वह एक दुष्टात्मा थी, उसने यह निर्णय लिया था कि उसका बेटा मनुष्य का मांस खाकर बड़ा हो। उसने विशेष रूप से उस गुफा को चुना था, क्योंकि यह रंगजिरतेह जाने के रास्ते में थी।

सोहरा के पश्चिम में एक बड़ा-सा शहर था। उन दिनों रि हिन्यूत्रेप का सबसे बड़ा बाजार भी उसके निकट ही था। यह गुफा इसी के निकट थी। **उथ्लेन** हमेशा मनुष्यों की ताक में रहने लगा था। जब कभी तीन, पांच या सात के झुंड में आदमी उधर से गुजरते, वह उनका खून चूसकर, उन्हें पूरा का पूरा निगल जाता। उसने इसी तरह—मनुष्यों के विनाश के तरीके अपनाकर व प्रौढ़ आदमियों का क्षण-भर में खात्मा करके—अपना नाम अर्जित कर लिया।

जब पहली बार एक व्यापारी **उथ्लेन** के मुंह का निवाला बना, तो उसे तलाशने के लिए रंगजिरतेह से लेकर सिल्हेट तक के लोगों और व्यापारियों ने एक बड़ी टोली बनाई। वह व्यापारी सिल्हेट से ही इधर आया था, जिसे खासी लोग शिलोटिया कहते हैं। व्यापारी की तलाश करने वाली टोली ने पोमडोलोई जल-प्रपात वाले इलाके में कई हफ्तों तक खोज-बीन जारी रखी, पर वह आदमी तो नहीं ही मिला, उलटे तलाशी टोली के कई लोग भी गायब होने लगे। इस घटना ने लोगों को और भी चौकन्ना कर दिया। वे इस त्रासदी का कारण जानने को उत्सुक थे। अंततः वे देवताओं से संवाद कर सकने वाले ओझा-गुणियों की शरण में पहुंचे। लेकिन सृष्टा सबकुछ देखता है और यह भी जानता है कि किस तरह इस खूबसूरत पहाड़ियों पर बसे लोगों को **उथ्लेन** देखते-ही-देखते चट कर जाता है! सृष्टा ने ही ओझा-गुणियों को संकेतों और प्रतीकों के जरिए **सिएम सिरमोह** की सहायता लेने का निर्देश दिया। **सिरमोह** को लोग **सुइद्नोह** के नाम से भी जानते हैं। लंबे-चौड़े डील-डौल के कारण इसे **रिहिन्यूत्रेप** भी कहा जाता है। अलौकिक शक्ति रखनेवाले अभिभावकों के प्रधान **सिएम किरसन** की भूमिका भी यही निभाता है, जिसका दायित्व संसार में स्वास्थ्य और सामर्थ्य की रक्षा करना है। **सुइद्नोह** का दूसरा रूप **यूरिंगक्यू-उ-बासा** (गांवों का संरक्षक देवता) भी है। इसका प्रिय आश्रय सोहरा के उत्तरी भाग में **लाइत्रिनगेउ** की पवित्र वाटिका है, जिसे का लाउ **सुइद्नोह** कहा जाता है। यह वह पवित्र स्थल है, जहां भारत के मुख्य मैदानी भाग या बांग्लादेश से लोग तरह-तरह के धार्मिक अनुष्ठान करने आते हैं।

सर्वशक्तिमान की आराधना की गई। तरह-तरह के चढ़ावे चढ़ाए गए और उसे बलि भी दी गई। इन सबके पीछे एक ही उद्देश्य था—**क्रूर उथ्लेन** से मुक्ति और मानवता की रक्षा। सबकी एक ही प्रार्थना थी—दैत्य से त्राण दिलाने में सृष्टा स्वयं हस्तक्षेप करें। सबकी

यही धारणा थी कि संसार के स्वास्थ्य-रक्षक के रूप में जाना जानेवाला सुइद्नोह भी अपनी भूमिका में तब तक सफल नहीं होगा, जब तक सृष्टा सहाय न हो, अन्यथा उथ्लेन एक-एक करके सबको खा जाएगा। **सुइद्नोह** अब और प्रतीक्षा नहीं कर सकता था। उसने लोगों को वचन दिया कि वह मानवता की रक्षा के लिए पूरी तरह तैयार है।

वचनबद्ध सुइद्नोह ने सबसे पहला पड़ाव लाउ **सुइद्नोह** के प्रधान पुजारी **लिंगदोह** के घर पर डाला। उसने मानव का रूप लेकर **लिंगदोह** को निर्देश दिया कि वह **उथ्लेन** की गुफा से कुछ दूरी पर एक लुहार की भट्ठी बनाए, जिसमें लोहे की एक बहुत बड़ी गेंद और एक जोड़ा विशाल चिमटे तैयार किए जाएं। जब तैयारी पूरी हो गई तब **इएउ बाह** सोहरा में बाजार लगने के दिन **सुइद्नोह उथ्लेन** की गुफा में पहुंचा और उससे इस तरह मिला जैसे वर्षों पुराने दोस्त आपस में मिलते हैं। आखिर दोनों थे तो अलौकिक दुनिया के ही।

"क्या कर रहे हो उम*? (उम=आप्तता सूचक शब्द) जमाने बाद तुमसे मिल रहा हूं।" **सुइद्नोह ने उथ्लेन** से कहा।

"ठीक ही कह रहे हो दोस्त! ज़माना गुजर गया तुम्हें देखे हुए।" **उथ्लेन** का जवाब था।

"मैं तो इस बार सोहरा के बाजार को निकला हूं। बोलो वहां से तुम्हारे खाने के लिए क्या लाऊं?" सुइद्नोह ने प्रलोभन दिया।

"नहीं-नहीं, मेरे लिए तकलीफ मत करो। हां, अगर ला सको तो सिर्फ सोहरा के प्रसिद्ध सुअर के मांस का एक टुकड़ा लेते आना।... वैसे तो मैं मनुष्य का मांस खाने का आदी हो गया हूं।"

इस संक्षिप्त बातचीत के बाद सुइद् नोह उथ्लेन की गुफा से निकल पड़ा और लुहार की भट्ठी पर पहुंचा। वह ख़ुश था, क्योंकि योजना सफल होती दिखाई दे रही थी। उसने भट्ठी में लोहे की गेंद को तपाकर लाल करने का आदेश दिया। उथ्लेन की गुफा में पहुंचा और आवाज दी, "अरे ओ उम्। मैं तुम्हारे लिए मांस ले आया हूं। तुम जरा अपना मुंह खोलो, यह बहुत बड़ा टुकड़ा है।"

उथ्लेन मनुष्यों का मांस खाकर काफी मोटा हो चला था और सुस्त भी। वह अब गुफा से निकलने के काबिल भी नहीं रह गया था। उसने हिलने-डुलने की जरूरत भी महसूस नहीं की, क्योंकि कुछ गड़बड़ होने की उसे तनिक भी आशंका नहीं थी। उसने वादा निभाने के लिए **सुइद्नोह** को धन्यवाद दिया। मित्र के आग्रह पर उसने एक ही बार में समूचा मांस निगलने के लिए मुंह खोला, पर उतने से **सुइद्नोह** संतुष्ट नहीं हुआ। उसने कहा, "थोड़ा और मुंह खोलो...थोड़ा और दोस्त...यह मांस का टुकड़ा बहुत बड़ा है।" **उथ्लेन** ने अपना

जबड़ा थोड़ा और खोला। मित्र के कहने पर तब तक मुंह फैलाता रहा जब तक कि उसकी आंखें नहीं मुंद गईं। यही वह मौका था जिसका **सुइद्नोह** इंतजार कर रहा था। एक जबरदस्त आघात के साथ उसने लोहे का तपा हुआ गोला उथ्लेन के गले में ठूंस दिया और वहां से तुरंत चलता बना। **उथ्लेन** का गला जलने लगा। असहनीय पीड़ा से कराहता हुआ वह बदन को ऐंठने लगा। वह गुफा के एक कोने से दूसरे कोने तक लुढ़कता और उछलता रहा। उसकी हर हरकत पर सोहरा पहाड़ी और आस-पास के इलाके हिलने-डुलने लगे। आलम यह था, मानो भूचाल आ गया हो। कहा तो यह भी जाता है कि उसकी मौत की घड़ी इतनी दर्दनाक थी कि उस इलाके की जमीन दरक गई। सोहरा पहाड़ी की प्रसिद्ध सुरंग उन्हीं पलों की निशानी है, जिसे बाद में 'का रिआत माउदूऊ' कहा जाने लगा। एक किंवदंती यह भी है कि **उथ्लेन** की मौत का प्रहर उस क्षेत्र के निवासियों के लिए प्रलयकाल था, जिसमें धरती हिलने लगी थी। पहाड़ों के साथ घर भी टूट-टूटकर गिरने लगे थे और आसमान मलबे के गुबार से इस तरह भर उठा था कि सूरज भी ढक गया था। संयोग से भूचाल देर तक नहीं रहा, क्योंकि गले में अटके दहकते गोले ने जल्द ही **उथ्लेन** की जान ले ली थी।

उथ्लेन की मौत के बाद **सुइद्नोह** ने लिंगदोह को निर्देश दिया कि वह इसकी सूचना रिहिन्यूत्रेप के सभी निवासियों को दे दे और यह भी बता दे कि सिलहट के मैदानी भाग में बसे लोगों को अब नरभक्षी दैत्य से कोई खतरा नहीं है। **सुइद्नोह** का निर्देश यह भी था कि लोग **उथ्लेन** की गुफा के पासवाली नदी के किनारे एकत्र होकर उथ्लेन का मांस पकाकर खाएं और मांस अन्यत्र न ले जाएं, न ही दूसरे दिन के लिए छोड़ें। **सुइद्नोह** ने आग्रह किया कि अगर लोग हमेशा के लिए इस दुष्टात्मा से त्राण चाहते हैं, तो इस अनोखे निर्णय पर कोई सवाल उठाए बिना अमल करें। लोग खूब जुटे। जगह-जगह से लोग आए। वे उस अपवित्र गुफा में गोलबंद हुए और **उथ्लेन** के मृत शरीर को उसकी मांद से खींचकर बाहर ले आए। उन्होंने उसके टुकड़े-टुकड़े किए और बड़ी-बड़ी कड़ाहियों में उसका मांस पकाया। चमड़ी, हड्डियों व उन सभी अंगों को, जो खाने लायक नहीं थे, जलाकर भस्म कर दिया। उन्होंने बड़े पैमाने पर विजयोत्सव मनाया। हर शख्स ने छककर चावल की रक्सी पी और इसमें रोड़े अटकानेवालों को हमेशा के लिए सुला दिया। वहां उन्माद की लहर चल रही थी। क्या बूढ़ा और क्या नौजवान, सभी ने डटकर अपनी क्षुधा मिटाई, कहीं एक निवाला तक नहीं बचा। भोज का समापन हुआ। भीड़ छंटती गई। सभी अपने-अपने रास्ते पर लौट चले। सिर्फ कुछ स्थानीय बुजुर्ग ही कर्मकांड और सृष्टा के प्रति कृतज्ञता प्रकट करने के लिए रुके रहे। इन बुजुर्गों ने वहां पड़े चट्टानों पर **उथ्लेन** की तस्वीर उकेरीं और भोज में उपयोग की गई

सामग्री पत्थरों से ढककर रख दी, ताकि अगली पीढ़ी इस दानव की कथा पर यकीन कर सके। वहां से निकलने से पहले उन्होंने मोमदोलोई झरने का फिर से नामकरण किया—कूशैद् दैन उथ्लेन या दैन उथ्लेन जलप्रपात, जिसका अर्थ है जहां **उथ्लेन** मारा गया।

लेकिन उन मतवालों के बीच एक वृद्ध महिला भी थी, जिसने मांस का एक टुकड़ा बचाकर अपने इकलौते बेटे के लिए रख लिया था, क्योंकि वह भोज में शामिल नहीं हो सका था। घर पहुंचकर बुढ़िया ने मांस के टुकड़े को एक टोकरी में रख दिया। यह वही टोकरी थी, जिसमें वह सूखी मछलियां रखती थी। रहस्यमय शक्ति के प्रभाव से वह उस दिन बेटे को मांस देना भूल गई। जब वह अकेली थी, मांस का टुकड़ा बोल पड़ा—"ऐ बुढ़िया, तुम मुझे अपने पास ही रखो। मैं तुम्हें अमीर बना दूंगा। मुझमें ऐसी रूहानी ताकत है कि मैं दुनिया-भर का सोना-चांदी तुम्हारे हवाले कर दूंगा और तुम्हें हर तरह से सुखी कर दूंगा।"

बुढ़िया ने टोकरी की ओर देखा तो पाया कि एक संपोला उसकी ओर टुकुर-टुकुर देख रहा था। दरअसल वह मांस का टुकड़ा नन्हे-से **उथ्लेन** में बदल चुका था। बुढ़िया को तुरंत सारा माजरा समझ आ गया। उसे पता चल गया कि **सुइद्नोह** ने क्यों मांस का एक-एक टुकड़ा खा जाने को कहा था और बचाकर रखने से मना किया था। लेकिन अब वह क्या करे? अब तो साक्षात् जीवित **उथ्लेन** उसके घर में था। गलती का अहसास होने पर वह काफी डर गई। दुश्चिंताओं ने उसे घेर लिया। डर के मारे वह घर से भागने लगी कि तभी **उथ्लेन** ने उससे फिर कहा—"मैं तुम्हें अमीर बना दूंगा। अच्छी तरह सोच लो और अगर तुमने मेरे बारे में किसी से कुछ कहा, तो इसका अंजाम क्या होगा, यह भी सोच लो। अब मुझे फिर से जीवन देकर तुम मेरी ही तरह मानवता की दुश्मन बन चुकी हो।"

बुढ़िया ठिठक गई। वह अच्छी तरह जानती थी कि जब लोगों को उसकी गलती का पता चलेगा, तो उसकी कैसी दुर्गति होगी। पत्थर मार-मारकर उसकी जान ले ली जाएगी। अगर वह **उथ्लेन** के पुनर्जन्म का राज न खोले, तो वह निश्चित ही अमीर बन जाएगी। धनी बनने का ख्वाब उसके दिमाग पर इस कदर हावी हो गया कि उसने इस दैत्य को शरण देने का निश्चय कर लिया। वादे के मुताबिक **उथ्लेन** ने जल्द ही उसे सुखी-संपन्न बना दिया। एक दिन उथ्लेन फिर बुढ़िया के सामने प्रकट हुआ और बोला—"मैंने अपना वादा निभाया। अब तुम भी इसके बदले मुझे कुछ दो। मेरे लिए एक खास सिरवाली बकरी ले आओ, जिसे खाकर मैं अपनी भूख मिटा सकूं।"

बुढ़िया चितकबरे सिरवाली एक बकरी ले आई। लेकिन खुश होने के बजाय उथ्लेन क्रोधित हो उठा—"जब मैंने तुम्हें खास सिरवाली बकरी लाने को कहा था,

तो तुम इस जानवर को क्यों उठाकर ले आई?'' बुढ़िया ने झल्लाते हुए कहा—''तुम खुद ही किसी ऐसी बकरी को ले आओ।''

जब बुढ़िया की समझ में आया कि **उथ्लेन** मनुष्य का मांस खाना चाहता है, तो वह सिर से पांव तक कांप उठी। उसने **उथ्लेन** से कहा—''क्षमा करो मेरे आका। मैं तुम्हारे खाने के लिए इनसान कहां से लाऊं?...और वे खुद तो आएंगे नहीं।''

''यह तुम जानो! तुमने अगर जल्द ही किसी को मेरे हवाले नहीं किया, तो मैं तुम्हारे परिवारवालों को ही खाना शुरू कर दूंगा।''

और **उथ्लेन** की धमकी सच साबित हुई। दो-तीन दिनों के बाद ही बुढ़िया ने अपने पोते को बिना किसी कारण मरा हुआ पाया। हादसे से डरकर वृद्ध महिला ने एक ऐसे आदमी की तलाश शुरू की, जो भाड़े पर हत्याकर करके, आदमी का लहू **उथ्लेन** के लिए ला सके। तलाश पूरी हुई और भाड़े के हत्यारे नोंग शोहनोह से **उथ्लेन** की इच्छापूर्ति होने लगी। बुढ़िया और उसके बेटों ने **उथ्लेन** को समृद्धि के देवता के रूप में प्रचारित किया। धीरे-धीरे **रि खासी** और **रि सोहरा** क्षेत्र के कुछ भागों में यह अभिनव देवता जनप्रिय हो गया।

आज भी लोगों की यह धारणा है कि सुख-समृद्धि के लिए **उथ्लेन** की मूर्ति अपने घरों में रखनेवाले यदि अपने बच्चे का लहू **उथ्लेन** की भेंट नहीं चढ़ाते, तो वह उन्हें दंडित करता है। उन्हें सबसे ऊंची छत पर चढ़ाकर लोगों के सामने अपमानित किया जाता है। मनुष्य को बिल्ली, मछली या अन्य जंतुओं में बदलते इस देवता को देर नहीं लगती। सुख-समृद्धि चाहनेवाले लोग **उथ्लेन** को प्रसन्न रखने के लिए बलि देते हैं और खून चढ़ाते हैं। जो ऐसा कर पाने में सक्षम नहीं होते, वे किसी व्यक्ति को निशाना बनाकर उसके बाल और कपड़े का टुकड़ा चढ़ा देते हैं। चढ़ाई गई वस्तुओं को **उथ्लेन** अपने भक्ष्य के रूप में बदल लेता है। निशाना बनाए गए व्यक्ति के पुतले को चांदी की थाली में ढोलक पर थाप देते हुए मध्यरात्रि में नचाया जाता है। लोग मानते हैं कि इसी दौरान **उथ्लेन** भोजन करता है। यह प्रक्रिया तब तक चलती रहती है, जब तक लक्षित व्यक्ति दम नहीं तोड़ देता।

उथ्लेन की शक्ति को खत्म करने की क्षमता मात्र **सिएम क्लैन** के पास होती है, क्योंकि वही सुइद्नोह है यानी देवताओं का राजा और सेवक भी।

मिजो (मिजोरम)

चतुर लोङकाइया

प्रस्तुति : **डॉ. एल.टी. लियाना खियांगते**
अनुवाद : **सारंग कुमार**

अजीब आदमी था **लोङकाइया**। एक दिन वह कुछ पकड़ने के लिए जाल बुनने बैठ गया। जैसे ही जाल तैयार हुआ, एक भूतनी वहां आ खड़ी हुई। उसने **लोङकाइया** से पूछा, "यह जाल किसलिए तैयार कर रहे हो?" वह कुछ भी बताना नहीं चाहता था, इसलिए खामोश रहा। भूतनी बार-बार वही सवाल दोहराती रही। वह जाल को खुद अपनी उंगलियों से छूकर देखना चाहती थी। मना करने पर भी वह अपनी जिद पर अड़ी रही, "अरे, कुछ बताओगे नहीं तो सिर्फ मुझे छू लेने दो।" वह किसी हालत में जाल को भूतनी के हाथ-पांव और गर्दन से लगने नहीं देना चाहता था। अंत में भूतनी ने अधिकारपूर्वक कहा, "में इस जाल को ऊपर से नीचे तक अपने पूरे शरीर से लगाकर देखूंगी।'' प्रेतात्मा का अति उत्साह देख उसने उसे जाल का मुआयना करने की इजाजत दे दी।

शुरुआत में उसे इसमें कोई बुराई नजर नहीं आई। प्रेतात्मा हंस-बोल सकती थी और कुछ समय के लिए जाल में फंसने का आनंद भी ले सकती थी। इसी बीच उसने पेड़ के तने से एक भांड तैयार किया। जब भूतनी से इस पात्र को बनाने का कारण पूछा तो उसने बताया कि यह कुछ चीजों को सुरक्षित रखने के लिए इस्तेमाल में लाया जाएगा। काफी समय बाद प्रेतात्मा को जाल में उलझा रहना कष्टप्रद लगने लगा। आनंद के क्षण काफूर हो गए और मुसीबत बढ़ने लगी। उसने **लोङकाइया** से कहा कि अब जाल से मुक्ति दिला दे। वह रोती-बिलखती रही, पर वह इतना अच्छा मौका गंवाना नहीं चाहता था। अंततः वह जाल में लिपटी भूतनी को पीट-पीटकर मार डालने में कामयाब हो गया। उसके बाद उसने भूतनी की अंतड़ियां बाहर निकालीं और उन्हें खाने के लिए साफ करने लगा। जब वह एक नदी के किनारे बैठा आंतों की सफाई कर रहा था तो भूतों का एक समूह आया और उससे पूछा, "ये किसकी अंतड़ियां हैं?''

उसने उत्तर दिया–''बकरी की हैं।"

लेकिन भूतों को विश्वास नहीं हुआ। उन्होंने कह ही दिया–"नहीं, ये बकरी की आंतें नहीं हैं। इन पर तो विशेष निशान दिखाई दे रहे हैं।"

एक समूह चला गया तो फिर दूसरा आ धमका। दूसरे समूह ने भी फिर वही सवाल दोहराया। उसने हर बार अलग-अलग उत्तर दिया, लेकिन वह किसी को संतुष्ट नहीं कर पाया। अंत में फिर भूतों का एक झुंड आया और उससे पूछा–

"ये किसकी अंतड़ियां हैं?"

"ये चूहे की अंतड़ियां हैं।" उसने जवाब दिया।

"बहुत अच्छा, चूहे की आंतें काफी पौष्टिक और ताकत बढ़ानेवाली होती हैं।" भूतों ने कहा।

यह कहते हुए राक्षसों जैसे दिखने वाले भूतों ने उससे आंतें छीन लीं और खाने लगे। वह एक पेड़ पर चढ़ गया और उसने भूतों से कहा–

"तुम लोग अपनी ही एक साथिन की अंतड़ियां खा रहे हो... मैं बिल्कुल सच कह रहा हूं।" यह सुनकर भूतों ने खाना बंदकर दिया और एक-दूसरे से कहा–

"सुनो-सुनो, **लोङ्काइया** क्या कह रहा है!"

उसने फिर कहा–"मैंने कहा न कि यह तुममें से बीच वाली है, जो बहुत सुंदर है।" यह सुनकर हर भूतनी बीच में खड़ी होने की कोशिश करने लगी। जब **लोङ्काइया** ने दो-तीन बार कहा, तो उन्हें अहसास हुआ कि वह उन अंतड़ियों के बारे में कह रहा है, जिसे वे खा रही हैं। भूतों को बहुत ग्लानि हुई। उन्होंने सोचा, क्यों न शरीर के टुकड़ों को जोड़कर इसे जिंदा किया जाए। उन्होंने जितनी अंतड़ियां खाईं थी, उल्टी कर बाहर निकाल दीं और उनमें प्राण फूंकने का प्रयास करने लगे। सभी भूत भी भूतनियों की मदद करने लगे। लेकिन शरीर के सभी हिस्से जुट नहीं पाए और उन्हें इस कार्य में सफलता हासिल नहीं हुई। उन्हें **लोङ्काइया** पर बहुत गुस्सा आया। उन्होंने उसे पकड़ने की कोशिश की, लेकिन उसने पड़े के तने को इतना चिकना कर दिया था कि वे भूत उस पर चढ़ नहीं पाएं। अब भूतों ने पेड़ को काटने का निश्चय किया। इस काम के लिए एक बड़ी कुल्हाड़ी की जरूरत थी। सरदार ने एक भूत को आज्ञा दी कि वह बस्ती में जाकर एक कुल्हाड़ी लेकर आए। भूत अकेला जाने को राजी नहीं हुआ। तब सरदार ने दो को जाने की इजाजत दी। कुछ कदम चलकर दोनों लौट आए और कहने लगे–''दो से काम नहीं बनेगा, कम-से-कम तीन को जाने दें।'' सरदार ने तीन को भेज दिया। तीनों ने कहा कि चार को अगर भेजें तभी सहास जुट पाएगा। इसी तरह उन्होंने पांच, सात और अंत में सभी को साथ भेजने की मांग की। सरदार राजी हो गया। एक अंधे और एक बहरे को छोड़कर सभी कुल्हाड़ी लाने बस्ती की ओर चल पड़े। बेहतरीन मौका देखकर **लोङ्काइया** पेड़ से उतरा और वहां मौजूद दोनों भूतों को लड़ने की चुनौती दी। वह उन दोनों को तब तक सताता रहा, जब तक दोनों ने अनिच्छापूर्वक एक-दूसरे के मुंह में अपना पाखाना नहीं रखा। हार स्वीकार करने पर उसने एक की जीभ भी खींच

ली और चुपचाप वहां से खिसक गया। जब अन्य सभी भूत वहां पहुंचे, तो उन्होंने दोनों साथियों से **लेंग** के बारे में पूछा। अपनी पराजय की बात छिपाने के लिए दोनों ने अनभिज्ञता प्रकट की।

अब सभी भूत **लोङ्काइया** की खोज में निकल पड़े। उधर, **लेंग** जमीन में बनी एक सुंरग में घुस गया जिसमें ढोल, छड़ी, कंघा, खारापानी और तेल जैसी उपयोग की वस्तुएं रखी थीं। इससे अनभिज्ञ कि **लेंग** उसी सुरंग में छिपा है, वे लेंग को ढूढ़ने के लिए अगली रणनीति पर विचार करने लगे। उनमें से एक सुरंग की तलाशी लेना चाहता था। उसने सुझाव दिया कि कमर में रस्सी बांधकर उसे सुरंग में उतारा जाए। जब वह चलने-फिरने लगे, तो उसे बाहर खींच लिया जाए। इस प्रस्ताव पर सभी सहमत हो गए। इस तरह उनमें से एक सुरंग में उतरा। **लेंग** ने उसके मुंह को बुरी तरह खुरच दिया और राख मिला खारा पानी और तेल उसके चहेरे पर छिड़क दी। भूत दर्द से बिलबिलाने लगा। बाहर आने पर सभी ने जब उस साथी के चेहरे पर खरोंचें देखीं तो वे चिल्ला उठे, "**लेंग** के तो काफी बड़े दांत हैं। हम उसे यूं हरा नहीं सकते।"

अब दूसरे भूत ने सुरंग में उतरने का साहस बटोरा। इस बार **लेंग** भी पूरी ताकत से ढोल बजाने लगा। भूत ने महसूस किया कि सारे पहाड़ हिल रहे हैं और गुफा का दरवाजा कभी भी बंद हो सकता है। घबराकर वह बाहर निकल आया और साथियों को पहाड़ हिलने की भयानक आवाज के बारे में बताया। ढोल की आवाज भी माहौल को भयानक बना रही थी। सभी भूत इतने डर गए कि उन्होंने फौरन वह स्थान छोड़ दिया। भूतों के जाने के बाद **लोङ्काइया** सुरंग से बाहर आया और उसने स्वयं को पूरी तरह सुरक्षित महसूस किया। इसके बाद वह सामान्य जीवन व्यतीत करने लगा।

गोत्र/रीति-रिवाज/रस्में

आदि (अरुणाचल प्रदेश)

पशु-बलि का आरंभ

प्रस्तुति : **वीरेंद्र सिंह**

प्राचीनकाल में मनुष्य और जानवर अलग-अलग रहते थे लेकिन उनके रहन-सहन में कोई अंतर नहीं था। बीमार होने पर मनुष्य और जानवर एक ही दवा का प्रयोग करते थे। उस समय की औषधि जादू जैसा असर करती थी। औषधि के प्रभाव से मृत प्राणी भी जीवित हो जाते थे। इसलिए जानवरों और मनुष्यों की मृत्यु नहीं होती थी। परिणामस्वरूप धरती पर जानवरों और मनुष्यों की संख्या बढ़ने लगी। अधिक मनुष्यों के लिए अधिक अन्न चाहिए। इसलिए खेती की जमीन बढ़ती जा रही थी और उसी अनुपात में चारावाली जमीन घटती जा रही थी। जानवरों के लिए घास और चारे का अभाव होने लगा। इसलिए जानवर मानव की फसलों को खाने लगे। मानव ने जानवरों को रोका लेकिन जानवरों ने उस पर कोई ध्यान नहीं दिया। मानव के सम्मुख अन्नाभाव की समस्या उत्पन्न हो गई। निराश होकर सभी मनुष्य वैद्यराज के पास पहुंचे। वैद्यराज जानवरों पर बहुत नाराज हुए और उन्होंने फैसला किया कि अब से जानवरों का न तो इलाज करेंगे और न ही दवा देंगे। जानवर दवा और इलाज के अभाव में मरने लगे और मनुष्यों की संख्या में निरंतर वृद्धि होने लगी। सभी जानवर क्रोधित होकर बदला लेने के लिए तैयार हो गए। सभी जानवरों ने फैसला किया कि मानव के इलाज में काम आनेवाली औषधियों को नष्ट कर दिया जाए। जानवरों ने सभी प्रकार की वनौषधियों, जड़ी-बूटियों और लताओं को रौंद दिया। दवा के अभाव में मनुष्यों की चिकित्सा करना संभव नहीं था। इसलिए मनुष्य मरने लगे। वैद्यराज दवाओं के अभाव में मनुष्यों की चिकित्सा करने में असमर्थ थे। इसी निराशा में उन्होंने आत्महत्या कर ली। उनकी मृत्यु के बाद मनुष्यों ने एकमत से यह निर्णय लिया कि वनौषधियों को खाकर जानवर अमर हो गये हैं, इसलिए हम लोग जानवरों को मारकर उनका मांस बीमार मनुष्यों को खिलाएं, तो वे स्वस्थ हो सकते हैं। उसके बाद जब भी कोई व्यक्ति बीमार पड़ता, तो जानवरों को मारकर उसका मांस उसे दिया जाता था। उसी समय से पशुबलि की प्रथा आरंभ हुई।

आदि (अरुणाचल प्रदेश)

नामसंग : पर्वतों की पूजा

प्रस्तुति : **वीरेंद्र सिंह**

प्राचीनकाल में नागा जनजाति के लोग जिस पर्वत पर निवास करते थे उसका नाम **'मुनुम'** था। उस पहाड़ पर लगभग एक हजार आदिवासियों के घर थे। वे लोग खेती करते थे और खुशी-खुशी अपना जीवन व्यतीत करते थे। कृषि कार्य से अवकाश मिलने पर वे नाचते-गाते एवं 'जु' (चावल से बना एक पेय) पीते थे। वे लोग उत्सव-प्रिय थे। वे लोग केवल उत्सव मनाना जानते थे। किसी देवी-देवता की सत्ता में उनका विश्वास नहीं था और न ही वे नाच-गाने में अपना समय व्यतीत करते थे। सुख-दुख भी उनके लिए अपरिचित था। सभी आनंदपूर्वक तनावमुक्त जीवन जीते थे। उन्हें कोई कष्ट नहीं था। एक दिन वहां के निवासियों ने पर्वत के पीछे से गड़गड़ाहट की भयानक आवाज सुनी। सभी लोग भयाक्रांत हो गए। आवाज तीव्र से तीव्रतर होती जा रही थी। पहाड़ भी कांपने लगा और आकाश काले-काले बादलों से आच्छादित हो गया। थोड़ी देर के बाद मूसलाधार वर्षा होने लगी और फिर ओलावृष्टि भी आरंभ हो गई। सभी लोग भयभीत हो गए। उन्हें अपनी जान बचाने का कोई रास्ता दिखाई नहीं दे रहा था।

पिछली रात को उस गांव के एक वृद्ध व्यक्ति ने स्वप्न देखा था कि एक बूढ़ा व्यक्ति उससे कह रहा है—"पर्वत देव इस गांव से गुजर रहे थे लेकिन किसी ने उन पर ध्यान नहीं दिया। लोगों ने अनजाने में उनकी उपेक्षा कर दी। अब वे बहुत क्रोधित हो गए हैं, इसलिए क्रुद्ध पर्वतदेव को प्रसन्न करने के लिए गांववासियों को उनकी पूजा करनी चाहिए और जानवरों की बलि देकर उन्हें प्रसन्न करने का प्रयत्न करना चाहिए। उन्हें अपनी भूल के लिए भी उनसे क्षमा मांगनी चाहिए।" लेकिन वृद्ध व्यक्ति ने अपने उस स्वप्न पर विश्वास नहीं किया, इसलिए उसने किसी को यह बात नहीं बताई। अब जब पहाड़ कांपने लगा और जलवृष्टि और ओलावृष्टि से लोगों में हाहाकार मच गया, तब उस वृद्ध ने अपनी स्वप्न-कथा ग्रामवासियों को सुनाई। लेकिन किसी ने उसकी बातों पर ध्यान नहीं दिया। उन लोगों ने नाच-गाने का आयोज़न इस आशा के साथ किया कि वे ऐसा करके अपने आप को बचा सकते हैं। पर सब व्यर्थ हो गया। प्राकृतिक प्रकोप और बढ़ गया, जिसके नीचे अनेक घर दब गए और उन घरों में रहनेवाले स्त्री-पुरुष भी

असमय ही अपनी जान गंवा बैठे। उसके बाद ग्रामवासियों ने सूअर और मुर्गे की बलि दी तथा पर्वतदेव की पूजा-अर्चना की। उन लोगों में ज्यों ही अपनी पूजा-अर्चना आरंभ की त्यों ही पर्वत का कांपना और धंसना बंद हो गया। कुछ देर बाद जलवृष्टि और ओलावृष्टि भी थम गई। लोगों ने नई आशा का संचार हुआ और पर्वतदेव के प्रति भक्ति-भावना का बीजारोपण हुआ। उसी समय से लोग सूअर, मुर्गे आदि जानवरों की बलि देकर पर्वतदेव की पूजा-अर्चना करते हैं और अपनी सुख-समृद्धि तथा शांति के लिए उनकी प्रार्थना करते हैं। आज भी उत्तर-पूर्वी भारत की अनेक जनजातियां पर्वतदेव की पूजा करती हैं।

बोडो (असम)

खेराई पूजा का आरंभ

प्रस्तुति : **फुकन चंद्र बसुमतारी**
अनुवाद : **रमणिका गुप्ता**

एक समय की बात है **जारा फाग्ला** नामक एक बूढ़ा था। लोग मजाक से उसे पगला कहते थे। उसके पांच सयाने बेटे थे। समय आने पर उन पांचों की शादी हो गईं। इससे परिवार का आकार बहुत ज्यादा बढ़ गया और बूढ़े को परिवार चलाने में कठिनाई होने लगी। उसका संचित अन्न भंडार समाप्त हो गया। इसलिए एक दिन बूढ़े ने अपने बेटों से किसी उर्वर भूमि की खोजकर वहीं खेत बनाने को कहा। उसके बेटे पिता की आज्ञानुसार घर से दूर ऐसी जमीनें तलाश कर खेती करने लगे। बूढ़ा अपने मूल स्थान पर ही अपने परिवार और बहुओं की देखभाल में लगा रहा। बहुओं को वह बहुत मानता था, जैसा कि हर घर के बूढ़े बुजुर्ग करते हैं पर **मोंगली** नामक सबसे छोटी बहू के प्रति उसका विशेष स्नेह था (दूसरी कथा के अनुसार मोंगली सबसे बड़ी बहू थी)। **मोंगली** न केवल अत्यधिक सुंदर थी बल्कि घरेलू कार्यों में दक्ष भी थी। बूढ़ा चाहता था कि **मोंगली** उसके सान्निध्य में रहे। वह क्या कर रही है, क्या खा रही है, वह सबका खूब ध्यान रखता। बूढ़े के इस अति स्निग्ध व्यवहार से **मोंगली** के मन में उसके इरादों को लेकर दुःशंका जन्मी। आखिर एक दिन भोर-भिनसरे वह घर से भाग निकली। बूढ़ा उसकी खोज में जगह-जगह की खाक छानता फिरा। उसे अपने आराम, भोजन, कपड़े लत्ते और स्वास्थ्य की भी सुध नहीं रही। लोग उसे पगला कहने लगे। कई दिनों बाद बूढ़े ने एक सपना देखा। सपने में एक बुजुर्ग से व्यक्ति ने उसे 'खाम' (ढोल), 'सेर्जा' (तारयुक्त वाद्ययंत्र), 'सिफुंग' (बांसुरी) और थाल, झांझ, मंजीरा बजा कर 'खेराइ' पूजा करने को कहा। बूढ़ा अपने पांचों पुत्रों के पास गया और पूर्णिमा की रात को विशाल धार्मिक पूजा आयोजित की। ढोल बाजे की आवाज के साथ ही एक स्त्री प्रकट हुई और **दौदिनी** के रूप में नृत्य करने लगी। यही स्त्री वस्तुतः **मोंगली** थी। 'खेराइ' पूजा की उत्पत्ति की कथा यही है। 'खेराइ' पूजा संपन्न करानेवाले बूढ़े का नाम **मोनसिंग सिंग ब्राय** था, जबकि सपने में आए बुजुर्ग का नाम **बाथौ ब्राय** था।

बोडो (असम)

बाइखो पूजा

प्रस्तुति : **फुकन चंद्र बसुमतारी**
अनुवाद : **रमणिका गुप्ता**

लॉद्रांग पहाड़ी के निकट बसे एक गांव में एक दृष्टिहीन बूढ़ा रहता था। उसका नाम था **फेल्ला**। उसका एक प्यारा बेटा और दो बेटियां थीं। एक दिन उसका पुत्र धान के खेत में गया, जबकि बेटियां जलावन जुटाने जंगल चली गईं। वे देर तक इधर-उधर लकड़ियां तलाश करती रहीं। छोटी लड़की जल्द ही थक गई और उसे बड़े जोर की प्यास लगीं। बड़ी बेटी पानी ढूढ़ते-ढूढ़ते एक तालाब के पास पहुंची। वहां से उसने पीने के लिए पर्याप्त मात्रा में पानी पिया। प्यास बुझाने के बाद वे **सब** तालाब के किनारे ही आराम करने लगीं। अचानक तालाब के पास उन्हें **रौ** मछली दिखाई दी। छोटी वाली लड़की ने निकट जाकर मछली को पकड़ लिया और **ओक्सि वृक्ष** की पत्तियों में उसे लपेटकर रख दिया। जल्दी-जल्दी घर लौटकर उन्होंने अपने पिता को मछली देखने को कहा लेकिन बूढ़े को पत्तियों में एक ढेले के सिवा कुछ न मिला। इस अद्‌भुत घटना ने उन्हें अचरज में डाल दिया। इस दैवीय घटना से वे सब गहरी सोच में पड़ गए। बूढ़े ने बहुत सोचने के पश्चात बेटियों से उस पत्थर को अन्नागार के एक साफ-सुथरे पवित्र कोने में रखने को कहा क्योंकि यह दैवी कृपा से उन्हें प्राप्त हुआ था। बेटियों ने पिता की आज्ञा का पालन किया और इसे **बाइखो** नाम देकर उसकी पूजा-उपासना करने लगीं। गांववालों ने भी **बाइखो** को देवी स्वीकारकर उसकी पूजा शुरू कर दी। **बाइखो** पूजा के आंरभ की यही है कहानी।

खासी (मेघालय)

पान खिलाने की प्रथा का आरंभ

प्रस्तुति : **बिजोया सावियान**
अनुवाद : **अकील कैस**

खासी लोग चाहे अमीर हों या गरीब अपने घर आनेवाले मेहमान का **कवाई** यानी पान से स्वागत करते हैं। वास्तव में अतिथि-सत्कार के लिए कुछ और देना जरूरी भी नहीं होता। अलबत्ता मेहमान कुछ और फरमाइश करे या कोई अन्य विशेष अवसर हो, तो दूसरी बात है।

बहुत समय पूर्व किसी गांव में दो मित्र रहते थे। एक का नाम **यू रियुभा** था। वह धनी था। दूसरे का नाम था **यू बडुक**। वह धनहीन था। उनकी भिन्न सामाजिक पृष्ठभूमि से उनकी मित्रता या उनके प्रेम में लेशमात्र भी कमी नहीं आती थी। वे साथ-साथ रहते और घंटों पहाड़ी से निकली नदियों में तैरते और गुलेल से चिड़ियों का आखेट करते। वे शांत वनों में इधर-उधर विचरण करने और प्रकृति के असीम सौंदर्य को निहारने में समय बिताते।

समय गुजरा। वे जवान हुए और फिर उनकी शादी भी हो गई। **यू रियुभा** ने गांव की ही एक लड़की से ब्याह कर लिया। पर **यू बडुक** ने पड़ोस के एक गांव में शादी की और उसी गांव में बस गया।

अलग हो जाने और गृहस्थी की नई जिम्मेदारियों के बावजूद दोनों की घनिष्ठता बनी रही। **यू बडुक** अक्सर अपने गांव वापस चला जाता और कुछ दिन अपने बचपन के मित्र के साथ गुजार आता। पर **यू रियुभा** इसका बदला चुकाने में असमर्थ रहता। वह अपने व्यापार धंधे में ही व्यस्त रहता।

एक दिन **यू बडुक** को उसकी पत्नी ने ताने देते हुए कहा—

"लगता है तुम्हारा अमीर मित्र तुम्हारी कल्पना की उपज-भर है। यदि वास्तव में तुम्हारा ऐसा कोई मित्र होता, तो वह हमारे घर एक बार भी घूमने-मिलने तो जरूर आता। तुम अपना मान बढ़ाने के लिए ही उसकी झूठी कहानियां मुझे सुनाते रहते हो।"

अपनी पत्नी की लांछनाओं से **यू बडुक** इतना आहत और दुःखी हुआ कि अगली सुबह ही वह अपने मित्र के घर रवाना हो गया। दोस्त की बात सुन अपराध-भाव तथा लज्जा से उद्विग्न **यू रियुभा** ने मित्र की शिकायत दूर करने का निश्चय किया।

"प्यारे दोस्त, तुम तुरंत अपने घर लौट जाओ और अपनी पत्नी तक मेरी क्षमा-याचना

पहुंचाओ। उससे कहना कि मैं कल तक तुम्हारे यहां निश्चित रूप से पहुंच रहा हूं।" **यू रियुभा** ने अपने मित्र से कहा।

इस आश्वासन से **यू बड्डक** का मन गद्‌गद हो गया। तुरंत घर लौटकर उसने पत्नी को यह सुखद संदेश सुनाया।

उसकी पत्नी आह्लादित होकर बोली–

"फिर तो हम उसे कढ़ी-भात की शानदार दावत देंगे। आखिर वह हमारे यहां पहली बार आ रहे हैं । पर क्या तुम्हें पता है कि घर में न तो मछली है और न पैसा। हे ईश्वर, हम यह सब कैसे कर पाएंगे?" दुश्चिंता ने उसे विह्वल कर दिया था।

यू बड्डक ने अपनी चिंता छिपाते हुए कहा–

"तुम बिल्कुल फिक्र न करो। जाओ मेरे दोस्तों के घर जाकर पूछो। वे हमें कुछ सूखी मछलियां दे सकते हैं।" बड़ा शानदार खाना रहेगा। तुम तनिक भी चिंता मत करो। गांव का कोई-न-कोई साथी हमें उपकृत करेगा ही।

उसका अनुमान गलत सिद्ध हुआ। कई घंटे दर-दर भटकने के पश्चात् उसकी पत्नी खाली हाथ और निराश लौटी। हर घर में बस इतनी ही मछली या मांस उपलब्ध था, जिससे वे अगले **इयूडूह** यानी बड़े बाजार के दिन तक अपना गुजारा कर सकते थे।

"नहीं, ऐसा नहीं हो सकता।" गहन निराशा में **यू बड्डक** बोल उठा–

"जरा सोचो, मेरा अभिन्न दोस्त पहली बार हमारे यहां आएगा और हमारे पास उसका सत्कार करने को कुछ भी नहीं है। मैं उसको क्या मुंह दिखाऊंगा?"

दुःख और उत्तेजना के आवेग में उसने रसोईघर से चाकू लेकर अपने पेट को चीर डाला और अपनी जान दे दी। उसकी पत्नी यह देख अचंभित रह गई और विवशता के भाव से अभिभूत उसने भी उसी चाकू से अपने भी प्राण ले लिए।

संयोगवश उस रात पड़ोस में छिपा एक चोर वहां आया और **यू बडूक** के अंधकारमय और निर्जन प्रतीत होनेवाले घर में शरण लेने का निश्चय किया। घंटों इधर-उधर भटकने से क्लांत चोर को लेटते ही गहरी नींद आ गई। अगले दिन पौ फूटने के समय उसकी आंख खुली। वह घर से बाहर भागने को ही था कि उसकी नज़र दो रक्तरंजित शवों पर पड़ी। चूंकि बाहर लोगों की चहल-पहल शुरू हो चुकी थी, वह जानता था कि उसे लोग घर से बाहर निकलते देख ही लेंगे और तब उसे ही हत्यारा मानेंगे। उसके निर्दोष होने की उसकी दलील कोई भी नहीं सुनेगा। इस संकट से निकलने का एक ही रास्ता उसे सूझा। उसने भी उसी छुरे से अपना काम तमाम कर डाला।

विगत रात को घटी इन घटनाओं से अनजान **यू रियुभा** मन में अपने बचपन के मित्र के घर आने का वादा पूरा करने कुछ घंटे बाद ही वहां आ पहुंचा। पर यहां तो घर में सन्नाटा व्याप रहा था। उसने कई बार आवाज लगाई लेकिन उसे कोई जवाब नहीं मिला। वातावरण में व्याप्त विचित्र स्तब्धता से आतंकित उसका मन भी कांप उठा। घर

में प्रवेश करने पर उसने जो भयंकर हृदय-विदारक दृश्य देखा, तो तीव्र वेदना से चीखता हुआ वह घर से बाहर निकल पड़ा।

उसकी चीत्कार सुन पड़ोस का एक आदमी घबराया हुआ उसके पास दौड़ा आया। घर में रक्त सने तीन शवों को देख उसने **यू बड्डक** की पिछली रात के धर्मसंकट की बात **यू रियुभा** को बताई। पूरी कहानी सुनकर उसे लगा की इस दारुण त्रासदी के लिए वह ही जिम्मेदार है। आखिर उसने भी स्वयं को छूरा घोंप लिया और प्राण त्याग दिए।

यू ब्लेई ने इस घटना से दुखित हो इस समस्या का स्थायी समाधान करने का निश्चय किया। तीन दिन बाद वहां तीन पौधे उगे। इन पौधों को तब तक किसी ने देखा नहीं था। ये सुपारी, पान तथा तंबाकू के पौधे थे। **यू ब्लेई** ने तब सभी को बता दिया कि अब हर मेजबान–चाहे वह धनी हो या निर्धन–अपने मेहमान को सुपारी, तंबाकू तथा चूने के साथ पान जरूर खिलायेगा।

नोट : यू ब्लेई–सर्वशक्तिमान सृष्टा

खासी (मेघालय)

झोपड़ी में मृत्यु

(सुपारी, पान के पत्ते, चूना और तंबाकू की कहानी)

प्रस्तुति : **किनफामसिं नोंगकिनरिह**

अनुवाद : **रमणिका गुप्ता**

यह मित्रता की कहानी है, बड़ी उम्दा किस्म की दोस्ती की। दो ऐसे मित्रों की कहानी जो एक-दूसरे की भावनाओं को चोट पहुंचाने की अपेक्षा मर जाना पसंद करते हैं। ये घटनाएं तब की हैं जब अमीर और गरीब के बीच इतना भेदभाव नहीं था। **रंगजिरविट** नामक एक छोटे-से गांव में दो महान मित्र रहते थे। एक **यू-निक** महाजन जो धनी सौदागर था और दूसरा **यू-शिंग रैतोई** जो गरीब था, पत्नी **का-लक** (व्यंग्यार्थ प्रचुरधन) के साथ रहता था।

वर्तमान कसौटी पर दोनों मित्रों के बीच का स्नेह अनोखा था। भौतिक संपत्ति की दृष्टि से दोनों में कोई समानता नहीं थी। एक तरफ **निक** महाजन के पास किसी चीज की कमी नहीं थी, तो दूसरी ओर **शिंग रैतोई** नितांत मजदूर था, जिसे रोजाना एक मुट्ठी चावल के लिए लकड़ी काटने व पत्थर तोड़ने के अलावा तरह-तरह के कार्य करने पड़ते थे। लेकिन उसका सौदागर दोस्त उसे कभी घृणा की दृष्टि से नहीं देखता, बल्कि आदर-सम्मान देता और वैसा ही व्यवहार करता, जैसा बराबर की हैसियतवालों के साथ किया जाता है। वह अक्सर उसे अपने घर बुलाता और जब **शिंग** वहां पहुंचता तो महाजन उसे कभी खाली हाथ नहीं लौटने देता। घर ले जाने के लिए कुछ-न-कुछ उसे जरूर देता था। गरीब होते हुए भी **शिंग** लालची नहीं था। वह कितनी भी दृढ़ता से उपहार लेने से मना करता, पर निक उसकी एक न सुनता था।

यह सिलसिला काफी दिनों तक चलता रहा। बेचारे **शिंग** को यह दान-दक्षिणा सालती भी रही। उसे लगता कि सारी चीजें एकतरफा चल रही हैं। हर बार जब वह दोस्त के घर से लौटता तो पत्नी के साथ चर्चा करता कि किस तरह दोस्त की सहृदयता का एहसान चुकाया जाए। अंततः दोनों ने घर के खालीपन और सामग्री की नगण्यता के बावजूद संकोच ताक पर रख **निक** को अपने घर बुलाने का निश्चय किया। निर्णय लेने के बाद एक दिन वह अपने मित्र के घर गया और कहने लगा—"मेरे प्यारे **निक**, मैं तुम्हारे यहां बार-बार आता रहा हूं, पर मेरे घर ने कभी

तुम्हारी छाया तक नहीं देखी है। क्या तुम मेरे घर नहीं आ सकते या तुम्हें मेरी दरिद्रता नहीं सुहाती?"

"ऐसा क्यों कह रहे हो दोस्त **शिंग**? मैं तो हमेशा यह देखने के लिए कि तुम अपना खाली समय कैसे बिताते हो, तुम्हारे घर जाने की सोचता हूं। मुझे तुम्हारे साथ खाना खाने की भी इच्छा है।"

"अगर तुम ऐसा महसूस करते हो तो इन्हीं दिनों तुम मेरी कुटिया पर पधारो। आशा करता हूं कि तुम्हें इससे कोई फर्क नहीं पड़ेगा, अगर हम तुम्हें थाली में केवल चावल और नमक ही परोस पाएं।"

शिंग की विनम्र बातें सुनकर **निक** ने कहा—

"नहीं मेरे दोस्त, जब हृदय में शांति हो, तो सब कुछ मीठा और स्वादिष्ट लगता है।"

शिंग दोस्त के आश्वासन से इतना खुश हुआ कि उसके आने की तारीख तय कराने की सुध भी उसे नहीं रही। काश! अगर वह ऐसी भूल न करता तो उसके जीवन में वह त्रासद घटना घटती ही नहीं।

उस दिन की मुलाकात के कुछ ही दिनों बाद **निक** महाजन पहली बार **शिंग** के घर आया। **शिंग** और उसकी पत्नी **निक** के सौहार्द से बहुत प्रसन्न थे। अपने सच्चे मित्र का दोनों ने हार्दिक स्वागत किया। संक्षिप्त हास-परिहास के बाद **शिंग** की पत्नी **लाक** दोनों दोस्तों को ढंग से आनंद मनाने के लिए छोड़कर रसोईघर में भोजन का इंतजाम करने चली गई।

अपने मित्र के पहले-पहल आगमन से गौरवान्वित **शिंग** ने सोचा, घर में जो भी उपलब्ध हो, उसी से मित्र का सत्कार करना उचित होगा। कुछ पलों की मोहलत लेकर वह रसोईघर में गया और पत्नी से कुछ तैयार करने को कहा ताकि सभी साथ-साथ भोजन कर सकें। वह निश्चय कर चुका था कि मित्र को खिलाए बिना जाने नहीं देगा ताकि मित्र उसे स्वार्थी न समझे।

रसोईघर में आकर उसे बहुत ही क्षोभ और निराशा हुई जब पत्नी ने बताया—

"खाने को कुछ भी नहीं है, एक व्यक्ति के लायक चावल तक नहीं। क्या करे वह? उसका मित्र पहली बार आया है और वह उसके लिए साधारण भोजन का प्रबंध भी न कर सका! कितनी लज्जा की बात है, कितनी विकट स्थिति है!" उसने सोचा।

इस पर उसने अपनी पत्नी से कहा—

"पड़ोसियों के घर जाओ और थोड़ा चावल उधार मांग लाओ ताकि इज्जत बच जाए। उनसे कहो कि केवल एक बार चावल पकाना है, बस यही हमारी जरूरत है।"

विश्वास से भरी **लाक** चावल के लिए गांव भर घूमती रही, पर सभी उसी की तरह खाली साबित हुए या फिर उन्हें विश्वास नहीं हुआ कि दिया हुआ चावल कभी

वापस भी हो सकता है, क्योंकि वे सभी स्वयं जरूरतमंद थे। **लाक** खिन्न मन से घर लौट आई और उसने पति को बताया कि उसका जाना कितना निराशाजनक व असंभव साबित हुआ। यह सब सुनकर वह स्वयं को अपमानजनक स्थिति में पा रहा था। वह दूसरे कमरे में अकेले पड़े मित्र के पास जाने में भी असमर्थ था। तभी **शिंग** ने पास में ही लटक रही कटार को झपटकर उठा लिया और यह कहते हुए कि 'ऐसी अपमानजनक स्थिति में जीने से मर जाना ही बेहतर है।' उसने कटार अपनी छाती में घोंप ली और दूसरे ही पल उसके प्राण-पखेरू उड़ गए।

लाक जो अपने प्रियतम के नैराश्यपूर्ण कृत्य और अपने अविचलित पड़ोसियों के द्वार पीटने की तरह पति की मृत्यु की मूक साक्षी थी, धीरे-धीरे चेतना में लौट आई। वह अपने जीवन के बारे में सोचने लगी–

"कितना कठोर क्लेश और अभाव में मेरा संपूर्ण अस्तित्व घिरा रहा है! और अब, जबकि मेरा विश्वस्त जीवन-साथी भी मुझे छोड़ गया है, तो अब जीने लायक बचा ही क्या है? मैं अकेले इस पीड़ादायक, क्लेशमय, लज्जाजनक और अपमानजनक अधम संसार में रहकर क्या करूंगी?"...और यही कहते हुए उसने उसी कटार से अपने को खत्म कर लिया।

यह भयानक घटना जिस समय खासी घरों के अति पवित्र स्थल रसोईघर में घटित हो रही थी, **निक** महाजन दोस्त के घर में अकेला बैठा हुआ अधीर और बेचैन हो रहा था। वह समझ नहीं पा रहा था कि उसका अच्छा मित्र उसे अकेला छोड़कर अचानक कहां गायब हो गया। यह उसके स्वभाव के विरुद्ध था और खासी आचार के अनुसार भी कतई शिष्ट व्यवहार नहीं था। वास्तव में, किसी अतिथि का इस तरह तिरस्कार करना सर्वथा अपमानजनक था। लेकिन **निक** अपने दोस्त को अच्छी तरह जानता था और बिना आदि-अंत जाने वह उसके आचरण की भर्त्सना करना नहीं चाहता था। वह खुद यह देखने के लिए कि रसोईघर में क्या हो रहा है, दृढ़ता से उठ खड़ा हुआ। भीतर जाकर उसने देखा कि मित्र **शिंग** और उसकी पत्नी **लाक** के मृत शरीर पड़े हैं और समूचे घर में खून पसरा है। निक अवाक् रह गया। एक साथ इतना सुखद समय बिताने के बाद ऐसा क्या हुआ कि उसके मित्र ने अपने प्राण गंवाने की ठान ली? उसे इसमें कोई संदेह नहीं हुआ कि दोनों ने खुद अपनी जान ली है। तमाम साक्ष्य इसी ओर इंगित करते थे। लेकिन कारण? क्या कारण हो सकता है! बिल्कुल खाली कमरा और खून से रंगे फर्श के निरीक्षण के बाद, उसने अंगीठी पर चढ़े बर्तन में उबाल देखा, जिसमें पानी के अलावा कुछ नहीं था। "ओह!" वह चिल्लाया, "हे मेरे सृष्टिकर्ता! मेरे रक्षक! अब मैं समझ रहा हूं। पर क्यों मेरे दोस्त, क्यों? क्योंकि तुम मुझे खिला न सके...तुमने अपना खून बहा दिया! मैंने तुमसे प्रेम के अलावा किसी चीज की अपेक्षा नहीं की थी। अब मेरे लिए इस धन-दौलत का क्या काम? मैंने अपनी

सबसे बड़ी दौलत खो दी है, मुझे भी अपने साथ मरने दो!'' इतना कहने के साथ उसने भी कटार उठाकर अपने सीने में घोंप ली और उसी जगह ढेर हो गया।

शिंग के घर में छाई मुर्दनी से बेखबर सूरज के दूत मुर्गे ने रात के चौथे पहर का पहला बिगुल फूंका और सुबह के आगमन की सूचना दी। इस बिगुल ने इधर-उधर लुकते-छिपते एक चोर को तो डरा ही दिया। सारी रात वह नजदीक के एक गांव से खदेड़नेवालों से बचने के लिए भागता रहा था। यह खुला पड़ा घर जो कुछ समय पहले तक दो निर्धन किंतु अनुरागी आत्माओं का निवास था, अब वीरान हो चला था। चोर यह समझकर कि यह त्यागा हुआ घर है, इसमें छुपने और विश्राम के लिए घुस गया। वह इतना थक गया था कि इच्छा के विरुद्ध उसकी आंखें मुंदी जा रही थीं। आंखें झपकाते हुए उसने इधर-उधर देखा और सोचा कि अब वह दंड से निश्चित ही बच गया है। लेकिन जब उसकी नजर तीन शवों और फैले खून पर पड़ी तो वह उछल पड़ा। मानो किसी सांप ने उसे डस लिया हो। अपने युवा जीवन में उसने पहली बार अपनी मां को पुकारा—''मां, यह मेरे लिए कैसा प्रलय है! बाघ के मुंह से निकलकर **ऊथ्लेन** (मनुष्य-भक्षी सांप) के जबड़ों में! यदि यहां लोगों ने मुझे खोज निकाला और इस दशा में यहां देखा तो वे मुझे केवल चोर ही नहीं, हत्यारा भी समझेंगे। खून का प्यासा। मैं क्या करूं? ओह! जिसकी आत्मा काली है, उसके जीवन में शांति नहीं है!''

अपने भाग्य को कोसते-कोसते उसने अपनी हालत पर गंभीरता से सोचना शुरू किया। वह जानता था कि पकड़े जाने पर क्या होना है। पहले तीन जगहों पर सिर की मुंड़ाई। फिर गांव-भर में परेड। पीछे-पीछे डंके की चोट के साथ भीड़ चलेगी यह बताने के लिए कि यह हत्यारा है और अंत में फांसी! इतनी दुर्गति के बाद मृत्यु और वह भी बिना अपराध के! उसने सोचा—'मैं इसके विपरीत निर्दोष और इज्जत के साथ मृत्यु का वरण करना चाहूंगा, इन्हीं अभागे दंपति के साथ।' और उसने तत्क्षण उसी कटार को उठाकर अपने चौर-जीवन का सदा के लिए अंत कर लिया।

जब गांववालों को इस भयानक हादसे की जानकारी हुई, तो वे द्रवित हो उठे। उन्होंने सोचा, ऐसी ही त्रासद घटना उन लोगों के साथ भी घटित हो सकती है, जो अपने भाग्यशाली पड़ोसियों का ऋण चुकता नहीं कर सकते। उन लोगों ने पूरे गांव की एक सभा बुलाई और सृष्टिकर्ता से प्रार्थना की कि आपस में हंसी-खुशी और उपहारों के आदान-प्रदान का कोई नया तरीका सुझाएं। साथ ही चावल के बदले आसानी से प्राप्त होनेवाले भोज्य पदार्थों की रचना करें, ताकि किसी गरीब को अतिथि के सत्कार के अवसर पर आत्महत्या न करनी पड़े।

न्यायप्रिय और दयालु **यू ब्लेई** ने प्रकृति को आदेश दिया कि ये चारों शव सुपारी का पेड़, पान का बिरवा, चूना और तंबाकू बन जाएं ताकि चावल और चाय के बिना

भी लोग अतिथि का सत्कार, इन चारों पदार्थों से कर सकें। तभी से खासियों में **क्वाई** यानी पान, सुपारी, चूना और तंबाकू के आदान-प्रदान का रिवाज शुरू हुआ। **निक** जो धनी था, सुपारी में रूपांतरित हुआ। **शिंग रैतोई** और उसकी पत्नी **लाक** क्रमशः पान के पत्ते और चूना बन गए, जो साथ-साथ लिए जाते हैं तथा **चोर** तंबाकू में बदल गया जिसे लोग मुंह के एक कोने में दबाकर रखते हैं, जैसे चोरी का सामान छिपाकर रखा जा रहा हो।

आपातानी (अरुणाचल प्रदेश)

क्वाई-तम्पौव (पानकथा)

प्रस्तुति : **फिल्मिका**

बहुत समय पहले की बात है। एक गांव में दो दोस्त रहते थे, जो एक-दूसरे पर जान न्यौछावर करते थे। दोनों में से एक बहुत अमीर था और दूसरा बहुत ही गरीब। गरीब दोस्त अक्सर अमीर दोस्त के यहां जाता था और जब भी जाता उसकी बहुत अच्छी खातिरदारी की जाती थी।

एक दिन उसने अपने अमीर दोस्त से कहा—"दोस्त, मैं ही तुम्हारे घर आता रहता हूं पर तुम कभी मेरे घर नहीं आते।" अमीर दोस्त ने कहा—"हां दोस्त, मैं कभी तुम्हारे घर नहीं आया क्योंकि मैं हमेशा कामों में व्यस्त रहा, फिर भी इस सप्ताह मैं तुम्हारे घर अवश्य आऊंगा।"

कुछ दिनों बाद अमीर दोस्त अपने दोस्त के घर आया। अपने अमीर दोस्त को अपने छोटे से घर में देखकर वह फूला न समाया। उसने हृदय से उसका स्वागत किया। उसके घर में खाने को कुछ न था। इसलिए उसने धीरे से अपनी पत्नी के कानों में कहा—"जाओ, जाकर किसी दुकानदार से थोड़ा चावल और कुछ खाने का सामान उधार ले आओ ताकि हम अपने दोस्त की खातिरदारी कर सकें।"

उसकी पत्नी चली गई परंतु थोड़ी देर में खाली हाथ लौट आई। पत्नी को खाली हाथ देखकर उसका पति समझ गया कि उस जैसे गरीब को किसी ने उधार नहीं दिया। वह अपने भाग्य को कोसने लगा। वह सोचने लगा —"जिस दोस्त के घर से मैं हमेशा खा-पीकर लौटता हूं, उस दोस्त को मैं कुछ न खिला सका।" वह स्वयं को धिक्कारने लगा। उसने सोचा कि उसके जैसे दुर्भाग्यशाली आदमी का इस दुनिया में जिंदा रहना व्यर्थ है। उसका मर जाना ही बेहतर है।" यह सोचकर उसने रसोई में रखी छुरी उठाई और अपने सीने में भोंक ली। जब उसकी पत्नी ने देखा कि उसके पति ने छुरी मारकर अपनी जान दे दी, तो उसने भी अपना जीवन अनावश्यक समझकर उसी छुरी से स्वयं को मार डाला।

घर आए दोस्त को जब लगा कि दोनों बहुत देर तक गायब हैं, तब वह उन्हें पुकारता हुआ उनकी रसोई घर में जा पहुंचा। वहां उसने देखा कि दोनों की लाशें पड़ी हुई हैं और घर के सारे बर्तन खाली हैं। ये नजारा देखकर उसे पूरी बात समझ में आ गई। उसने सोचा—"मेरी खातिरदारी के लिए इनके पास कुछ न होने के कारण

ही, शर्म से दोनों ने अपनी जान दे दी है। मेरे कारण दोनों की जान चली गई, इसलिए मेरा भी इस दुनिया में जिंदा रहना बेकार है।'' अमीर दोस्त ने भी उसी छुरी से अपनी जान ले ली। इस प्रकार तीनों मर गए।

उसी रात एक चोर, चोरी के उद्देश्य से गांव में चारों ओर घूम रहा था और चोरी के लिए कोई सूनसान घर ढूंढ़ रहा था। वही घर उसे सूना-सा लगा। चोर उस घर में घुस गया और आग जलाई। आग की रोशनी में अपने सामने तीन-तीन लाशें पड़ी देख वह चौंक गया। वह सोच में पड़ गया—'न जाने इन लोगों के साथ क्या हुआ है? लगता है कि किसी लुटेरे ने इनकी हत्या कर इनका सारा धन लूट लिया।' यह सोचते-सोचते आग की गर्माहट के कारण उसकी आंख लग गई।

गांव में चहल-पहल से उसकी आंख खुली। वह झट से उठा लेकिन भागा नहीं। उसने सोचा—'यदि मैं यहां से निकलूंगा तो लोग मुझे हत्यारा समझकर पकड़ लेंगे और सजा भी देंगे। समाज में बदनाम होने और लोगों द्वारा थूके जाने से तो अच्छा है कि मैं भी अपनी जान दे दूं।' चोर ने भी उसी छुरी को अपने पेट में मारकर अपनी जान दे दी।

इस प्रकार चार लोगों की जानें चली गईं। ऊपर बैठा **यू ब्लेई** ये सब देख रहा था। तब उसने कहा—''आदमियों को अपने दोस्त की खातिरदारी खाने-पीने की महंगी वस्तुओं से नहीं करनी चाहिए क्योंकि गरीब आदमी ऐसा नहीं कर सकते। इसलिए मैं दोस्तों की खातिरदारी के लिए ऐसी दूसरी वस्तु बनाऊंगा जो सस्ती और सुलभ हो।' इस प्रकार उसने अमीर दोस्त रूपी सुपारी, गरीब दोस्त रूपी पान का पत्ता और पत्नी रूपी चूना बनाया। इसलिए लोग सुपारी को पहले खाते हैं और पान और चूना पति-पत्नी के रूप होने के कारण साथ लगाकर खाते हैं। चोर रूपी तंबाकू को सबसे बाद में खाते हैं क्योंकि चोर सबसे अंत में आया था।

आज भी मेघालय में घर-घर में यह रिवाज है कि लोग घर आए मेहमान को चाय-नाश्ता न दे सकने पर, पान-सुपारी से उसका स्वागत और खातिरदारी करते हैं।

प्रेम/स्नेह/ममता

खासी (मेघालय)

यू मनिक रायतांग

प्रस्तुति : **बिजोया सावियान**
अनुवाद : **अकील कैस**

पुराने जमाने की बात है। एक महान **सिएम** (खासी सरदार) था, जिसका कई राज्यों पर शासन चलता था। उसकी ऊंची हैसियत के अनुरूप ही उसकी रानी सुंदर तथा रमणीय थी। सोने का-सा रंग था उसका। मूंगे की तरह सुर्ख होंठ थे और क्षीण कटि (पतली कमर) तक लहराती केश-राशि। **सिएम** उससे अगाध प्रेम करता था।

एक दिन राजा को अपने राज्य की दूरस्थ सीमा पर जाना पड़ा। राजधर्म के निर्वाह हेतु वह बड़े भारी मन से अपनी युवा रानी से अलग हुआ।

दो लंबी और विरही शरद ऋतुएं गुजर गईं। अपने पति की प्रतीक्षा में रानी की आंखें पथरा गईं पर **सिएम** का कुछ पता न था। तीसरी शरद ऋतु जब समाप्त होने को थी, तो रानी अनिद्रा का शिकार हो गई। वह अपने कमरे में रात-भर टहलती रहती, जैसे उसे पौ फटने का इंतजार हो। वह खिड़की से आकाश के तारों को घंटों अपलक निहारती रहती।

एक रात उसके कानों में कहीं दूर से आती बांसुरी की धुन सुनाई पड़ी। बांसुरी के संगीत की यह धुन इतनी मधुर तथा हृदयस्पर्शी थी कि ठिठुरन-भरी रात होने पर भी रानी खिड़की खोलकर बाहर देखने से अपने को रोक न पाई। कई रातों तक यह सिलसिला जारी रहा। आखिर एक रात उसने अपनी उत्कंठा को दबाए रखने में खुद को असमर्थ पाया। शरीर पर गर्म दुशाला लपेटकर वह महल से बाहर निकल आई। निःशब्द रात के सन्नाटे में बांसुरी की धुन पर ध्यान लगाए वह बांसुरी की उस धुन की संगीत-लहरी के स्रोत की खोज में चल पड़ी। इस उपक्रम में वह शहर के बाहर देहात की ओर जानेवाले उस मार्ग पर आ गई, जिस पर शायद ही कोई जाता था। जब वह संगीत की ध्वनि की दिशा में चलते-चलते **मनिक रायतांग** की कुटिया के सामने आ पहुंची, तो उसके आश्चर्य का कोई ठिकाना न रहा।

यू मनिक रायतांग गांव से बहिष्कृत व्यक्ति था। अपने नाम के अनुरूप ही वह निर्धन तथा अभागा था। उसके परिवार में न तो कोई पुरुष जीवित बचा था और न ही कोई स्त्री। उसका कबीला ही समाप्त हो चुका था। किसी खासी व्यक्ति पर इससे बड़ी विपत्ति और क्या हो सकती है? असह्य वेदना को झेलता वह, शहर और

देहात में, मिट्टी-राख से पुता, चीथड़े पहने घूमता रहता। न तो वह किसी से बात करता और न लोग ही उसे मुंह लगाते।

शेष दुनिया को यह पता नहीं था कि रात होने पर वह नहाने के बाद अपनी पारंपरिक पोशाक तथा गहने पहनता है। उसके बाद अपनी कुटिया के बाहर बैठकर वह अपनी **बिसली** (बांसुरी) बजाने लगता। नीरव रात्रि-वेला में वह मधुर संगीत-रचना करता रहता। उसके मन की अथाह वेदना अपनी मर्मभेदी तीव्रता के साथ उसके संगीत में फूट पड़ती। पौ फूटने तक उसका संगीत बिखरता रहता और शहर के जागने से ठीक पहले यह क्रम रुक जाता। यही वह संगीत था—यही वह बांसुरी की धुन थी, जिसे रानी ने उन सन्नाटे-भरी बेचैन रातों में सुना था और जिसके सम्मोहन में खिंची वह आज उसके सृजक के सामने आ खड़ी हुई थी।

महादेई यानी रानी कुटिया के बाहर खड़ी मंत्रमुग्ध **यू मनिक** को देखती रही। रानी की उपस्थिति से बेखबर **यू मनिक** संगीत की लय पर थिरक रहा था। वह इतना आकर्षक, युवा तथा बलिष्ठ था कि राजसी प्रतिष्ठा की गुलाम रानी की आकांक्षा विद्रोह कर बैठी और **यू मनिक** को अपना दिल हार गई।

उसके बाद वह प्रत्येक रात वहां पहुंच जाती और भोर होने से पहले चुपके से महल में वापस चली आती। आखिर एक बार उसका संयम जवाब दे गया। रानी **यू मनिक** के समक्ष आन खड़ी हुई। बेहद सादगी और बेबाकी से रानी ने उसके सामने अपना प्रेम-निवेदन रखा और उन परिस्थितियों का भी वर्णन किया, जिसके कारण वह उसके प्रेम-पाश में बंध गई थी।

पहले तो **यू मनिक** रानी का प्रेम-प्रस्ताव सुनकर डर गया और वह रानी से गरिमाहीन बातें न करने तथा वहां से चले जाने हेतु अनुनय-विनय करने लगा लेकिन अंत में वह भी **महादेई** की दृढ़ता, उत्कट प्रेम तथा अप्रतिम सुंदरता के सामने पराजित हो गया। इस तरह उनका रात्रि-मिलन का अनवरत क्रम आरंभ हुआ, जिसमें अनुराग और संगीत साथ-साथ कुलांचें भरते। इसी तरह आनंद-भरे कई महीने बीत गए और अगला शरद निकट आ पहुंचा।

राज्य में यह संदेश फैल गया कि **सिएम** वापस आ रहे हैं। **सिएम** की सुरक्षित वापसी का शुभ समाचार मिलने पर उत्सव मनाने की तैयारियां होने लगीं। सिर्फ **महादेई** ही इस खुशी में शरीक नहीं थी। वह अपने कक्ष में भारी मन और बोझिल कदमों से किसी पिंजरे में बंद शेरनी की भांति टहलती रही। किसी को उसकी उद्विग्नता की थाह न मिली। आखिर एक रात उसने एक सुंदर शिशु को जन्म दिया।

सारे शहर को मानो सांप सूंघ गया। सारे समारोह तुरंत बंद कर दिए गए। लोग उदास और निराश मन से **सिएम** की वापसी और रान्री के मनमौजी तथा उच्छृंखल व्यवहार पर उसके फैसले की प्रतीक्षा करने लगे। **अभांग्रो** **सिएम** को उसके उद्वेलित

मंत्रियों ने राज प्रसाद में प्रवेश के समय यह अप्रिय समाचार सुनाया। टूटे दिल से **सिएम** एकांतवास में चला गया ताकि वह अपनी निराशा से उबर कर कोई सही और उचित निर्णय ले सके।

सही फैसला करने में उसे घंटों लग गए। अपनी पत्नी से उसने कई बार बच्चे के पिता के विषय में पूछा पर रानी ने मुंह नहीं खोला। आखिर एक-दो दिन के एकांतवास के बाद **सिएम** बाहर निकला और दरबार बुलाने का आदेश दिया। उसने राजधानी और पड़ोस के गांवों के सभी पुरुषों को अगली सुबह महल में इकट्ठा करने का हुक्म सुनाया। उसके आदेशानुसार प्रत्येक व्यक्ति **महादेई** के बच्चे को एक केला देगा। **सिएम** का दावा था कि बच्चा जिस व्यक्ति से केला ले लेगा, वही उसका पिता होगा।

अगले दिन राजाज्ञा के अनुसार सारे पुरुष महल में जमा हुए। **सिएम** के सिंहासन ग्रहण कर लेने पर बच्चे को दरबार के मध्य में फर्श पर चटाई बिछाकर लिटा दिया गया। कार्रवाई आरंभ हुई। घंटों तक राज्य के सभी पुरुष एक-एककर बच्चे के पास आते और उसके आगे केला बढ़ाते, पर बच्चे ने किसी से केला स्वीकार नहीं किया। वह किसी की ओर नहीं लपका। उसने किसी एक की भी सूरत तक न देखी। विशाल भीड़ दम साधे यह सब देखती रही। कुछ लोगों को लगा कि इस बार उनके बुद्धिमान और न्यायप्रिय **सिएम** का निर्णय तथा समाधान गलत सिद्ध हुआ है। सर्वशक्तिमान ने शायद इस बार **सिएम** का सही मार्गदर्शन नहीं किया है। कुछ समय बाद घबराए **सिएम** ने मंत्रियों से पूछा कि क्या कोई व्यक्ति इस सभा में बुलाने से रह तो नहीं गया।

"जी हां **पोइयेम** (खासी **सिएम** के लिए प्रयुक्त संबोधन—जिसका अर्थ है पिता) हमने **यू मनिक** को सूचना नहीं दी थी। हमने यह जरूरी नहीं समझा।" उन्होंने कहा।

"वह भी पुरुष है और मेरी प्रजा है।" **सिएम** बोला।

"उसे तुरंत बुला भेजो।"

यू मनिक अपने चीथड़ों में मिट्टी कीचड़ से सिर से पैर तक लथपथ उपस्थित हुआ। उसका सिर झुका हुआ था। वहां मौजूद कुछ लोग उसे देखकर अपनी हंसी रोक नहीं पाए। उन्होंने अपना चेहरा छुपा लिया। कुछ अन्य को इस अभागे घुमक्कड़ को देखकर इतना दुःख महसूस हुआ कि वे वहां से चले गए। **यू मनिक** सम्मोहन की-सी दशा में हाथ में केला लिए बच्चे की ओर बढ़ा। वहां उपस्थित लोगों की आंखें, फटी-की-फटी रह गईं, जब उन्होंने देखा कि बच्चे का चेहरा **यू मनिक** के निकट आते ही चमक उठा और उसने उसके हाथ से केला भी ले लिया।

सिएम तुरंत अपने कक्ष में चला गया। उसका दुःख और भी गहरा गया, जब

उसने पाया कि उसकी पत्नी ने एक बहिष्कृत मंगते को अपना प्रेमी चुना। अंततः तीव्र वेदना से भारी आवाज में उसने अपना फैसला सुनाया—

"**यू मनिक** को राजप्रसाद के फाटक के सामनेवाली पहाड़ी पर कल आग में जिंदा जलाया जाए।"

अगले दिन शोकमग्न शहर पर सूर्य भी मुंह छुपाए रहा। धूसर और कांतिहीन धूप में लोग चिता तैयार करने को जमा हुए—निःशब्द। पूरे राज्य से लोग कतार-दर-कतार पहाड़ी की ओर चल पड़े। शाम होते-होते चारों ओर पहाड़ियां और घाटियां लोगों से भर गईं।

आखिर ठीक सूर्यास्त के समय **यू मनिक** की कुटिया से बिसली (बांसुरी) की आवाज उभरी। सभी संगीत की दिशा में मुड़कर देखने लगे। लोगों ने तब सुंदर कपड़ों और गहनों में सुसज्जित एक अत्यंत सुंदर युवक को नारंगी रंग के आकाश की पृष्ठभूमि से आते देखा। वह धीरे-धीरे चिता की ओर कदम बढ़ा रहा था।

लोग कहते हैं कि उससे पहले किसी ने इतना सुंदर युवक नहीं देखा था—किसी ने उतना मधुर संगीत नहीं सुना था। वहां मौजूद लोगों की भीड़ **यू मनिक** की मनोहारी छवि, उसके अप्रतिम संगीत तथा उसके प्रेम के त्रासद अंत से अभिभूत हो रो पड़ी।

रानी, जो अपने कक्ष में कैद थी की वेदना सबसे ज्यादा गहरी थी। वह विक्षिप्त-सी चहलकदमी कर रही थी। सहसा उसने अपने अंदर एक परामानवीय शक्ति अनुभव की और वह दरवाजा तोड़कर महल से चुपचाप बाहर निकल गई। वह शाल से अपना चेहरा छुपाए भीड़ में रास्ता बनाते हुए पहाड़ी की ओर चल पड़ी।

उधर **सिएम** बराबर के कमरे में शांत बैठा था। उसे **महादेई** के भाग निकलने की कुछ भी खबर न थी। क्योंकि पाजेब की आवाज उसके कानों में निरंतर आ रही थी। उसे क्या पता था कि उसकी पत्नी ने वह पाजेब चपल बिल्ली के पैरों में बांध दी है। **सिएम** ने भी **यू मनिक** को अत्यंत मर्मस्पर्शी संगीत बिखेरते चिता की ओर बढ़ते हुए देखा। उसने अपना मुंह फेर लिया।

जब **सुरमई** आकाश की ओर चिताग्नि लपलपा रही थी, **यू मनिक** अपनी बांसुरी जमीन पर डाल अचानक ही आग में कूद गया। इसके साथ ही हर दिशा में रुदन-चीत्कार और हलचल का समा बंध गया। इस भगदड़ में **महादेई** को चिता की ओर दौड़ते कोई नहीं देख पाया। अचानक उसने अपना दुशाला उतार फेंका और खुद को चिता की लपटों के हवाले कर दिया।

उस पहाड़ी पर जिस जगह उन दो प्रेमियों ने मृत्यु का वरण किया था, आज वहां पर उल्टे बांस के झुरमुट विद्यमान हैं। ये नीचे की ओर बढ़ते हैं। कहते हैं, ये बांस **यू मनिक** की **बिसली** से ही जन्मे हैं।

खासी (मेघालय)

पंडुक गुटर-गूं क्यों करते हैं?

प्रस्तुति : **बिजोया सावियान**
अनुवाद : **अकील कैस**

बहुत समय पहले की बात है। पंडुकों के राजा के एक सुंदर-सी बेटी थी। नाम था उसका **का पारो**। उन दिनों पंडुकों का अपना एक विशेष गीत हुआ करता था, जिसे पंडुक अपनी सुरीली आवाज में गाया करते थे। कहते हैं कि पक्षियों की दुनिया का यह मधुरतम गीत था।

एक दिन जब **का पारो** उड़ती हुई कहीं जा रही थी, उसे बेरों से लदा-फदा एक पेड़ नजर आया। वह खुश हो गई। बेर खाकर तो उसे और भी मजा आया। अब वह पेड़ पर रोजाना आने लगी। एक दिन जब वह वहां पहुंची, तो उसने एक सुंदर पक्षी पेड़ पर पहले से बैठा पाया। का पारो ने इतना आकर्षक पक्षी पहले कभी नहीं देखा था। वह सुंदर पक्षी **का पारो** की मौजूदगी से बेखबर बेर खाने में मग्न था। **का पारो** आत्मविस्मृत-सी उसे, उसके शोख रंगीन पंखों, आत्मविश्वास से दमकती उसकी छवि और मनोहारी सुंदरता को निहारती रही। पास से गुजरते एक अन्य पंडुक ने उसे बताया कि उस सुर्ख सीनेवाले पक्षी का नाम **यू जलइयेट** है। जब तक वह वहां से चला नहीं गया **का पारो** उसे बस टुकुर-टुकुर देखती रही। पर तब तक **का पारो यू जलइयेट** को अपना दिल हार चुकी थी।

अगले दिन वह वहां काफी पहले से ही पहुंच गई और पेड़ पर शरमाती लजाती **यू जलइयेट** की राह देखने लगी। जल्द ही वह आ पहुंचा और **का पारो** की निगाहें उससे चार हुईं। वह उसके निकट ही एक डाल पर बैठकर फलों पर चोंच मारने लगा। साथ-ही-साथ वह **का पारो** को भी देखता जाता था। **का पारो** के सुंदर रूप ने उसे भी लुभा लिया। वह **का पारो** के प्रेम-पाश में बंध गया था।

अब दोनों प्रेमी-प्रेमिका प्रत्येक दिन मुलाकातें करते और सान्निध्य के एक-एक क्षण का सुख उठाते। कुछ सप्ताह यूं ही मिलने-जुलने में निकल गए। आखिर **यू जलइयेट** ने उससे प्रणय-निवेदन कर ही दिया, जिसे **का पारो** ने भी तुरंत स्वीकार कर लिया।

शाम को घर लौटने पर **का पारो** ने अपने निर्णय की सूचना अपने माता-पिता को दी। पंडुकों के राजा तथा रानी यह सुनकर घबरा गए और उसके निर्णय पर अपनी

मंजूरी की मुहर लगाने से मना कर दिया। **का पारो** का दिल टूट गया।

“चिड़ियों में अपने समुदाय के बाहर शादियां नहीं हुआ करती। **पारो!** कोई ऐसा नहीं करता क्योंकि इससे दुःख और मुसीबतें ही मिलती हैं। हमारे समुदाय में ही तुम्हारे योग्य कई पंडुक वर मिल जाएंगे। इस बचपने और दीवानगी को छोड़ो और होश की बात करो।” उसकी चिंतित मां ने उसे समझाया। **का पारो** का सादा, कमसिन और प्रेमासक्त मन यह सब सुनने को तैयार नहीं था। उसका इरादा अटल था। उसे विश्वास था कि उन दोनों का महान प्रेम परंपरा और विरोध के तमाम आंधी-तूफान को परास्त कर देगा। उसके दृढ़ संकल्प को देख राजा-रानी ने कहा कि अगर **यू जलइयेट** का प्रेम परीक्षा में खरा उतरा, तो वे इस विवाह के लिए अनुमति दे देंगे।

“मेरी बच्ची, पतझड़ के आने तक इंतजार करो।” उस समय तक पेड़ से बेर गायब हो चुके होंगे। अगर तुम्हारा **यू जलइयेट** उसके बाद भी तुम से मिलना जारी रखता है, तो हम समझेंगे कि उसका प्यार सच्चा है। चूंकि वह दूसरे समुदाय का है, इसलिए उसके आचार-व्यवहार का मुझे कुछ पता नहीं। उसके स्वभाव को लेकर मैं निश्चिंत होना चाहता हूं। **का पारो**, मेरी अनमोल बच्ची, मैं तुम्हारी खुशियों को यूं दांव पर नहीं लगा सकता।”—पिता ने उसे समझाते हुए कहा।

पिता की बुद्धिमत्तापूर्ण और स्नेहसिक्त बातों ने उसका मन छू लिया। ऐसे उसे यह भी भरोसा था कि **यू जलइयेट** उसे कभी धोखा नहीं देगा। इसलिए वह पिता की सलाह के अनुसार इंतजार करने को तैयार हो गई।

आखिर गर्मी समाप्त हुई और पतझड़ का मौसम आया। उस पेड़ से धीरे-धीरे बेर गायब होने लगे। एक दिन बारिश की फुहारों ने ग्रीष्म ऋतु की विदाई की घोषणा भी कर दी और पेड़ पर जो बेर बचे थे, वे भी जमीन पर आ गिरे। **का पारो** और **यू जलइयेट** अगली सुबह हमेशा की तरह मिलने का वादा कर अपने-अपने घर चले आए।

अगली सुबह पौ फटते ही **का पारो** पेड़ की दिशा में प्रसन्नचित्त उड़ चली। जब वह उस स्थान पर पहुंची, जहां वह अपने प्रियतम से लगातार कई महीनों से मिलती रही थी, तो बेर का फलहीन वृक्ष उजाड़-सा खड़ा मिला। **यू जलइयेट** का कहीं अता-पता नहीं था। उसका दिल बुझ-सा गया। फिर भी वह एक मद्धम-सी आस लिए पास के एक पेड़ पर बैठ गई। इंतजार में ही सुबह से दोपहर हो गई। थकान और भूख से वह निढाल हो गई। प्रियतम की बाट जोहती उसकी आंखें पथरा-सी गईं, पर **यू जलइयेट** नहीं आया। **का पारो** गहरे अवसाद में डूब गई। कहते हैं कि शोक से आहत वह अपना होश खो बैठी। उसकी दशा असहनीय हो गई थी। वह जंगल में दिशाहीन इधर-उधर कभी गाती, तो कभी अपने खोए प्रेमी

को पुकारती, उड़ती रही। पक्षियों के संसार का मधुरतम गीत उसके कंठ से निकलकर पेड़ों से टकरा-टकरा तमाम पहाड़ियों में गूंजने लगा। **का पारो** के समुदाय के सभी लोग उस बेर के पेड़ के इर्द-गिर्द जमा हो गए! वे असहाय से—**का पारो** की ही तरह प्रतीक्षारत थे। राजा तथा रानी दोनों ने **का पारो** को खूब समझाया कि **यू जलइयेट** का इंतजार करना छोड़ दे पर वह टस से मस न हुई। कई दिनों तक उसने तलाश जारी रखी, फिर उसकी आवाज मद्धम और क्षीण पड़ने लगी लेकिन उसके स्वर में दुःख और संवेदना का पुट गहराता गया।

एक शाम जब लोगों ने उसे अपने घर की ओर लौटते देखा, तो उसके मुख से गीत गायब हो चुका था। वह इतनी कृशकाय और कमजोर हो चुकी थी कि उसमें उड़ने की भी शक्ति नहीं बची थी। आखिर वह फड़फड़ा कर गिर पड़ी और प्राण तज दिए। शोकाकुल उसके माता-पिता और पंडुक समुदाय के सभी सदस्य **का पारो** की निर्जीव देह के चारों ओर एकत्र होकर विलाप करने लगे। वे अपना गीत भूल चुके थे और उनके गले से एक अजीब सी 'गुटर गूं' की आवाज निकल रही थी।

उस दिन के बाद से ही पंडुक गाते नहीं—केवल 'गूटर-गूं' ही करते हैं।

खासी (मेघालय)

मोर के पंख सुंदर कैसे बने?

प्रस्तुति : **बिजोया .सावियान**
अनुवाद : **अकील कैस**

एक समय था जब मोर धूसर रंगवाला मामूली पक्षी था। तब उसकी पूंछ आज की ही तरह लंबी थी और चाल में इठलाहट और दंभ भी, पर उसमें सुंदरता लेशमात्र भी न थी।

कहते हैं कि एक दिन जंगल के सारे जानवर **का स्नगी** यानी सूर्य को अपना अभिवादन पहुंचाने के लिए एक दूत का चुनाव करने के लिए एकत्र हुए। **का स्नगी** अपनी सुंदरता के लिए प्रसिद्ध थी। इस काम के लिए कई पक्षी उम्मीदवार बने। विचार-विमर्श के बाद मोर का चुना जाना तय हुआ। उसे अपनी शाही शानदार चाल और बड़े तथा मजबूत पंखों के कारण चुना गया। आखिर कुछ दिनों की तैयारी के बाद उसने अपने मित्रों से विदा ली और पखेरू पंख फैलाए आकाश में उड़ चला।

का स्नगी अपने विशाल साम्राज्य में अकेली रहती थी, इसलिए मोर के आने पर वह बहुत खुश हुई। उसने मोर के सत्कार में कोई कसर बाकी न रखी और शानदार ढंग से पूरे ऐशो-आराम के साथ उसे ठहराया। मोर ने भी अपने व्यवहार में उतनी ही शिष्टता और भद्रता दिखाई। शीघ्र ही उसने **का स्नगी** के दिल में अपनी जगह बना ली। वह उसका सबसे प्रिय पात्र बन गया।

कुछ समय तक सब कुछ भली-भांति चल रहा था कि एक दिन मोर ने महसूस किया कि प्रेमासक्त **का स्नगी** के लिए वह कितना महत्त्वपूर्ण और अपरिहार्य बन गया है। बस अहंकार उसके सिर पर चढ़ गया और वह स्वार्थी हो गया। **का स्नगी** उसकी फरमाइशें पूरी करने का हर संभव प्रयास करती। उसकी सनक-भरी अपेक्षाओं को संतुष्ट करती। मोर की किसी भी इच्छा को उसने अधूरा नहीं छोड़ा। मोर की सेवा में सन्नद्ध वह धीरे-धीरे शासन कार्य, अपनी प्रजा तथा उसके प्रति अपने कर्तव्य की उपेक्षा करने लगी।

उधर नीचे पृथ्वी पर, क्या पशु और क्या मनुष्य सभी के सभी—**का स्नगी** के छिटपुट दर्शन होने के कारण, उससे एकदम क्षुब्ध हो गए थे। बादलों भरे, बरसात के ठंडे दिन और उदास मौसम से जूझना पड़ता था उन्हें। चिड़ियों ने चहचहाना बंद कर दिया था। पेड़ों की पत्तियां अपना रंग खो बैठी थीं।

इस दुःखद स्थिति का कारण समझ आ जाने पर लोग एक बार फिर एकत्र हुए। वे मोर को पृथ्वी पर वापस बुलाने का उपाय देर तक सोचते रहे।

घंटों माथा-पच्ची करने के बाद भी उन्हें कोई समाधान नहीं सूझा। अंततः लोगों ने जंगल की सबसे ज्यादा उम्रदराज बुढ़िया से सलाह लेने का निश्चय किया। वृद्धा जंगल में लोगों के बीच 'बुद्धिमान वृद्धा' के नाम से जानी जाती थी।

लोगों की समस्या सुनकर कुछ देर तक बुद्धिमान वृद्धा मुंह चलाती रही। फिर बोली, "मेरे दोस्तो, यदि आप चाहते हैं कि मैं आपकी समस्या का हल बताऊं तो आपसे दो अनुरोध हैं। ध्यान से सुनिए। पहली बात यह कि आप जंगल में कटाई कर एक बड़ा खंड साफ करें ताकि मैं वहां सरसों के बीज लगा सकूं। दूसरी बात, सभी को समझा दें कि न तो कोई पक्षी वहां से एक भी दाना चुगेगा और न कोई पशु उन पर चढ़ेगा।"

सरसों के खेत की देखभाल में बुद्धिमान वृद्धा व्यस्त हो गई और इस तरह कई महीने बीत गए। लोग अचंभे में थे कि आखिर बुद्धिमान बुढ़िया की युक्ति है क्या? वह लगातार कई घंटों तक खेतों से घास-फूस की सफाई-सुथराई में जुटी रहती। आखिर सरसों के पौधे उग आए। उसने सरसों के खेतों को वृत्ताकर शक्ल दी थी। अपनी उत्सुकता के बावजूद बुद्धिमान वृद्धा से पूछने का साहस कोई भी न करता कि आखिर वह कर क्या रही है। वह बुढ़िया अपने मितभाषी स्वभाव और प्रचंड क्रोध के लिए प्रसिद्ध थी। अंततः वे दिन भी आए कि सरसों फूलने लगी।

मोर के दिन तो आसमान में ऐशो-आराम के कट रहे थे पर **का स्नगी** के प्रेमातिरेक से वह कुछ ऊबने लगा था। एक सुबह महल के फाटक के बाहर टहलते हुए उसकी नजर पृथ्वी पर पड़ी, तो उसने जंगल के बीच स्थित एक अत्यंत आकर्षक दृश्य देखा। इतना सुंदर दृश्य उसने तब तक जीवन में देखा ही न था। चमकदार सोने के वस्त्र पहने वहां एक सुंदर कन्या लेटी थी। उसने तुरंत उस सुंदरी से मिलने और उसे अपने वश में करने का निश्चय किया।

जब **का स्नगी** ने मोर के नए प्रेम और उसके वहां से चले जाने के बारे में सुना, तो उसका दिल टूट गया।

"मुझे अकेला छोड़कर मत जाओ।" उसने मोर से अनुरोध किया।

"मैं फिर एकाकी जीवन बिताना नहीं चाहती।"

मगर मोर के कान पर जूं न रेंगी। उसने उपेक्षापूर्वक उसे अलविदा कहा और पृथ्वी की ओर अपनी वापसी का सफर शुरू कर दिया।

का स्नगी काफी समय तक, उसका पीछा करती रही। वह पूरे समय रोती रही। जैसे-जैसे उसके आंसू मोर के शरीर पर गिरते वे, वहां चटखदार रंग बिखेर देते। मोर के धूसर पंख इतने सुंदर हो गए कि किसी ने ऐसे पंख कभी देखे ही न थे।

मोर जब पृथ्वी पर लौटा तो उसकी सुंदर छवि देख सभी चकित रह गए। यह सोचकर कि अब **का स्नगी** पुनः राजकाज में जुट जाएगी, वे खुश हो गए। पर मोर यह देख कुपित हो गया कि वह सुंदर लेटी हुई कन्या कुशलता से बनाया गया सरसों का खेत था। लेकिन अब उसके वश में था भी क्या? वह अब इतना मोटा और भारी हो गया था कि पुनः आकाश में उड़कर जाना उसके लिए संभव न था।

प्रत्येक सुबह आज भी जब वह अपने खोए हुए **का स्नगी** के प्यार को अपने सामने आते देखता है, तो वह हमेशा की तरह अपने पंख फड़फड़ाकर फैला देता है और उसे सलाम करता है। आखिर **का स्नगी** के आंसुओं की बूंदों से रंजित उसके भव्य व मनोहर पंख उसके प्रेम की निशानी जो हैं!

खासी (मेघालय)

आलसी कछुई

प्रस्तुति : **बिजोया सावियान**
अनुवाद : **अकील कैस**

बहुत समय पहले की बात है। किसी जंगल में एक तालाब था जिसमें एक **कछुई** रहती थी। वह शक्ल-सूरत से भद्दी तो थी ही पर अपने आलस्यपूर्ण तौर-तरीकों के लिए भी बदनाम थी। सिर्फ शाम के समय जब तालाब में तारों की प्रतिच्छाया का जमघट लगता, तभी वह चुस्त-चौकस दिखती थी। उस समय वह तालाब में गोते लगा-लगाकर प्रत्येक तारे की प्रतिच्छाया के चारों ओर चक्कर लगाती और उनकी सुंदरता निहार-निहारकर खूब खुश होती।

कुछ समय बाद आसमान के सबसे सुंदर तारे **यू लुरमंगकरा** (सांध्य-तारा) की दृष्टि **कछुई** की शाम की मनोहारी क्रीड़ा पर पड़ी। अपनी और अपने संबंधियों की इतनी बड़ी निष्ठावान प्रशंसक को पाकर उसे बहुत ही अच्छा लगा। उसने सोचा कि **कछुई** को अपनी प्रेयसी बनाकर उसे भी अच्छा लगेगा और उसकी ओर से अपनी प्रशंसक को पुरस्कार भी मिल जाएगा। अतः पृथ्वी पर उतरकर उसने **कछुई** से प्रणय-निवेदन करने का निश्चय किया। उसे **कछुई** की विचित्र जीवन-पद्धति का लेश-मात्र भी अनुमान नहीं था।

एक सांझ वह अपनी संपत्ति और गहनों-जेवरों के साथ **कछुई** से ब्याह करने पृथ्वी पर उतर आया। नीचे आने पर उसे **कछुई** की कुरूपता का सही अंदाजा हुआ। इसके अतिरिक्त उसने पाया कि वह साफ-सुथरेपन पर तनिक भी ध्यान नहीं देती, लेकिन तब तक विवाह का प्रस्ताव वापस लेना संभव नहीं रहा। एक प्रतिष्ठित शरीफ-सज्जन व्यक्ति जैसा करता है, उसने **कछुई** के साथ शादी कर ली। उसने ऐश्वर्य तथा प्रेम-धन उसके साथ बांटने में कोई कसर नहीं रखी और आहिस्ता-आहिस्ता उसके तौर-तरीकों को बदलना चाहा।

कछुई ऐसे अनुपम पति को पाकर स्वयं को सुधारने की कोशिश क्या करती, वह तो और भी बुरी हो गई। प्यार करनेवाले पति को पाकर वह और भी गंदी हो गई। अहंकारी, जिद्दी और सुस्त तो वह थी ही। **यू लुरमंगकरा** ने उसे स्वयं को सुधारने की बहुत सलाह दी पर सब व्यर्थ। वह उसे अच्छे तरीके सिखाता, फुसलाता, समझाता ताकि वह अपनी आदतें बदले पर उसके कान पर जूं नहीं रेंगी। कई महीने

निष्फल चेष्टा करते-करते वह थक गया। **कछुई** के फूहड़ स्वभाव से तंग आकर अंततः वह अपनी पत्नी को पृथ्वी पर ही छोड़कर आकाश में लौट गया।

उसके चले जाने के बाद **कछुई** को होश आया। उसे अब अपनी गंभीर भूल का अहसास हुआ। उसे पता चला कि **यू लुरमंगकरा** द्वारा उसे छोड़कर चला जाना उसके लिए कितना बड़ा नुकसान था। वह अब अपना सिर ऊपर उठाए आसमान में **लुरमंगकरा** को खोजते हुए इधर-उधर घूमती रहती है। शाम को तालाब में उसकी प्रतिच्छाया के चारों ओर तैरकर उसने उसे फिर से लुभाने की भी बहुत कोशिशें कीं, पर कोई फायदा नहीं हुआ।

इसीलिए खासी लोग आज भी मानते हैं कि सफाई और विनम्रता सबसे बड़े गुण हैं। सफाई की उपेक्षा करना तो खराब स्वास्थ्य, विपत्ति तथा विकृत निर्णय-शक्ति को निमंत्रण देने के समान है।

खासी (मेघालय)

लापलांग का शिकार

प्रस्तुति : **बिजोया सावियान**
अनुवाद : **अकील कैस**

सदियों पहले की कहानी है यह। सिलहट, जो अब बांग्लादेश में स्थित है, के मैदानी क्षेत्र में रहनेवाली एक हिरनी का एक प्यारा-सा बेटा था। नाम था **यू सिएर लापलांग**। वह इतना खूबसूरत था कि क्या जानवर क्या मनुष्य सब उस पर नजर पड़ते ही सुध-बुध खोकर, उसे ही देखते रह जाते थे। घास के मैदानों में या खेतों में उसकी शान-भरी चाल देखकर सब मुग्ध हो जाते थे।

उसकी मां तो उस पर जान छिड़कती थी। बेटे के प्यार में उसे अपना भी ख्याल नहीं रहता था। वह उसकी एक-एक जरूरत का, उसकी सुरक्षा का ध्यान रखती। जब वह एकदम छोटा सा बच्चा था, हर जगह उसके साए की तरह, वह उसके साथ चलती रहती। मां-बेटे को साथ-साथ खाते-पीते देखते थे लोग। मां की निर्मल सुंदर आंखों में **यू सिएर लापलांग** को देखकर खुशी और गर्व के भाव सहज ही तैर आते। समय गुजरने के साथ जब वह जरा बड़ा हो गया, तो वह अकेला ही बाहर जाने लगा। मां की दिनचर्या बदल गई। वह अकेली रहती और शाम को बेचैनी के साथ उसके लौटने की प्रतीक्षा करती।

आखिर बेटे को एक दिन जवान भी होना था। युवावस्था में कदम रखते ही वह मां के सीमित संसार से बाहर का जीवन देखने को अधीर हो उठा।

एक दिन उसने अपनी मां से खासी पहाड़ियों में प्राप्य विशेष स्वाद वाली **जंगयू** नामक बूटी की तलाश में निकलने की इच्छा व्यक्त की। उसने उस बूटी के अनोखे स्वाद और खासी जंगलों की हरियाली और ठंडे वातावरण की बहुत प्रशंसा सुन रखी थी। बेटे की इच्छा सुनकर मां का दिल जरा बैठ गया। उसने बेटे को भरसक समझाने की कोशिश की लेकिन बेटे के दृढ़ निश्चय के सामने उसकी एक न चली। उदास और आशंकित मन से उसने बेटे को खासी पहाड़ियों के लिए विदा किया। वह उसे मैदान पार कर पहाड़िया चढ़ते तब तक देखती रही, जब तक वह उसकी निगाहों से ओझल नहीं हो गया और उसकी आंखें देखने के प्रयास से थककर दुखने नहीं लगीं।

पहाड़ियों के शिखर पर पहुंचकर वह मस्त कर देनेवाली पहाड़ी हवा में खुशी से

कुलाचें भरने लगा। वह स्वच्छंद होकर इधर-उधर विचरण करता और जंगयू तथा अन्य नाना प्रकार की घास, जिन्हें उसने अब तक देखा तक न था—स्वाद ले-लेकर खाता। जब उसका पेट भर जाता तो वह निर्मल धारावाली पहाड़ी नदियों का पानी पीकर प्यास बुझाता। उसे आश्चर्य होता कि उसकी मां क्यों अब भी उसे लेकर इतनी चिंता करती है।

उसे इस बात की बिल्कुल खबर नहीं थी कि उसकी वहां उपस्थिति की खबर इस बीच पूरे पहाड़ी प्रदेश में फैल गई है। उसकी अनुपम सुंदरता और उसके घुमावदार सींगों का विस्तार, वहां के घर-घर में चर्चा का विषय बन गए थे। मां के वात्सल्यपूर्ण देख-रेख से निकले उस अनुभवहीन मासूम तरुण हिरन को कैसे मालूम होता कि आसपास के कई राज्यों से शिकारी उसकी तलाश में जगल में घुस आए हैं। आखिर वह उनकी जिंदगी का सबसे हसीन पशु जो था!

आखिर वह दिन भी आया, जब शिकारियों की शोर-भरी चीख-पुकार, पहाड़ी-पहाड़ी, घाटी-घाटी खासी पठार प्रदेश के हर कोने में सुनाई देने लगी। **यू सिएर लापलांग** ने स्थिति की गंभीरता भांपते ही अप्रत्याशित खतरों से भिड़ने का निश्चय किया। वह तेज प्रवाहवाले नदी-नालों को पार करता, चट्टानी ऊंचाइयों को फलांगता, चौकन्ने शिकारियों को छकाता, नंगी घाटियों से गुजरता हुआ भाग चला। वह उनके रास्तों से बचने की कोशिश में कई दिन यूं ही दौड़ता रहा। पर भाग्य में कुछ और ही बदा था, उससे वह कैसे भागता? एक अकेला योद्धा और उसके हजारों दुश्मन! आखिर एक दिन जैसे ही वह **लापलांग** गांव के निकट पहुंचा, तो तीर से बिंधे उसके घायल, क्लांत शरीर ने अब और भागने से मना कर दिया। वह एक ढलान पर गिर पड़ा। उस वीर हिरन ने आखिर इस तरह अपनी अंतिम सांस ली।

उधर **सिलहट** के मैदान में उसकी मां चिंता और आशंका से उसकी राह देख रही थी। जब उसके कानों में शिकारियों की ललकार और चिल्लाहट पड़ी, तो डर से उसका कलेजा मुंह को आ गया। वह अपने बेटे की खोज में बाहर निकल पड़ी। वह उस अनजान तराई में बेटे को खोज निकालने की आशा लिए कई दिन इधर-उधर भटकती फिरी। आखिर एक दिन उसे अपने बेटे के वीरतापूर्ण अंतिम संघर्ष और त्रासद अंत की कहानी किसी से मालूम हुई। टूटे दिल से तब उसने अपने बेटे के मृत शरीर की खोज में पूरे क्षेत्र का चक्कर लगाना शुरू किया। वह अपने शहीद बच्चे के शोक में कराहती, विलाप करती, लंगड़ाती, भटकती रहती।

लोग कहते हैं कि उसकी आवाज में इतना तीखा दर्द था कि इलाके की औरतें और बच्चे उसका कातर विलाप सहन नहीं कर पाते थे। वे कानों पर उंगलियां रख लेते थे। खेतों में काम करते पुरुष हल चलाना छोड़ कर एक जगह इकट्ठा हो जाते और मन की अशांति दूर करने के लिए कई-कई बीड़ियां फूंक डालते। शिकारी लोग

अपने घरों और गांवों से बाहर निकल आते। सबके सामने उन्होंने अपनी भूल कबूल की। भूल के प्रायश्चित के लिए उन्होंने अपने-अपने तीर-कमान तोड़कर उनके टुकडे-टुकड़े कर डाले।

इस शिकार की त्रासद घटना के बारे में बाद में लोगों ने एक गीत रचा। दुःख और वेदना-भरा यह गीत आज भी लोगों को उदास कर देता है। परिवार में किसी शोक के अवसर पर या समाज के किसी बड़े व्यक्ति की असामयिक मृत्यु पर चुभन-भरे शब्दों से रचा यह गीत, पर आज भी अनायास ही खासी लोगों के होंठों पर फूट पड़ता है।

खासी (मेघालय)

नोहकालिकाई

प्रस्तुति : **फिल्मिका**

नोहकालिकाई मेघालय के **रांगजरतेह** नामक गांव में स्थित एक बहुत ही सुंदर और आकर्षक झरना है। इस झरना का **नोहकालिकाई** नाम पड़ने के पीछे एक ममतामयी मां की कथा प्रचलित है।

कहा जाता है कि बहुत समय पहले **रांगजरतेह** गांव में **लिकाई** नाम की एक विधवा रहती थी। उसकी लगभग दो वर्ष की एक बेटी थी। कुछ समय बाद उसने एक आदमी से पुनर्विवाह कर लिया। उसका पति उसकी छोटी-सी बेटी से बहुत ईर्ष्या करता था। जबकि **लिकाई** अपनी बेटी को बेहद प्यार करती थी।

एक दिन **लिकाई** अपनी प्यारी-सी बेटी को पति के हाथ सौंपकर मजदूरी के लिए निकल गई। **लिकाई** के पति के लिए इससे अच्छा मौका और कहां था? वह बच्ची से वैसे भी बेहद जलता था। मौका पाकर उसने बच्ची को मार डाला और उससे भी बड़ा क्रूर काम उसने यह किया कि उसने बच्ची के शरीर के टुकड़े-टुकड़े कर उसके मांस को कड़ाही में अच्छी तरह से पका दिया। इसके बाद वह घूमने के लिए निकल गया। उसने बच्ची के शरीर के अन्य अनावश्यक अंग तो फेंक दिए लेकिन उसके हाथ की अंगुलियों को फेंकना भूल गया। वे पानदान में ही रह गईं।

जब **लिकाई** काम से थककर घर आई तो उसने देखा कि घर पर कोई भी नहीं है। उसने बेटी को आवाज दी लेकिन बेटी का कुछ पता नहीं चला। **लिकाई** को बड़ी जोर की भूख लगी थी, इसलिए उसने सोचा कि पहले खाना खा ले फिर बेटी को ढूंढ़ने निकलेगी। उसने सोचा शायद वह आस-पड़ोस में कहीं खेल रही होगी। इस प्रकार वह खाना खाने बैठ गई। उसने पाया कि उसके पति ने बहुत ही स्वादिष्ट भोजन बनाया है। वह मन-ही-मन उसकी तारीफ करती रही। खाना खा लेने के बाद खासी लोगों की आदत के मुताबिक उसने भी पान खाने के लिए पानदान उठाया। पानदान में रखीं अंगुलियों को देखकर वह चौंक गई। ध्यान से देखने पर उसे पता चला कि ये तो उसकी बच्ची के ही हाथ की अंगुलियां हैं। यह सब देखकर वह स्वयं को संभाल न सकी। वह जोर-जोर से चीखती हुई बदहवासी में हाथ में छुरी लिए हुए इधर-उधर दौड़ने लगी और उस छुरी से अपने ही शरीर को छलनी करने लगी। उसके पड़ोसियों ने जब उसके इस पागलपन के बारे में पूछा, तब उसने बताया कि

न जाने किसने उसकी बेटी को मारकर उसका शरीर पका दिया और उसने उसका मांस खा लिया है। अपनी प्यारी-सी बेटी के शरीर का मांस खा लेने के बाद अब वह इस दुनिया में नहीं रहना चाहती। उसके पड़ोसियों और रिश्तेदारों ने उसे बहुत समझाने का प्रयत्न किया लेकिन उसने किसी की बात नहीं मानी। उसके हाथ में छुरी देखकर कोई भी उसके पास जाने का साहस नहीं कर पा रहा था। पागलपन में वह कुछ न कर ले, इसलिए सब उसके पीछे-पीछे दौड़ रहे थे। **लिकाई** जैसे ही एक झरने के पास पहुंची, उसने वहीं ऊपर से छलांग लगाकर अपनी जान दे दी। उसी समय से इस झरने का नाम **नोहकालिकाई** पड़ा—**नोहकालिकाई** का अर्थ है—**लिकाई कूदी**।

खासी (मेघालय)

यू मानिक रायतांग की प्रेम कथा

प्रस्तुति : **फिल्मिका**

मानिक एक ऐसा अनाथ व्यक्ति था जिसके माता-पिता तो क्या आसपास का कोई रिश्तेदार भी जीवित नहीं था, इसलिए लोग उसे **रायतांग** कहकर पुकारते थे।

मानिक रायतांग हमेशा दुखी रहता था। उसकी आंखों से दिन-रात आंसुओं की धारा बहती रहती थी। अपने एकाकी जीवन के सूनेपन को मिटाने के लिए उसने एक बांसुरी बनाई, जिसे वह रातभर सवेरा होने तक बजाता रहता।

रायतांग दिन में मजदूरी करता, मैले-कुचैले कपड़े पहनकर पूरे शरीर में राख का लेप कर फकीरों की तरह घूमता रहता। रात होते ही वह अच्छी तरह से नहा-धोकर साफ-सुथरे कपड़े पहनकर, भोजन करने के बाद बांसुरी बजाने बैठ जाता।

रायतांग बांसुरी बजाने में दक्ष था। उसकी बांसुरी से निकलनेवाली सुरीली आवाज हृदयस्पर्शी और मनोहारी होती थी।

एक रात उस इलाके की रानी के कानों में उसकी बांसुरी की आवाज पड़ी। उसने इस आवाज को बड़े ध्यान से सुना। उसे लगा कि यह मर्मस्पर्शी स्वर उसे अपनी ओर खींच रहा है। वह यह जानने को बेताब हो गई कि आखिर यह हृदयस्पर्शी ध्वनि कहां से आ रही है।

अंत में आवाज की ओर बढ़ते-बढ़ते वह **रायतांग** के घर के समीप पहुंची। घर की दीवार के छेद से जब उसने अंदर झांका तो वह **रायतांग** के रूप-सौंदर्य को देखकर दंग रह गई। वह इतना खूबसूरत और आकर्षक लग रहा था मानो कोई राजकुमार हो। **रायतांग** के रूप-सौंदर्य और उसकी बांसुरी से निकलनेवाली सुरीली आवाज पर रानी मुग्ध हो गई और उसके मन में **रायतांग** के प्रति प्रेम-भाव जाग उठा। उसने **रायतांग** का दरवाजा खटखटाया लेकिन वह अपनी बांसुरी की धुन में इतना मग्न था कि सुन नहीं सका।

रानी उसका दरवाजा तोड़कर घर के अंदर चली गई। रानी को अंदर आते देख **रायतांग** चौंक गया। वह बांसुरी बजाना बंदकर चुपचाप बैठ गया। रानी को उसने अपने रूप-सौंदर्य के प्रति आकर्षित हो जाने पर भी कोई ध्यान नहीं दिया। लेकिन अंत में रानी ने उसे अपने प्रेमजाल में फंसा ही लिया।

कुछ समय बाद रानी ने एक सुंदर बेटे को जन्म दिया। उसका बेटा अभी आठ-दस महीने का ही था कि राजा दूर देश से अपना काम निपटाकर स्वदेश लौट आया। जब उसे रानी के बेटे होने का पता चला तो उसे बहुत आश्चर्य हुआ। राजा ने इसके बारे में बहुत जांच-पड़ताल की लेकिन कुछ पता नहीं चला। तब राजा ने युवकों की एक सभा बुलाई, जिसमें प्रत्येक युवक को हाथ में एक-एक केला लेकर उपस्थित होना अनिवार्य था। ऐसा सोचा गया कि बच्चा जिस युवक के हाथ से केला ग्रहण करेगा वही उस बच्चे का बाप होगा। देशभर के एकत्र हुए युवकों में से बच्चे ने किसी से केला नहीं लिया। तब राजा ने युवकों से कहा कि याद करो ऐसा कौन आदमी है जो इस सभा में अनुपस्थित है। तब युवकों ने याद दिलाया कि **रायतांग** अनुपस्थित है। उसकी हालत तो अत्यंत दयनीय है। क्या उसे राजमहल की सभा में बुलाना उचित होगा? तब उनमें से किसी युवक ने कहा कि उसको बुलाकर नियम का पालन किया जाना चाहिए। इस प्रकार उन्होंने **रायतांग** को घर से बुलवाया।

रायतांग हाथ में एक केला लेकर उपस्थित हुआ। वह सभा में बैठा ही था कि बच्चा उसे देखकर खुशी से उछल पड़ा और उसके हाथ से केला लेने के लिए उसकी ओर लपका। यह दृश्य देखकर पूरी सभा में हलचल मच गई क्योंकि **रायतांग** जैसा फटेहाल रहनेवाला व्यक्ति रानी के बच्चे का बाप निकला।

राजा ने क्रोध में आकर **रायतांग** को मार-मारकर मौत के घाट उतारने का आदेश दिया लेकिन **रायतांग** ने राजा और पूरी सभा से प्रार्थना की कि उसे आग जलाकर उसमें कूदने की अनुमति दी जाए। सभा ने उसकी बात मान ली और आग जलाने के लिए लकड़ियां सजाकर **रायतांग** को बुलाया।

रायतांग पूरी तैयारी के साथ उपस्थित हुआ। उसने अच्छी तरह स्नान करने के बाद सुंदर व कीमती वस्त्र पहन लिए और हाथ में बांसुरी लिए उससे सुरीली धुन निकालकर आग की तरफ पीठ करके खड़ा होकर। बांसुरी बजाते हुए ही वह आग की तरफ बढ़ने लगा। सभी लोग उसे आश्चर्य से देख रहे थे क्योंकि **रायतांग** तो हमेशा मैले-कुचैले कपड़ों में घूमता रहता था। आज यह उसका नवीनतम रूप था। जब वह आग के पास पहुंचने ही वाला था, तब रानी भी पूर्णरूप से सज-संवरकर **रायतांग** के पास दौड़कर आ गई। आग के पास पहुंचकर **रायतांग** ने आग के तीन चक्कर लगाए और बांसुरी को मिट्टी पर उल्टा धंसाकर आग में कूद गया। रानी भी रायतांग के साथ आग में कूद गई।

इस प्रकार वह आग पानी में बदल गई। उस स्थान पर उल्टे बांस निकल आए। वह पानी और उल्टे बांस आज भी उस स्थान पर देखे जा सकते हैं।

टिप्पणी : रायतांग का अर्थ है वह बेचारा व्यक्ति जिसके पास न धन-दौलत है न परिवार और न कोई रिश्तेदार।

खासी (मेघालय)

लापलांग हिरन की मौत

प्रस्तुति : **किनफामसिं नोंगकिनरिह**
अनुवाद : **सारंग कुमार**

उ सायर लापलांग हिरन की कथा और शिलांग चोटी की असमतल भूमि पर उसके शिकार की दास्तान न केवल गड़रियों व चरवाहों का प्रिय विषय है, बल्कि यह ऐसी कहानी है, जिसने उन माताओं को द्रवित किया है, जिन्होंने कभी-न-कभी अपने एकमात्र पुत्र को खो देने की त्रासदी झेली है।

उ सायर लापलांग पुराने जमाने में रिखासी पहाड़ी की तलहटी में अवस्थित बांग्लादेश के मैदानी इलाके में रहनेवाली एक बूढ़ी ममतामयी हिरनी का इकलौता पुत्र था। इस इलाके में सूरज वसंत, ग्रीष्म, पतझड़ और शरद ऋतु में भी अपनी शान बनाए रखता था। पहाड़ी से कलकल करते बहनेवाले झरनों और नरकट की झाड़ियों के बीच भोजन की प्रचुरता थी। मां-बेटे यहां शांतिपूर्वक सुखमय जीवन जी रहे थे। किसी चीज की कमी नहीं थी। अपनी संतान पर मां अपार स्नेह बरसाती थी। सिर से पांव तक उसका निरीक्षण करती रहती, उसके शाखेदार सींग की शोभा, शरीर की पुष्टता और पैरों की चपलता देखकर वह आश्वस्त रहती थी कि दुनिया में उसके पुत्र जैसा प्रतापी कोई और जीव नहीं हो सकता। उस क्षमाशील माता ने कभी भी पुत्र का विरोध नहीं किया। वह हमेशा उसे अधिक-से-अधिक संतुष्टि और सुख देने की चेष्टा करती थी।

मां के असीमित प्यार और निरंतर मिथ्या प्रशंसा से **लापलांग** दंभी और उद्दंड हो गया। मां की आकांक्षा के विपरीत उसे जीवन जड़ और घटनाविहीन प्रतीत हो रहा था। किसी चीज से उसे संतुष्टि नहीं मिलती थी। सीधी-सपाट धरती, गर्मी और सतत् उदासी उसे सुहाती नहीं थी। नरकट और झाड़ी के भोजन से उसे उबकाई आती थी। उस दायरे से बाहर निकलकर वह नीले आसमान को छूती दूर की पहाड़ियों की ओर भाग जाना चाहता था।

कई बार वह अपनी मां से पहाड़ियों, उनके सौंदर्य, शीतलता और वहां उपलब्ध स्वादिष्ट भोज्य पदार्थों का वर्णन सुन चुका था। अपनी रुचि के कड़वे पौधे जैंग्यू की प्रचुरता के बारे में मां से सुनी बातों ने उसकी उत्सुकता जगा दी थी। वह पौधा मैदानी इलाकों में बहुत ढूंढ़ने से मिलता था। शक्ति और कर्मठता से परिपूर्ण युवा **लापलांग**

ने मां को जीवन का सबसे बड़ा आघात देकर वसंत का एक दिन पहाड़ियों पर बिताने की इच्छा प्रकट की। बूढ़ी मां ने सजल नेत्रों से उसे यह कहकर रोकने का प्रयास किया—

"प्रिय पुत्र, यह सही है कि मैंने तुम्हें बताया था कि आगे देवताओं की भूमि है... वह स्वर्ग है जिसमें शीतल वन, हरी-भरी पहाड़ियां और सुंदर घाटियां हैं, जिनसे होकर छोटे-बड़े झरने बहते हैं। तुम्हारा प्रिय भोजन जैंग्यू वहां उपलब्ध है और फूलों की वासंती सुगंध सुरमा के मैदानों तक आती है। लेकिन बेटे, वह भूमि भयानक योद्धाओं की भी है, जो अपने अधिकार क्षेत्र में किसी के प्रवेश को सहन नहीं करेंगे। निश्चय ही वे तुम्हारा शिकार करना चाहेंगे। अपने सपनों के प्रदेश में जाने से पहले जरा सोच लो बेटे। अपनी बूढ़ी मां के बारे में सोचो, जो अकेली विलाप करती रहेगी। मत जाओ मेरे दुलारे...।"

इतना कहते हुए वह उसके गले से लिपट गई, मानो उसे जाने से हर हाल में रोकना चाहती हो। लेकिन दंभी **लापलांग** ने उसे झकझोर दिया और कहा—

"मां, बेवकूफी की बातें मत करो। तुम डर क्यों रही हो? तुम्हीं तो कहती थी कि मैं दुनिया का सबसे प्रतापी जीव हूं। मैं जवान हूं, शक्तिशाली हूं और तेज भी। मैं बड़ी आसानी से लड़ते हुए अपना रास्ता तय करता जाऊंगा। अगर खासियों ने रास्ते में रोड़ा अटकाया, तो मैं उनके घातक तीरों से बचकर निकल जाऊंगा। तुम निश्चिंत रहो मां! मुझे कुछ नहीं होगा। मैं जल्द ही लौट आऊंगा।"

लेकिन मां आश्वस्त नहीं हो सकी। जब उसने अपने इकलौते बेटे को दुर्गम पहाड़ियों पर चढ़ते और खतरे से भरी भूमि की ओर बढ़ते देखा, तो वह फूट-फूटकर रोने लगी।

खतरा दूर नहीं था, पर वातावरण की सुंदरता और शीतल पहाड़ियों की मोहकता में वह सब कुछ भूल चुका था। वह जैंग्यू के खोज में आगे ही बढ़ता गया। दिन हफ्तों में, हफ्ते महीनों में बदलते गए, पर जैंग्यू के मतवाले उस नौजवान ने एक बार भी अपने घर और मां के बारे में नहीं सोचा। वह लगातार बढ़ता ही गया और एक दिन रिखासी के ठीक बीचो-बीच शिलांग चोटी पर गर्व के साथ जा खड़ा हुआ। यहां उसका प्रिय भोजन प्रचुरता में उपलब्ध था। मौसम इतना सुहाना था कि वह चेर्रा के आगे अन्य जगहों की अपेक्षा अधिक समय तक यहीं क्रीड़ा करता रहा। लेकिन यह उसके लिए विनाशकारी साबित हुआ, क्योंकि जब वह क्षणिक आनंद-विहार में लीन था, तो पास ही के कुछ चरवाहों ने उसे देख लिया था। अप्रत्याशित रूप से किसी हिरन का वहां दिख जाना, उनके लिए बड़ा ही उत्तेजक था। वे अपने पशुओं को छोड़कर चिल्ला उठे—

"हिरन! हिरन! एक हिरन बिल्कुल पास में है!"

खेतों में काम करनेवालों ने पुकार सुनकर काम बंद कर दिया और हिरन को खदेड़ने में जुट गए। जल्द ही सभी दिशाओं से तीर-धनुष और जिसे जो हथियार मिला, उससे लैस होकर, उस ओर दौड़ पड़ा। आखेट शुरू हुआ। किंकर्तव्य विमूढ़ होकर **लापलांग** पीछा करनेवालों से बचने के लिए एक पहाड़ी से दूसरी पहाड़ी की ओर भागने लगा। लेकिन उसका प्रयास सार्थक होता नहीं दिख रहा था। हालांकि वह युवा और शक्तिशाली था। वह अपनी तेज दौड़ से शिकारियों के एक झुंड से जैसे ही बचकर निकलता तो दूसरी दिशा से भौंकते कुत्तों के साथ, दूसरा झुंड उसके करीब आ पहुंचता।

उसकी रफ्तार और दौड़ धीरे-धीरे मंद पड़ने लगी थी। **लापलांग** पागलों की तरह दौड़ते-दौड़ते थककर सुस्ताने के लिए छिपने की जगह तलाशने लगा। उसी समय एक तीर पूरी तरह उसकी छाती में धंसकर उसके हृदय को बेध गया। **लापलांग** ने मूर्छा की अवस्था में इसे देखा और जमीन पर गिरने से पहले ही उसके प्राण-पखेरू उड़ गए। इस दृश्य को देखकर शिकारी विजय-घोष करते हुए उसके शरीर पर झपटे। उन्होंने चारों पैरों को एक साथ बांधकर बल्ले पर लटकाया और खुशी में मग्न होकर अपने-अपने घरों की ओर चल पड़े।

इधर वह बूढ़ी मां जो घर यानी मैदानी इलाके में अकेली रह गई थी, चिंताग्रस्त होकर बीमार पड़ गई, क्योंकि उसका बेटा काफी दिन बीतने के बाद भी घर नहीं लौटा था। वह न खा पाती थी, न सो सकती थी। दिन-रात पुत्र की चिंता में डूबी रहती थी। जब प्रतीक्षा असह्य हो गई, तो वह घर छोड़कर पुत्र की खोज में दुश्मनों के इलाके की ओर चल पड़ी। वह कई दिनों तक पहाड़ियों पर भटकती रही, पर उसे पुत्र का सुराग नहीं मिला। एक दिन जब वह उदासीन भाव से चल रही थी, तो उसने अचानक जोरों की आवाज सुनी, जैसे कोई उत्सव मनाया जा रहा हो। आवाज कैसी है, यह जानने के लिए सहसा वह ठिठक गई। निश्चय ही यह हंसते-गाते, आनंद मनाते लोगों का जुलूस था। लोग एक बल्ले में बंधी और लटकती किसी देह के चारों ओर नाच रहे थे। वह वहां से भाग जाने को थी कि उसकी नजर उस देह पर पड़ी। संताप के साथ उसने गौर किया कि वह देह किसी और की नहीं बल्कि उसके पुत्र **लापलांग** की थी। वह लोगों और उनके जहर बुझे तीरों का भय भूल गई। बिना कुछ सोचे-विचारे जोर से विलाप करती हुई उस स्थल की ओर दौड़ पड़ी। उसकी शोकाकुल आवाज इतनी कारुणिक थी कि उत्सव मनानेवालों का हृदय भी पिघल गया। एक मां के ऐसे गीतात्मक, किंतु हृदय विदारक विलाप से लोग अवाक् रह गए और तल्लीन होकर उसके शब्दों को सुनने लगे—

ओ **सायर लापलांग**! मेरे दिल के टुकड़े!
मना किया था मैंने तुझे कितना

रिखासी की परदेसी धरती पर जाने से
हमें मैदानों में ही था रहना
खाना था वही सूखे नरकट
पर मेरे प्यारे धन, तुमने कहा
जाऊंगा खोजने प्रिय भोजन **'जैंग्यू'**
किंतु ऐ मेरे मन के टुकड़े अब...

शिकारियों ने पहले कभी भी ऐसा दर्दनाक क्रंदन, गहरे स्नेह और समर्पण का इतना निष्कपट उद्‌बोधन नहीं सुना था। **लापलांग** की मां द्वारा गाया गया वह शोकगीत ऐसा प्रभावकारी साबित हुआ कि उस भीड़ में मौजूद ऐसा कोई नहीं बचा, जिसने सहानुभूति में आंसू नहीं बहाए। तुलनात्मक दृष्टि से बुजुर्ग खासियों ने अपने परंपरागत शोकगीत, जो स्त्रोत पाठ जैसा था, को आज सुने गए इस शोकगीत से बहुत घटिया माना। उन्होंने निश्चय किया कि वे इसी मर्मस्पर्शी शोकगीत को अंगीकार करेंगे और तभी से वे इसी अंत्येष्टि गीत को अलौकिक धुन में गाते हैं।

लेकिन **लापलांग** की मां का आखिर क्या हुआ? पीड़ादायक उस विलाप से उसका कलेजा फट गया और अपने पुत्र के पीछे वह भी इस दुनिया को छोड़ दूसरी दुनिया की ओर चल पड़ी।

मिजो (मिजोरम)

जोआलपाला और तुआलवुङी

प्रस्तुति : **डॉ. एल.टी. लियाना खियांगते**
अनुवाद : **अकील कैस**

बहुत समय पहले **जोआलपाला** नामक एक आदमी रहता था। उसकी पत्नी का नाम था **तुआलवुङी**। वह बहुत सुंदर थी। पति-पत्नी दोनों एक-दूसरे से बहुत प्रेम करते थे।

तुआलवुङी इतनी सुंदर थी कि दूर-दराज से लोग उसके गांव सिर्फ उसे देखने के लिए खिंचे चले आते थे। उसकी सुंदरता के **चर्चे फुन्टिहा** नामक एक राजा के कानों में पहुंचे। बस वह भी उनके गांव आ पहुंचा और **तुआलवुङी** और **जोआलपाला** दोनों से मिला। पर **फुन्टिहा तुआलवुङी** को देखते ही उसका दीवाना हो गया। **जोआलपाला** को अपनी पत्नी पर बड़ा गर्व था। उसने इठलाते हुए राजा से कह दिया कि **तुआलवुङी** उसकी बहन है।

राजा ने **जोआलपाला** से **तुआलवुङी** का हाथ मांगा। प्रचलित रीति के अनुसार **जोआलपाला** ने उससे इस रिश्ते के लिए एक बड़ी रकम की मांग की। उसका अनुमान था कि इतनी बड़ी राशि राजा नहीं दे पाएगा और नामुराद वापस चला जाएगा।

जब राजा ने आसानी से **जोआलपाला** की मुंहमांगी रकम चुका दी, तो वह बिल्कुल सन्न रह गया। एकाएक ही परिस्थितियों ने जो इस तरह पलटा खाया, तो उन सुखी पति-पत्नी के सामने, एक-दूसरे से जुदा होने के अलावा कोई चारा नहीं बचा और **फुन्टिहा** सुंदर **तुआलवुङी** को साथ लेकर वापस हो गया। **जोआलपाला** के पास बच गए दुःख और दौलत। पर यह बिछोह **जोआलपाला** अधिक समय तक सहन नहीं कर पाया और आखिरकार **तुआलवुङी** से मिलने उसके नए घर पर जा पहुंचा। संयोग से **फुन्टिहा** उस समय कहीं बाहर गया हुआ था।

तुआलवुङी तो डर ही गई। उसे **जोआलपाला** के प्राणों की चिंता थी। उसने **जोआलपाला** को चेता दिया कि धूर्त **फुन्टिहा** उसे कुछ खाने दे तो, वह उसे हरगिज न खाए। **फुन्टिहा** जब घर पहुंचा तो उसे आशंका हुई कि वह उसकी दुल्हन को लेकर चला जाएगा। बस क्या था! उसने **जोआलपाला** का काम तमाम कर देने की नीयत से उसके खाने में जहर मिला दिया।

शुरू-शुरू में **जोआलपाला** ने खाने को मना कर दिया पर राजा के बार-बार कहने पर उसने दिए गए भोजन में से जरा-सा खा लिया। **जोआलपाला** ने जितनी भयंकर भूल की थी उसका अहसास **तुआलवुङी** से बेहतर और किसे हो सकता था! उसने अपने पूर्व पति को सलाह दी कि वह तुरंत अपने घर वापस चला जाए क्योंकि अब उसके जीवित बचने की कोई उम्मीद न थी।

घर पहुंचने के कुछ ही दिनों के भीतर **जोआलपाला** मर गया। जो लोग उसकी अंतिम क्रिया संपन्न करने उसके घर इकट्ठा हुए, उन्होंने सोचा कि किसी को भेज कर **तुआलवुङी** को उसके पूर्व पति की अचानक मृत्यु की सूचना दे दी जाए।

सबसे पहले कौए ने अपनी सेवाएं पेश कीं। वह बोला कि वह कांव-कांवकर यह संदेश **तुआलवुङी** को दे देगा और उसकी बात दूसरे किसी के पल्ले भी नहीं पड़ेगी। उसकी इस मूर्खतापूर्ण उतावलेपन के लिए लोगों ने उसे काले रंग में डुबो दिया। तब से ही वह काला-कलूटा हो गया है।

अगला प्रस्ताव केकड़े ने प्रस्तुत किया। उसने कहा कि वह **तुआलवुङी** के पास जाकर **अय,अय** बोलेगा और उसे समझा देगा। लोग उसकी बात से इतना नाराज हुए कि उसे अपने पैरों से दबा दिया। तबसे आज तक वह केकड़ा दबा-छोटा ही नजर आता है।

लोग बड़े चिंतित हुए कि सूचना **तुआलवुङी** तक पहुंचाएं तो कैसे? आखिर कबूतर इस काम के लिए सहमत हो गया। उसने लोगों को कहा कि वह **तुआलवुङी** को जाकर बताएगा कि **जोआलपाला** की हाल में मृत्यु हो गई है और **तुआलवुङी** को उसके मातम के लिए गांव आना चाहिए। कबूतर की बात से सभी संतुष्ट हो गए और उसे **तुआलवुङी** के पास भेज दिया।

फुन्टिहा नहीं चाहता था कि उसकी पत्नी उस आदमी के शोक-समारोह में जाए, जिसे उसने जहर देकर मार दिया था। अपनी पत्नी को रोकने के लिए उसने तेज धार वाला **दाओ** दहलीज पर रख दिया और **तुआलवुङी** को उस पर चढ़कर जाने को कहा।

फुन्टिहा ने जैसा चाहा था वैसा ही हुआ। **तुआलवुङी** का पैर बुरी तरह घायल हो गया। पर उसकी इच्छाशक्ति इतनी प्रबल थी कि वह पैर जख्मी होने के बावजूद अपने पूर्व पति को अंतिम श्रद्धांजलि अर्पित करने किसी तरह रवाना हो ही गई।

जोआलपाला के गांव पहुंचते ही, **तुआलवुङी** ने एक वृद्धा से मालूम किया कि **जोआलपाला** को कहां दफनाया गया है। अपने प्रेयस **जोआलपाला** की मौत पर दुःख और सदमे में डूबी **तुआलवुङी** गांव की वृद्धा के संग जब कब्र पर पहुंची, तो भावनाओं के ज्वार में अपने ऊपर नियंत्रण खो बैठी। उसने बूढ़ी औरत से कहा कि वह उसके सच्चे प्रेमी की कब्र पर ही उसे छुरा घोंपकर मार दे। वृद्धा ने अपने

छुरे से उसे मार दिया और **जोआलपाला** की बगल में उसे दफना दिया। कुछ ही देर बाद **फुन्टिहा** वहां पहुंचा। वह बड़े समय से वहां आया क्योंकि उसी क्षण **जोआलपाला** और **तुआलवुङी** दो तितलियों के रूप में परिवर्तित होकर खुशी-खुशी आकाश में उड़ चुके थे।

फुन्टिहा तो स्वयं जादूगर था। उसने भी अपना रूप बदल लिया। वह बड़ी काली तितली का रूप धरकर उनके पीछे लग गया। पर दो सच्चे प्रेमियों को पकड़ पाना अब उसके वश में नहीं था।

मिजो लोगों का विश्वास है कि आज जिन पीली-पीली सुंदर दो तितलियों के पीछे एक काली तितली भागती दिखाई देती है—दरअसल वे **जोआलपाला** और **तुआलवुङी** की आत्माएं हैं और काली तितली है उसी **फुन्टिहा** की आत्मा।

मिजो (मिजोरम)

चला और थांङी की कथा

प्रस्तुति : **डॉ. एल.टी. लियाना खियांगते,**
अनुवाद : **अकील कैस**

बहुत समय पहले की बात है **खोलोंङ** नामक एक गांव में एक युवक-युवती रहा करते थे। नाम था उनका **चला** और **थांङी**। बचपन से ही दोनों आपस में खूब हिले-मिले थे। वे संग-संग ही बड़े हुए थे और एक-दूसरे को अत्यधिक चाहने भी लगे थे।

एक दुर्भाग्यपूर्ण दिन उनके गांव पर पूरब से आए दुश्मनों ने सहसा आक्रमण कर दिया। उन्होंने **थांङी** को बंदी बना लिया और अपने साथ लेकर चलते बने। कुछ लोग जो गांव में बच गए, उनमें **चला** भी था। **थांङी** के बारे में दुःखद समाचार सुनकर वह फूट-फूटकर रो पड़ा। **थांङी** को खो देने का दुःख उससे सहा नहीं जा रहा था। वह सोचने लगा—"अब मेरी प्रेयसी **थांङी** के बिना मेरे जीवन का क्या अर्थ है? चाहे जो भी हो अब मैं स्वयं उसकी तलाश करूंगा।" यह संकल्प लेकर वह अपनी **थांङी** की खोज में शत्रुओं के देश की ओर निकल पड़ा।

वह लंबे समय तक इधर-उधर **थांङी** की तलाश में भटकता रहा। जिस व्यक्ति ने **थांङी** को कैद कर रखा था, उसने **थांङी** को **झूम खेती** में लगा रखा था। **चला** के बिना थांङी को भी अकेलापन बहुत सता रहा था। उसका मन अपने काम में जरा भी न लगता। वह रात-दिन अपने पुराने दिनों में खोई रहती।

एक दिन वह **झूम** वाले घर के बरामदे में काम करते हुए दुःख से विह्वल होकर गीत गा रही थी—

ओ मेरे प्रिय **चला**! क्या तुम अब भी तड़पते हो मेरे लिए?
ओ मेरे प्रिय! क्या तुम अब भी मेरी चाहना रखते हो?

उसकी खोज करते हुए संयोग से **चला** उस समय झूम खेती के बगल से होकर गुजर रहा था। उस उदास गीत को सुनते ही वह **थांङी** की आवाज पहचान गया। **चला** ने भी गीत गाकर **थांङी** का जवाब दिया—

मैं तो आज भी चाहता हूं तुम्हें
तड़पता ही रहूंगा हमेशा तुम्हारे लिए
तुम्हारी खोज में ही आया मैं इस अजनबी देश में
अब कभी नहीं छोड़ूंगा तुम्हें!

थांङी ने **चला** के इस सुंदर गीत को सुनने की कभी उम्मीद ही नहीं की थी। थोड़ी ही देर में **चला थांङी** के पास भागते-भागते आ पहुंचा और दोनों एक-दूसरे की बांहों में समा गए।

वे दोनों खुशी-खुशी एक-दूसरे से सरगोशियां करते हुए अपने गांव लौटते हुए एक-दूसरे से कह रहे थे—"इस क्रूर जुदाई ने हमारे प्रेम को और भी गहरा कर दिया है।"

रास्ते में उन्हें एक नदी मिली, जिसमें बाढ़ आई हुई थी। **थांङी** के लिए इतने तेज प्रवाह में अपने से अकेले नदी पार करना संभव नहीं था, इसलिए **चला** ने उससे कहा—"**थांङी**, तुम मेरे कंधे पकड़ लो। हम दोनों साथ-साथ नदी पार करेंगे।"

जैसे ही वे नदी के बीचों-बीच पहुंचे, तो बदकिस्मती से **थांङी** अपना संतुलन खो बैठी। वह **चला** की पीठ से फिसलकर नदी के भीषण प्रवाह में बह गई।

इस त्रासद घटना को अपनी आंखों से देखकर बेचारे **चला** का दिल बैठ गया। एक अजनबी और शत्रु देश में वह अकेला रह गया था। इसके बावजूद भी वह पूरे सप्ताह नदी के किनारे-किनारे घूम-घूमकर अपनी प्रियतमा **थांङी** को खोजता रहा। पर सब बेकार! विवश होकर, दुःखी मन और टूटे दिल के साथ वह अपने घर वापस आ गया।

गांव पहुंचने पर यह देख वह और भी दुःखी हुआ कि लोग खुशियां मना रहे थे और भोज खा रहे थे। गहन दुःख और निराशा के चलते वह इतनी खुशी मनाते हुए लोगों के साथ शामिल होने की हिम्मत नहीं जुटा पाया।

उसे यह बात बार-बार सता रही थी कि—"इतनी कठिनाई और मुसीबतें झेल कर वह अपनी प्रिय **थांङी** को शत्रुओं के चंगुल से क्या इसी दुःखद अंत के लिए बचाकर लाया था?" उससे यह सहन नहीं हो पा रहा था। उसका आहत मन रह-रहकर चीख उठता था—

"हाय! मेरी प्रिय **थांङी**, अब तुम इस **तियाऔ** नदी का अंग बन गई हो! मैं अब कभी तुमसे प्यार नहीं कर पाऊंगा!"

यह दिल दहलानेवाली **चला** और **थांङी** की प्रेम और बिछोह की त्रासद कथा मिजो जनजीवन में घर-घर में गूंजती है।

मिजो (मिजोरम)

त्लिंगी और न्गामा

प्रस्तुति : **बी. ललथंगलियाना**
अनुवाद : **रमणिका गुप्ता**

त्लिंगी और **न्गामा** दोनों एक दूसरे से प्यार करते थे। वे गुप्त स्थानों पर छिप-छिप कर मिला करते थे। एक दिन उन्होंने एक पहाड़ी पर मिलना तय किया, जिसका रास्ता केवल वे ही जानते थे। उन दिनों पड़ोसी गांव के साथ उनका झगड़ा चल रहा था, इसलिए सभी लोग जंगल में चोरी-चुपके जाते थे ताकि किसी को उनके वहां होने का पता न चले। **त्लिंगी** जब जंगल में पहुंची तो वह ऐसे स्थान पर जा बैठी, जहां से कोई राहगीर उसे देख न सके। **न्गामा** भी चुपके से पहाड़ी के दूसरे छोर पर अपनी प्रेयसी के इंतजार में चुपचाप एक स्थान पर जाकर बैठ गया। वे दोनों इतना नजदीक होकर भी एक-दूसरे का इंतजार कर रहे थे। इस बीच वहां बैठे-बैठे **त्लिंगी** ने कुछ तिनके उठाकर जमीन पर रख दिये थे, जो कालांतर में बांसों के झुरमुट बनकर उग आये। लेकिन वे बांस, दूसरे बांसों से भिन्न थे। दोनों यही सोचते रहे कि अपने प्रियतम या प्रेयसी से मिलने के लिए बस कुछ ही पल बाकी हैं, लेकिन पल महीनों और बरसों में बदल गए। इस बीच **त्लिंगी** की मत्यु हो गई और उसे वहीं दफना दिया गया। **न्गामा** उसकी कब्र पर नियमित रूप से आने लगा।

एक दिन **न्गामा** ने देखा कि **त्लिंगी** की कब्र पर उगे फूल व पौधे कुछ बिखरे-बिखरे से लग रहे हैं। वह कब्र के नजदीक गया। उसे कुछ शंका हुई। फलतः उसने कब्र पर नजर रखनी शुरू कर दी। अगले दिन सुबह-सुबह ही कब्र के पास एक जंगली बिल्ली फूल तोड़ने आई। **न्गामा** ने बिल्ली को पकड़ लिया। बिल्ली ने उसे बताया कि **त्लिंगी** मरने के बाद स्पिरिट बन गई है और उसी ने उसे उस स्थान से, जहां उसकी देह के अवशेष गड़े हैं, फूल लाने भेजा है।

वह बिल्ली को साथ लेकर **त्लिंगी** से मिलने अभौतिक दुनिया में जा पहुंचा। यह कोई आसान यात्रा नहीं थी, फिर भी वह वहां पहुंचने में कामयाब हो गया। **त्लिंगी** और **न्गामा** आपस में मिलकर बहुत खुश हुए। **न्गामा** ने देखा कि **त्लिंगी** जिस घर में रह रही है, वह कुछ टूट गया है। उसे मरम्मत की जरूरत है। वे दोनों उस घर की मरम्मत के लिए जंगल से सामान लाने चल दिए। वे पेड़, जो **त्लिंगी** को बहुत बड़े और ऊंचे नजर आते थे, **न्गामा** की नजर में न तो वे उतने बड़े थे और

न ही ऊंचे। वे बहुत ही छोटे थे। **न्गामा** उन्हें आसानी से घास व तिनकों की तरह उखाड़ सकता था। उस दिन दोनों ने मिलकर जानवरों का शिकार किया और खूब मछली मारी। **त्लिंगी** को जो जन्तु बड़े-बड़े रीछों जैसे नजर आते थे, **न्गामा** को वे कीड़े-मकौड़ों के मानिंद दिखते थे। मछलियां उसे सूखे पत्तों की तरह लगती थीं। **न्गामा** सोच में पड़ गया। बड़ी देर तक सोचने के बाद वह समझ पाया कि दोनों के बीच दृष्टि-अंतर इसलिए है क्योंकि उनमें से एक स्पिरिट है और दूसरा शरीरधारी मानव।

न्गामा मनुष्यों की धरती पर लौट आया और उसने अपनी प्रेमिका की तरह बनने के लिए आत्महत्या कर ली। इस प्रकार वह स्पिरिट बनकर **त्लिंगी** के पास पहुंच गया। तब दोनों ने यह महसूस किया कि अब पदार्थों का रूप-आकार आंकने की उनकी क्षमता और दृष्टि एक-सी हो गयी है। इसके बाद वे सदैव खुशी-खुशी रहने लगे।

मिजो (मिजोरम)

दुहमंगा और दर्दिनी

प्रस्तुति : **बी. ललथंगलियाना**
अनुवाद : **रमणिका गुप्ता**

सरदार का बेटा **दुहमंगा** एक विधवा की बेटी **दर्दिनी** से बहुत प्यार करता था। यह रिश्ता सरदार को मंजूर नहीं था क्योंकि उसकी नजर में यह संबंध उनके परिवार के रुतबे के अनुरूप नहीं था। बाबजूद इसके **दुहमंगा** ने अपने माता-पिता की इच्छा के विरुद्ध जाकर **दर्दिनी** से ब्याह रचा लिया।

एक दिन जब **दुहमंगा** लंबे अर्से के लिए शिकार पर बाहर गया, तो **दुहमंगा** के माता-पिता ने **दर्दिनी** से कहा—"**दुहमंगा** से तुम्हारा तलाक हो गया है, इसलिए अब तुम अपनी मां के घर चली जाओ।" **दर्दिनी** उदास हो गई। वह दिन-रात एक ही गीत गुनगुनाती रहती। वह गीत था—

'दुहमंगा मेरा बहुत बहादुर
कद्र अब उसकी कौन करेगा?
कौन बतियाएगा? मीठे-मीठे
चुनकर नित कचालू कोमल
कौन उसे खिलाएगा?'

दुहमंगा जब घर वापस आया तो उसने **दर्दिनी** से पुनः शादी कर ली।

दुहमंगा दोबारा यात्रा पर गया। इस बार **दुहमंगा** के माता-पिता ने **दर्दिनी** को ही उसके मां-बाप के घर भिजवा दिया और किसी दूसरे सरदार की बेटी को अपने घर लिवा लाए, ताकि **दुहमंगा** के घर लौटते ही, तुरंत उसकी शादी उस लड़की से कराई जा सके। लेकिन **दुहमंगा** अपनी बात पर अडिग रहा और उसने अपनी प्रेयसी **दर्दिनी** को अपने पास बुला लिया।

तीसरी बार जब **दुहमंगा** यात्रा पर घर से बाहर गया, तो उसके माता-पिता ने **दर्दिनी** को घर से ही निकाल दिया। मजबूर होकर **दर्दिनी** की मां ने अपनी बेटी की शादी गांव के किसी दूसरे युवक से कर दी। इस प्रकार **दर्दिनी** को **दुहमंगा** के रास्ते से हटा दिया गया।

दुहमंगा जब घर लौटा तो **दर्दिनी** को न पाकर वह बहुत निराश हुआ। चूंकि अब **दर्दिनी** का ब्याह हो चुका था, इसलिए उसके लिए अपनी प्रेयसी को दुबारा पाना

संभव नहीं रहा था। वह खुद को बेबस महसूस करने लगा। इसी प्रकार दिन और महीने बीत गए। **दर्दिनी** के बिना **दुहमंगा** खुद को अधूरा महसूस करने लगा।

एक दिन उसने दृढ़ निश्चय किया कि वह किसीं भी हालत में दर्दिनी से जाकर वहीं मिलेगा, जहां वह ब्याहकर गई थी। फलतः वह उस गांव पहुंच गया, जहां **दर्दिनी** अपने पति के साथ रह रही थी। **दर्दिनी** को उसके पति के साथ देखकर **दुहमंगा** इतना दुःखी हुआ कि उसने अपने सीने में खंजर घोप लिया और इस प्रकार एक सच्चे प्रेमी का अंत हो गया। लोगों ने उसको वहीं दफना दिया। वे और कर भी क्या सकते थे!

मिजो (मिजोरम)

न्गाईतेई ने अपना गांव बचाया

प्रस्तुति : **बी. ललथंगलियाना**
अनुवाद : **रमणिका गुप्ता**

न्गाईतेई नामक एक अनाथ लड़की अपनी दादी के साथ रहती थी। दादी उसे कचालू चुनने के लिए अपने साथ जंगल ले जाया करती थी। एक दिन दोनों दादी-पोती कचालू की खोज में उसी झील के पास जा पहुंची, जिसमें **न्गाईतेई** का पिता डूबकर मरा था।

प्यास लगने पर **न्गाईतेई** झील के पास पहुंची और न जाने क्यों वह एकाएक चिल्ला कर बोली—"हो"।

उसे नहीं मालूम वह ऐसे क्यों चिल्लाई? जैसे ही उसने 'हो' कहा कि उसका पिता, जो भूत बन चुका था—प्रकट हुआ और उसे उठाकर ले भागा। दादी उसकी खोज में निकल पड़ी। रास्ते में उसने एक हिरण देखा। दादी ने उस हिरण से पूछा—"क्या तुम बता सकते हो मेरी **न्गाईतेई** कहां है?"

"जरूर! दादी वह अपने पिता के घर पर है।" लाल हिरण ने बताया।

दादी आगे बढ़ी! रास्ते मे एक तीतर मिला। उसने तीतर से वही सवाल किया—"**न्गाईतेई** कहां है?' तीतर ने उसे बताया कि **न्गाईतेई** अपने पिता के पास है। यदि वह उस स्थान पर जाएगी, तो उसे उसकी पोती मिल जायेगी।"

आखिरकार दादी को वह स्थान मिल ही गया जहां **न्गाईतेई** थी।

न्गाईतेई का पिता अपनी बेटी को लौटाने में आनाकानी करने लगा, जिसके चलते दादी को यह वादा करना पड़ा कि वह जल्दी ही उसकी बेटी को वापस कर देगी। लेकिन वह यह अच्छी तरह जानती थी कि वह इस वायदे को कभी पूरा नहीं करनेवाली।

न्गाईतेई के पिता का भूत अपनी बेटी के न लौटने पर इतना क्रोधित हो गया कि उसने गांव में बाढ़ ला दी। पूरा गांव, जहां **न्गाईतेई** रहती थी डूबने लगा। बाढ़ आने पर गांव के लोग बहुत ही घबरा गए। गांववालों ने **न्गाईतेई** का पहनने का कपड़ा पानी में फेंक दिया। इससे बाढ़ का पानी कुछ देर के लिए घट गया। लेकिन पानी फिर उमड़ आया। इस बार गांववालों ने घबराकर **न्गाईतेई** की कंघी पानी में फेंकी। पानी फिर कुछ देर के लिए थम गया। लेकिन दूसरे ही क्षण खूब जोर से

हवा बहने लगी। लोग बहुत डर गए। वे समझ गए कि बिना **न्गाईतेई** को पानी के हवाले किए बाढ़ का पानी नहीं थमेगा। गांववालों ने बहुत दुःखी होकर **न्गाईतेई** को पानी के हवाले कर दिया। देखते-ही-देखते पानी की उफनती लहरें **न्गाईतेई** को अपनी भंवरों के आगोश में लेकर नीचे उतरने लगीं। पानी थम गया और हमेशा के लिए उस गांव से बाढ़ का प्रकोप हट गया।

आज भी उस गांव के लोग **न्गाईतेई** की याद में गीत गाते हैं–

"प्यारी ***न्गाईतेई***
तुष्ट करने को बाढ़ का गुस्सा,
सौंपा तुम्हें बाढ़ के हाथ
अब तुम हो अपने पिता के पास
बहुत सुखी तुम यह हमें विश्वास
लेकिन खलती बहुत है कमी तुम्हारी प्यारी ***न्गाईतेई***
हम चाहते समझो तुम भी हमारे मन की व्यथा अपार!"

अंगामी (नागालैंड)

त्सोऊ और तेरहुओपुडियू की प्रेम कहानी

प्रस्तुति : **सिबैस्टियन जुमवू**

अनुवाद : **अकील कैस,** *पुनरीक्षण :* **रमणिका गुप्ता**

त्सोऊ और **तेरहुओपुडियू** के गांव या उनके कुल-खानदान का पता निश्चित रूप से तो हम नहीं जानते, लेकिन पुरातन काल से चली आ रही उनकी प्रेम-कथा से हम परिचित जरूर हैं। हम यह जानते हैं कि उनका प्यार पवित्र था—भले उनका अहं कैसा भी हो।

त्सोऊ सुंदर, सुशील, छैला व मजबूत कद-काठी का युवक था। लोग उसके बारे में अच्छी-धारणा रखते थे। उन्हें उसमें कभी कोई बुराई नहीं दिखी। उसमें अगर कोई ऐब था, तो यह कि वह एक गड़रिया था—जो जन्म से तो नहीं, किंतु सामाजिक दृष्टि से एक निम्नस्तरीय व्यवसाय माना जाता था। **तेरहुओपुडियू** अत्यंत ही सुंदर, सुशील व प्यारी स्त्री थी। कहते हैं वह अपनी सुंदरता से किसी को भी मोह सकती थी। उसे लाड़-प्यार करने वाले उसके मां-बाप ने उसे ढोर-डंगरों की देखभाल में लगा दिया था ताकि उसे खेतों के कीचड़-कादों में काम न करना पड़े। उनके प्रेम की कथा यह नहीं बताती कि उन दोनों का प्रेम कैसे परवान चढ़ा? हमारे लिए तो बस इतना भर जानना ही प्रयाप्त है कि वे दोनों अलग-अलग घर-परिवार व कबीलों से होते हुए भी परस्पर मिले और प्यार करने लगे। इससे इस बात की पुष्टि तो अवश्य होती है कि उस सिर-कटवा युग में भी इतनी शांति तो जरूर व्याप्त थी, जिसमें इनका प्यार और रोमांस जन्म ले सका।

दोनों हर रोज अपने-अपने ढोर-डंगर साथ-साथ लाते और बेफिक्र हो कर आनंदपूर्वक मधु छत्तों की गुंजन भरी छाया के नीचे लेटे-लेटे घंटों बतियाते। न उनकी बातें खत्म होतीं और न बातों के विषय। विषय—जो उन्हें सुख और दुःख दोनों का अहसास कराते। उन्हें लगता जैसे कि वे उन जंगलों व वादियों का ही हिस्सा हैं।

ऐसे तो इससे पहले भी अनगिनत प्रेमी-प्रेमिकाओं के मिलन के किस्से वातावरण में तैरते रहे हैं, लेकिन इस प्रेम-कथा के जोड़े की कहानी उन सब कथाओं से भिन्न और निराली है। पक्षी गाते, ठंडी बयार मीठी सरगोशियां फुसफुसाती! ऐसे में गायों का रंभाना—ग्रामीण परिवेश को और भी मनहर और उल्लासमय बना देता था।

उनके झोंपड़ों के रास्ते के बीचो-बीच न जाने कब से एक विशाल पत्थर पड़ा था, जिस पर वे अपने प्यार-पगे दिनों में नित बैठा करते थे। इसी पत्थर पर बैठे-बैठे एक-दूसरे के सान्निध्य में उल्लसित होकर, वे एक-दूसरे के लिए प्यार-पगे गीत भी रचा करते। त्सोऊ गाता–

"मैं एक गड़रिया–सभी की नजरों में
दया का पात्र–अति तुच्छ!
बूढ़े-युवा सब करते उपेक्षा–
नहीं है मेरा कोई मित्र!
संबंधी नहीं कोई मेरा सच्चा
किस्मत ने भी दिया नित गच्चा
बस तुम ही तो हो एक मात्र सहारा!"

"बसन्त के जंगल में चेरी-तरू सी सुंदरी
करघे पर कसी डिजाइनों-सी छरहरी,
जीवंत-सजीली ऊष्मा-भरी
ओ **तेरहुओपुडियो** तुम्हारे लिए
मर भी जाऊं मैं, तो भी कम है!
नहीं महसूसा था मैंने कभी जो–
वह अहसास कराया तुमने!"

"हर दिन खा लेता मैं तुम्हारा दिन का खाना
बड़े चाव से देती जिसे थी, तुम्हारी स्नेहमयी माता
नहीं जानती मां तुम्हारी हर दिन बांटा तुमने
मेरे संग अपना खाना–
मैं एक कंगाल अनचीन्हा गड़रिया!"

"ढोरों का वह बड़ा समूह–सब तुम्हारा ही तो है
इक गाय भी तो नहीं है मेरे आंगन–जो रंभाती!
तुम्हें पाने को योद्धा कई लालायित
और मैं –
हीनता-बोध से ग्रस्त–दीन-हीन-सा याचक?"

त्सोऊ की बातें सुनकर **तेरहुओपुडियू** विचलित हो उठती। वह उसे समझाती

और कहती कि—"तुम मेरे बारे में बहुत ही बढ़ा-चढ़ाकर बातें करना बंद करो। में बहुत खुश-किस्मत हूं, जिसे तुम जैसा मर्दों में मर्द, प्यार करता है। तुम वह मर्द हो जो राह से गुजरता है, तो कई औरतों की नजरें उसका पीछा करने को विवश हो जाती हैं। मुझे अपने पिता की दौलत की तनिक भी परवाह नहीं है। मैं तो खुद को तभी समृद्ध समझूंगी जब मेरा प्यार यानी तुम मुझे मिलोगे। यदि मेरा जीवन ही तुम्हारे प्यार से वंचित रहा, तो मेरे लिए यश और धन का कौड़ी-भर भी मोल नहीं।"

लेकिन शायद विधि को कुछ और ही मंजूर था। संभवतः इस प्रेमी-युगल का समय ही अच्छा नहीं था। **तेरहुओपुडियू** के माता-पिता की नजर में उस छोटे गड़रिये के मुकाबिल कई अन्य युवक उससे भी अधिक योग्य थे—जिनके बारे में वे पहले नहीं जानते थे।

लेकिन **तेरहुओपुडियू** के सीने में जो प्यार की आंच धधक रही थी, वह इन सब कसौटियों से कहीं अधिक मजबूत थी। परीक्षा की ऐसी अनेक घड़ियां, उस आग को ठंडा नहीं कर सकी थीं। **तेरहुओपुडियू** ने **त्सोऊ** से बड़े प्रेम से कहा—"ओ मेरे दिल की धड़कन **त्सोऊ,** इससे पहले कि देर हो जाए—हम अपने विवाह की एक सुविधाजनक तिथि जल्द ही तय कर लें, तो अच्छा होगा। हम लंबे अरसे से साथ-साथ आते-जाते रहे हैं। हम यह भी अच्छी तरह जानते हैं कि अब हम बच्चे नहीं हैं। मेरे परिवार के लोग चाहते हैं कि मैं गांव के एक ऐसे आदमी के साथ घर बसा लूं, जिसे मैंने कभी नहीं जाना। मेरी राय है कि हम एक-दूसरे को अभी अलविदा कह दें और रात-भर इस मुद्दे पर सोचें और अपने सपनों को ध्यानपूर्वक दर्ज करें। शायद देवता हमारे मामले पर विचार कर, हमें इसका हल बताएं। तुम कल सबेरे जल्दी आ जाना—बस तुमसे मेरी यही विनती है।"

लेकिन उस रात **त्सोऊ** चैन की नींद नहीं सोया क्योंकि सारी रात उसे बुरे और ऊटपटांग सपनों ने परेशान किये रखा। अगली सुबह वह सबेरे उठा, तो उसे ऐसा लग रहा था कि जैसे वह किसी शोकसभा से आया है।

वह सोचने लगा कि यह कैसी अजीब बात है कि वह इस प्रकार शोकाकुल महसूस कर रहा है, जबकि उसे प्रसन्न और आनंदचित्त होना चाहिए था। अगर वह अमीर होता तो वह देवताओं को मुर्गा चढ़ाता। उसे विश्वास था कि ऐसा करने पर देवता उसका जरूर कुछ भला करते।

लेकिन कभी-कभी देवताओं की करनी भी विचित्र होती है। आपको लगता है कि यदि आपके वश में होता तो आप स्वयं ही स्थिति को अवश्य बदल देते! काश आपके मन में किसी अनिष्ट की आशंका ही न उत्पन्न हुई होती।

इन सब शंकाओं के बावजूद **तेरहुओपुडियू** के साथ मिल कर बनाई उसकी

योजना से, उसका मन गद्गद था। हमेशा की तरह वह अपने अच्छे स्वभाव एवं खुशमिजाज होने के कारण औरतों की चंचल आंखों का लक्ष्य बन गया—और बन गया कइयों के सपनों का केंद्र।

उसके गांव की उन युवतियों ने—जिन्हें वह जानता तक नहीं था, उस दिन उसकी रोज की दिनचर्या से अलग कुछ करने की ठानी। संभव है यह बिल्कुल एक संयोग ही हो, लेकिन 'तिरिया' के चरित्र को समझना बड़ा कठिन होता है।

उस सुबह उन औरतों ने अपनी योजना को पूरी तरह कार्यान्वित किया। उन्होंने उसे पकड़ कर उससे मजाक करना शुरू कर दिया। अपने साथ उन स्त्रियों का ऐसा व्यवहार उसे विचित्र लग रहा था। वह उनके व्यवहार से इसलिए ज्यादा आश्चर्यचकित था कि उसके अनुसार ऐसी स्त्रियां योद्धाओं के लिए ही उपयुक्त होती हैं, जबकि वह तो एक मामूली गड़रिया ही था। फिर ऐसा क्यों?

उसने उन स्त्रियों से छुटकारा पाने के लिए बड़ी जद्दोजहद की। उसने महसूस किया कि वैसी परिस्थितियों में ज्यादा उग्र होना भी अशिष्ट होगा। सो उस धक्कमपेल में वह उल्टी दिशा में ठेलाता चला गया, जबकि उसके ढोरों का रेवड़—मनुष्यों के षड्यंत्र से अनजान, अभ्यासानुसार पूर्ववत उत्तर दिशा में खाड़ी की ओर बढ़ गया।

उसने उन औरतों को बताया कि इस समय **तेरहुओपुडियू** उसका इंतजार कर रही होगी, इसलिए आज वह उनके साथ नहीं जा सकेगा। उसने उन्हें यह भी बताया कि दोनों ने मिलकर अपने ब्याह का दिन भी तय करने का निर्णय ले लिया है और इसी बात पर गई रात उन दोनों ने विचार-विमर्श भी किया था।

यह सुनकर गांव की युवतियां चकित रह गईं। कई तो बहुत निराश हो गईं। उन्हें यह आशा थी कि वह उनमें से किसी एक के साथ ब्याह रचाएगा। **त्सोऊ** की बातें सुनकर वे युवतियां और भी अधिक जिद करने लगीं। वे उसे **तेरहुओपुडियू** से दूर रखने और उसका मन बदलने के लिए कटिबद्ध हो गईं और अड़ गईं।

उधर इस सबसे अनजान **तेरहुओपुडियू** नियत जगह पर जल्द ही पहुंच गई थी। **त्सोऊ** के ढोर-डांगर भी पहुंच गये थे। ढोर-डंगरों को वहां बिना **त्सोऊ** के पहुंचा देखकर उसे लगा वह उसके साथ मजाक कर रहा है या कोई खेल खेल रहा है। वह जल्द ही आ जाएगा और वे दोनों एक हो जाएंगे।

सूरज आकाश में ऊंचा उठ गया था। पर **त्सोऊ** नहीं आया था। **तेरहुओपुडियू** रोने लगी। उसने **त्सोऊ** का काफी देर तक इंतजार किया। वह प्रार्थना करने लगी कि **त्सोऊ** जल्द आ जाए। लेकिन सब निरर्थक—बेकार। **त्सोऊ** नहीं आया। वह बहुत घबरा गई । उसे लगने लगा, जैसे वह पागल हो जाएगी।

सांझ हो चुकी थी। उसके जाने का समय भी हो चुका था। बावजूद इसके उसके

प्रेमी का दूर-दूर तक कोई अता-पता नहीं था। उसे लगा उसका हृदय टुकड़े-टुकड़े हो जाएगा। **त्सोऊ** की बेवफाई उसे बर्दाश्त नहीं हो पा रही थी।

पूरे दिन के अपने दुःख को दर्शाने हेतु उसने पत्ते के दोने में अपने आंसू जमा किए। आंसुओं से छलकते दोने को उसने इस आस में पत्थर पर रख दिया कि आने पर **त्सोऊ** उसके आंसुओं से भरे दोने को देख लेगा।

इस बीच **त्सोऊ** लड़कियों से पीछा छुड़ाकर अपनी प्रेयसी से मिलने के लिए मिलन स्थल की ओर भाग निकला। उसने अपने नाखूनों से बेंत की वह तीलियां तोड़ दी थीं, जिससे उसकी 'फिसो' बनाई गई थी। लेकिन जब वह मिलन-स्थल के उस पत्थर के पास पहुंचा तो उसे अपने पशु तो मिले, पर **तेरहुओपुडियू** जा चुकी थी। उसका कहीं कोई अता-पता नहीं था।

उसने उसे बहुत दूर अपने गांव की तरफ जाते हुए देखा। वह जोर से स्पष्ट आवाज में चिल्लाया भी कि वह उसकी मजबूरी समझे, लेकिन उस भग्न-हृदया प्रेयसी ने एक बार भी मुड़कर उसकी तरफ नहीं देखा। शून्य को ताकते हुए, अवसाद से ग्रस्त उसकी प्रेयसी रेवड़ के रास्ते पर चली जा रही थी।

वह अश्रुविहीन रोती रही थी, चूंकि उसके पास बहाने के लिए आंसू ही नहीं बचे थे। उसे महसूस हो रहा था जैसे उसकी देह का सारा खून बह चुका है। उसने **त्सोऊ** की मद्धम-सी आवाज सुनी, जैसे कि वह सफाई देना चाह रहा था लेकिन उसका मन लौटने के लिए तैयार न था।

त्सोऊ की आवाज **तेरहुओपुडियू** के कानों में पड़ी—"अगर मैं तुम्हें निष्ठुर लगता हूं, तब भी तुम्हें हमारे प्रेम भरे समय का वास्ता, बस एक बार तो पीछे मुड़कर मुझे देखो! मेरे प्यार की सत्यता पर शक न करो!" वह मुड़ी! उसने देखा, **त्सोऊ** पत्ते में रखे उसके आंसू पी रहा था।

उस शाम जब **त्सोऊ** घर पहुंचा, तो उसका एक बछड़ा गायब था। उसने अनुमान लगया कि संभवतः वह **तेरहुओपुडियू** के ढोरों के साथ उसी के यहां चला गया है। लेकिन उस समय उसके मन ने **तेरहुओपुडियू** के पास जाना कबूल नहीं किया।

अगले दिन सुबह-सुबह ही **त्सोऊ तेरहुओपुडियू** के घर यह पूछने पहुंचा कि कहीं उसकी गाय उसकी गायों के साथ तो उनके घर नहीं चली आई? जब **त्सोऊ** वहां पहुंचा तो **तेरहुओपुडियू** धान फटक रही थी, धान फटकना रोककर उसने **त्सोऊ** को विस्मय भरी नजरों से देखा और बोली—"हां एक गाय सचमुच हमारे रेवड़ के साथ आ गई है!"

त्सोऊ को लगा जैसे उसके गले में पहाड़ उग आया हो। उसका हृदय जोर-जोर से धड़कने लगा—जैसे वह फट जायेगा। दरअसल दोनों प्रेमी एक ही अनुभव से गुजर

रहे थे। लग रहा था बिना किसी अनुष्ठान के किसी जादुई टोने का प्रभाव हवा में तैर रहा है।

त्सोऊ लकड़ी के ऊंचे फाटक को फांद कर बाड़े में पहुंचा और अपनी गाय को पकड़कर फिर गेट फलांगकर वापस आ गया। उस समय उसका पुरुषत्व अपने चर्म पर दिख रहा था। वह एक जवां मर्द की तरह सीना ताने लंबे-लंबे डग भरता अपने घर लौट गया और पीछे छोड़ गया एक भग्न-हृदय, अर्द्धमृत औरत!

दरअसल **त्सोऊ** ने उस दिन घटी अप्रिय घटना की भरपाई के लिए एक गुप्त योजना बनाई ताकि रिश्तों में सुधार लाकर पुनः मित्रवत संबंध स्थापितकर अधिक घनिष्ठ एवं अंतरंग संबंध कायम किये जा सकें लेकिन **तेरहुओपुडियू** के निष्ठुर व रूखे व्यवहार से **त्सोऊ** को बहुत सदमा लगा। उसने कभी सपने में भी नहीं सोचा था कि उसकी एक गलती इतना बड़ा रूप ले लेगी।

तेरहुओपुडियू की मां ने इससे पहले कभी **त्सोऊ** को नहीं देखा था। उसने अपनी बेटी से पूछा कि दरवाजे से अभी-अभी जो आदमी गुजरा वह कौन था? तेरहुओपुडियू को याद आया कैसे उसके परिवार के सभी लोग त्सोऊ के विरुद्ध थे और सभी-के-सभी उससे घृणा करते थे। पिछली बातों को याद करते हुए उसने उत्तर दिया—"यह वही **त्सोऊ** है, जिसे आप सब घृणा करते हो।"

क्षण भर में मां का चेहरा रौशन हो गया। वह सब समझ गई। उसे बहुत अफसोस हुआ कि ऐसे सुंदर नौजवान को उन्होंने बिना सोचे-समझे और देखे ही ठुकरा दिया था। क्षण-भर के लिए तो मानो **त्सोऊ** ने उसकी मां पर जादू-सा कर दिया था। उसकी मां ने आह भरकर कहा—"मेरी बच्ची का चयन ही मेरा चयन है।"

"मैं उसकी इसी मिलन स्थल पर करूंगा प्रतीक्षा जब वह आएगी तो मैं उसका बड़ी गर्मजोशी से स्वागत करूंगा। उसके तनिक नरम पड़ने पर मैं कितना खुश होऊंगा मैं बयान नहीं कर सकता। हाय मैं अपने टूटे दिल का क्या इलाज करूं।" **त्सोऊ** विलाप करता।

हर दिन **त्सोऊ** उस चट्टान की ओर जाता। लेकिन **तेरहुओपुडियू** नहीं आई तो नहीं ही आई! दिन पर दिन गुजर गए, मगर उसकी प्रेयसी का चेहरा नहीं दिखा। उसे लगने लगा शायद वह उसे भूल ही गई है।

समय बढ़ता रहा—रुका नहीं! कुछ भी तो नहीं रुका—न पल, न दिन, न महीने, न बरस! बरस-दर-बरस जुड़ते चले गए उस अलिखित अतीत में! वर्तमान कब अतीत बन गया—पता ही न चला!

एक दिन **त्सोऊ** अपने पुत्र को अपने विशाल खेतों को दिखाने ले गया। वहां बिखरे सूखे गोबर में उन्होंने आग जलाई, जो तुरंत ही बुझ गई। उसे घर लौटना उचित नहीं लग रहा था। ऐसे घर जाने की उसकी इच्छा भी नहीं थी।

त्सोऊ ने अपने बेटे से कहा कि–"बिना आग के तो हम अपना दोपहर का खाना नहीं पका पाएंगे। इसलिए नदी के उस पार खेतों में जाओ और उनके उपलों से दोबारा आग जलाने की इजाजत लो। याद रखो बेटे, अपने हम उम्र और बड़ों से सदा विनम्रता से पेश आना।"

आज्ञा पालन करते हुए छोटा बच्चा जंगल में जा घुसा। अपने पिता के कहने पर वह कुछ भी कर सकता था। उसने खेत जाने का रास्ता ढूंढ़ लिया, जहां उसे एक औरत मिली। उस औरत ने उससे बड़े स्नेह से बातें कीं। वह उसके मुंह को बड़े गौर से देख रही थी।

वह औरत उस बच्चे से उसके पिता व उसके परिवार के बारे में खोद-खोद कर पूछने लगी। उसने ये भी पूछा कि वे कहां रहते हैं–कहां खेती करते हैं और यह भी कि वह बच्चा बहुत सुन्दर एवं प्यारा है।

उसने उस बच्चे को संबोधित करते हुए कहा–"खूब उन्नति करो मेरे बेटे और बनो एक तर्कपूर्ण पुरुष। लेकिन अपने अच्छे पिता की तरह झूठ बोलनेवाला असत्यवादी मत बनना।" ऐसा कहते हुए उस औरत ने अपनी मालाओं में से चुनकर बच्चे के गले में सबसे बढ़िया और कीमती हार पहना दिया।

बच्चा हैरान था। उसने लौटकर अपने पिता को सारी कथा सुनाई। बच्चे ने महसूस किया कि जब वह उस घटना का ब्योरा अपने पिता को सुना रहा था तो उनका चेहरा पीला पड़ गया था। ऐसा लगा कि उसका पिता गहन वेदना महसूस करते हुए समय काट रहा है। वह यह भी नहीं बता सक रहा था कि उस दिन उसका पिता दोपहर ही में घर वापस क्यों लौट आया था!

नोट : 'फिसो' अंगामी नागाओं का पांव में पहनने का बेतों से बना पारंपरिक आभूषण होता है। कहते हैं कि उन औरतों ने 'फिसो' को इतनी कस के बांध दिया था, कि त्सोऊ चल ही न सके।

छूरा एवं अन्य लोकजन्य बाल कथाएं

आदि (अरुणाचल प्रदेश)

सिंगफो (धूर्त मनुष्य)

प्रस्तुति : **वीरेंद्र सिंह**

एक वृद्ध **सिंगफो** ने मरते समय अपने पुत्र को पास बुलाकर कहा—"मेरा अंतिम समय आ गया है। मरने के पहले मैं दो बातें बताना चाहता हूं। तुम हमेशा उन पर अमल करना। पहली यह कि कोई गोपनीय बात किसी औरत को नहीं बताना और दूसरी यह कि घर के दरवाजे पर कांटेदार वृक्ष नहीं लगाना।" पिता के मरने के बाद पुत्र ने इन दोनों बातों की परीक्षा करने के उद्देश्य से अपने घर के सामने कांटेदार वृक्ष लगा दिया और एक सुंदर लड़की से शादी कर ली। एक दिन वह चुपचाप जंगल में गया और एक कुत्ते को मारकर जमीन में दफना दिया। कुत्ते के खून से सना हुआ चाकू लेकर वह घर आया और अपनी पत्नी से कहा कि आज मैंने एक आदमी का खून कर दिया है। प्रमाण के लिए उसने खून लगा चाकू अपनी पत्नी को दिखाया। पत्नी डर से चिल्लाने लगी और बोली तुम हत्यारे हो, तुमने आदमी का कत्ल किया है। अब मैं एक पल भी तुम्हारे साथ नहीं रहूंगी। मैं राजा के पास शिकायत करने जा रही हूं। वह दौड़ती-हांफती हुई राजा के पास गई और कहा कि मेरे पति ने एक आदमी क़ो मार दिया है। राजा ने अपने सिपाहियों को आदेश दिया कि वे **सिंगफो** को पकड़ने के लिए उसके घर जाएं। सिपाही उसे पकड़कर ला रहे थे कि **सिंगफो** की पगड़ी कांटेदार पेड़ में उलझ गयी और उसी में अटकी रह गयी। पगड़ी का उतरना अपमान की निशानी है। **सिंगफो** बिना पगड़ी खाली सिर ही राजा के दरबार जा पहुंचा। राजा ने उससे पूछा—"क्या तुमने किसी आदमी की हत्या की है? इस संबंध में सच्चाई का बयान करो।" **सिंगफो** ने जवाब दिया—"मैंने किसी आदगी का खून नहीं किया है। वास्तविक स्थिति यह है कि मैंने पिताजी की बातों की सत्यता जानने के लिए एक कुत्ते को मारकर जमीन में दफन कर दिया और पत्नी से झूठ बोला कि मैंने एक आदमी का कत्ल कर दिया है।" राजा ने अपने सिपाहियों और जासूसों को आदेश दिया कि **सिंगफो** के कथन की छानबीनकर पता लगाया जाए कि वह आदमी खूनी है या निर्दोष। सिपाहियों ने जांच करने के बाद कहा कि **सिंगफो** का कथन सत्य है, वह हत्यारा नहीं है। राजा ने **सिंगफो** को रिहा कर दिया। वह उसकी बुद्धि से बहुत प्रभावित हुआ और अपनी पुत्री से उसकी शादी कर दी।

बोडो (असम)

बूढ़ा और नैस्त्रे मछली

प्रस्तुति : **फुकन चंद्र बसुमतारी**
अनुवाद : **रमणिका गुप्ता**

एक गांव में एक बूढ़ा और बुढ़िया रहते थे। उनकी कोई संतान नहीं थी। बूढ़ा बोर्सी (मछली पकड़नेवाली लंबी सी छड़ी) की मदद से मछलियां पकड़ने में बहुत माहिर था। एक दिन बूढ़ा अपनी बोर्सी को लेकर मछलियां पकड़ने के लिए तालाब पर गया। उसने पर्याप्त मात्रा में **नैस्त्रे** मछलियां पकड़ीं और अपनी पत्नी को देने के लिए घर वापस लौट आया। पत्नी बहुत खुश हुई और अपने पति से कहा कि दोबारा तालाब पर और मछलियां पकड़ने जाए। उसकी बात सुनकर, वह और मछलियां पकड़ने के लिए तालाब की ओर चल पड़ा। उसी दौरान, बुढ़िया ने मछलियों को काटना शुरू किया। उन मछलियों में से एक मछली दूर भाग गई। उस समय एक चील आसमान में उड़ रही थी। चील ने मछली को देखा, तुरंत ही वह जमीन पर आई और मछली पर झपट्टा मारकर उसे आकाश में लेकर उड़ गई। चील खुशी-खुशी उसी जगह आकाश में उड़ रही थी, जहां बूढ़ा मछलियां पकड़ रहा था। दुर्भाग्यवश उसकी चोंच से छूटकर मछली तालाब में गिर पड़ी।

कुछ समय पश्चात्, **नैस्त्रे** मछली ने देखा कि बूढ़े ने वोर्सी की मदद से उसे पकड़ लिया। तब मछली उसके पास आई और बोली, "अरे बूढ़े (व्यक्ति), मैं सब जानती हूं, तुम क्यों अपनी बोर्सी में मेरे लिए खाना बांधते हो? मेरे सभी तीनों कान पहले ही काटे जा चुके हैं और मैंने तीनों लोक भी देखे हैं। अरे बूढ़े व्यक्ति, मैं चील का बेटा हूं।" तालाब के गहरे पानी से आती हुई यह आवाज सुनकर, बूढ़ा आश्चर्यचकित हुआ। बूढ़ा व्यक्ति बड़बड़ाने लगा और अपने आपसे बोला—"यह कैसी अद्भुत् घटना है? यह बड़ी भयानक है।" वह तुरंत घर लौट पड़ा और सारा वृत्तांत अपनी पत्नी को बताया। पत्नी मछली के बारे में सबकुछ जानती थी। उसने अपने पति को बताया कि यह वही मछली थी, जिसे उसने पहले पकड़ा था। सच सुनकर बूढ़ा मछली के मायाजाल को समझ गया। तब दोनों पति-पत्नी हंसने लगे।

गारो (मेघालय)

देवता की स्थापना

प्रस्तुति : **अनीता पांडा**

गारो जनजाति के लोग पहले किसी देवी-देवता की पूजा नहीं करते थे। जब भी वे दुःखी या चिंतित होते तो वे किसी विशाल पत्थर के सामने घंटों बैठ जाते और प्रार्थना करते। उसके बाद उन्हें शांति का अनुभव होता। धीरे-धीरे उन्हें विश्वास हो गया कि पत्थर में शक्ति है, जिससे उनके मन को शांति मिलती है। यह बात उन्होंने गांववालों को बतायी। सबकी अटूट श्रद्धा और आस्था ने देवता की स्थापना की, जिसे गारो जनजाति के लोग **'छूरामुते'** कहते हैं।

मिजो (मिजोरम)

छूरा

मिजो लोक-कथाओं का निर्विवाद नायक

प्रस्तुति : **डॉ. एल.टी. लियाना खियांगते**

अनुवाद : **सारंग कुमार**

पौराणिक मिजो कथा-संसार में महान **छूराबूरा** निस्संदेह सबसे रोचक तथा यादगार व्यक्तित्व रहा है। **छूरा** को यदि छोड़ दिया जाए तो मिजो कथा-साहित्य का अध्ययन अपूर्ण ही माना जाएगा। वास्तव में, यह मिजो लोक-संसार का निर्विवाद नायक है। उसके चरित्र का विरोधाभास, उसे औरों से अलग रखता है। उसे मिजो लोक-चरित्रों में सबसे भोला-भाला माना जाता है। दूसरी ओर, उसे बुद्धिमानों में सबसे चतुर भी समझा जाता है। बड़ा भाई **नहाइया**, जो बड़े आलसियों में शुमार था, के प्रति उसका अत्यधिक प्रेम भी संभवतः इसका कारण रहा हो। उसके बारे में काफी कहानियां उसके व उसके बड़े भाई की गतिविधियों से संबंधित हैं। **नहाइया** से जुड़ीं सभी कथाओं में छूरा वस्तुतः सबसे अधिक संकट झेलनेवाले चरित्र के रूप में उभरकर सामने आता है। जिन कथाओं में **नहाइया** नहीं है, उनमें वह विजयी मुद्रा में दिखाई देता है।

हालांकि कहानी का प्रत्येक खंड छोटा है, फिर भी यह पाठकों के होंठों पर मीठी मुस्कान छोड़ देता है और हंसी-खुशी में ही हो जाती है—एक सीख, एक नसीहत, एक संदेश या कभी-कभी हल्की-सी कटाक्ष भरी चोट! **छूरा** की कहानियां अगर कहीं से पढ़ी जाएं तो वे भरपूर आनंद देती हैं। वास्तव में यह जानना बेहद मुश्किल है कि उसकी कहानियां कहां से शुरू होती हैं और कहां खत्म हो जाती हैं। यह भी कहा जाता है कि **छूरा** ने संसार के बनने के समय महत्त्वपूर्ण किरदार निभाया था। उसने अपने बड़े पत्थर से धरती को पीट-पीटकर संसार को मूर्त रूप दिया। इस पर पहाड़ बनाए, समतल मैदान और वादियां बनाईं। उसकी मृत्यु के बारे में भी काफी विवाद रहा है। कुछ मतों के अनुसार वह लंबी यात्रा के दौरान अचानक मौत का शिकार हो गया। कुछ विद्वानों का कहना है कि वह समाज में उच्च सम्मान प्राप्त व्यक्ति के रूप में ख्याति अर्जित करके मरा। फिर भी कुछ मतों के अनुसार वह अपना प्रिय खेल **'इ्हेड्तोलूह्अ-साइ ओनह्'** खेलते हुए मरा था। इस मत के अनुसार **छूरा** एक त्योहार के दौरान खेल में इतना मस्त हो गया

कि लंबे समय तक खाना खाना ही भूल गया और खेलते-खेलते थकान व शारीरिक कमजोरी से मौत का शिकार हो गया। यह बात सच है कि **छूरा** अपनी मौत के समय समाज का सम्मानित व्यक्ति था और उसने संसार का पूरा आनंद लिया। यद्यपि उसे संसार की रचना करनेवाला माना जाता है, पर कुछ कहानियों के मुताबिक वह 14वीं शताब्दी में भी जीवित था और मिजोरम के पूर्वी भाग में रहता था, जहां आज भी उसकी धरोहर देखी जा सकती है।

मिजो (मिजोरम)

छूरा के सींग

प्रस्तुति : **डॉ. एल.टी. लियाना खियांगते**
अनुवाद : **सारंग कुमार**

एक गांव में **छूरा** नाम का बहादुर और विनोदप्रिय व्यक्ति रहता था। उसका सबसे अच्छा मित्र उसका सगा भाई **नहाइया** था, जिसे **ना** के उपनाम से पुकारा जाता था। वह **छूरा** की मूर्खता और लापरवाही का लाभ उठाने में माहिर था। दोनों भाइयों का मुख्य पेशा खेती था। उनके धान के खेत गांव से कुछ ही दूरी पर थे। **नहाइया** के खेत के कोने पर एक बहुत बड़ा पेड़ था, जिस पर भोजन की खोज में आनेवाले पक्षी विश्राम किया करते थे। **नहाइया** चिड़ियों का चहचहाना बर्दाश्त नहीं करता था और पत्थरों या अपने हथियार 'साइरोखरूह्' से उन चिड़ियों का शिकार किया करता था।

भाग्य या दुर्भाग्यवश **नहाइया** द्वारा फेंका गया पत्थर पेड़ की खोखर में चला गया। उस खोखर में एक प्रेतात्मा अपने बच्चों के साथ रहती थी। पत्थर से भूतनी घायल हो गई। उसे गुस्सा आ गया और हमलावर को उसने अपनी अदृश्य शक्ति से बदला लेने की चेतावनी दी। उसने अज्ञात भाषा में हमलावर को डराने के लिए तरह-तरह की ध्वनियां निकालीं।

प्रेतात्मा का गुस्सा देख चालाक **नहाइया** ने उस खेत को बेचने का मन बना लिया ताकि वह उस भूतनी के शाप से बच सके। उसने सोचा कि खेत के नए मालिक को ही यह शाप लगेगा। **नहाइया** ने अपने छोटे भाई **छूरा** के सामने झूमवाले खेत को बदलने का प्रस्ताव रखा। अपना खेत दिखाने के बाद उसने **छूरा** से कहा कि वह खेत ले ले और बदले में दूसरा खेत उसे दे दे। भोला-भाला **छूरा** भाई की बात मान गया। अगले दिन **छूरा** अपने नए खेत पर गया। **नहाइया** के कहे मुताबिक **छूरा** ने खेत में एक पेड़ खड़ा पाया, जिसकी शाखाओं पर बहुत-सी चिड़ियां बैठी थीं। उसके मन में कुछ चिड़ियों का शिकार करने का लालच आ गया। उसने चिड़ियों को निशाना बनाकर पत्थर फेंकने शुरू कर दिए। पहले की तरह ही प्रेतात्मा ने अज्ञात भाषा में कुछ कहना शुरू किया, क्योंकि उन पत्थरों से उसके बच्चों को चोट पहुंच रही थी। **छूरा** ने प्रेतात्मा की चेतावनी को अनसुना कर दिया और चिड़ियों पर लगातार पत्थर फेंकता रहा। भूतनी ने महसूस किया कि खेत का नया मालिक काफी साहसी है, इसलिए उसे डराकर भगाना आसान नहीं है। वह खोखर के एक

कोने में दुबक गई और **छूरा** को माफ कर दिया। अब वह उस खोखर के पास पहुंच गया जहां से अपरिचित आवाज आ रही थी। उसने खोखर में झांककर देखा–उसमें बच्चे तो थे, पर मां गायब थी। **छूरा** ने खोखर में से एक-एक बच्चे को निकाला और निगलना शुरू कर दिया। देखते-ही-देखते भूतनी के सारे बच्चे मर गए। वहां से आकर वह खेत की झोपड़ी में छुप गया। भूतनी अपने बच्चों की मौत पर खूब रोई। अब **छूरा** ने प्रेतात्मा को भी पकड़ने की योजना बनाई। उसने झोंपड़ी में एक झूला बनाया और स्वयं अलग जाकर छुप गया ताकि प्रेतात्मा को लगे कि घर चला गया है। कुछ समय बाद भूतनी झोंपड़ी में बने झूले पर आकर बैठ गई और खुद को अकेली महसूस कर एक दर्दभरा गीत गाने लगी। वह बिना देरी किए बाहर निकला और झट भूतनी के बाल कसकर पकड़ लिए। उसने प्रेतात्मा को गांव में ले जाकर उससे बच्चों का मनोरंजन कराने की धमकी दी। भूतनी ने उससे ऐसा न करने की गुहार की और उसे छोड़ने के एवज में एक तलवार भेंट करने का वादा किया। उसने जवाब दिया कि उसके पास पहले से ही एक कुल्हाड़ी है। फिर भूतनी ने उसे एक कुदाल का लालच दिया, परंतु उसने इसे भी लेने से इनकार कर दिया, क्योंकि इसे चलाने के लिए बड़ी ताकत की जरूरत होती है। भूतनी यह सोचकर भय से कांप रही थी कि गांव में बच्चों के सामने उसकी क्या गत बना दी जाएगी। इसलिए उसने उसे अपनी सबसे कीमती वस्तु जादू का सींग देने का लालच दिया। **छूरा** ने इस प्रस्ताव को खुशी से स्वीकार कर लिया। वह जानता था कि बिना प्रयास के ही इस सींग के एक छोर से खाना बनाया जा सकता है और दूसरे छोर से गोश्त उबाला जा सकता है।

जादू के सींग का महत्त्व जानकर **छूरा** ने भूतनी को छोड़ दिया और सींग लेकर घर चला गया। इस कीमती सींग के जरिए **छूरा** व उसके परिवार को मुफ्त में ही पूरे दिन का स्वादिष्ट भोजन मिलने लगा। पूरे परिवार ने अब काम करना बंद कर दिया और परिवार के सभी सदस्य लापरवाही से लड़ने लगे। जब **नहाइया** को भाई के पास जादू के सींग होने का पता चला, तो उसे **छूरा** से ईर्ष्या होने लगी। कुछ दिन बाद **नहाइया ने छूरा** से यह सींग ले लेने की चाल चलनी शुरू कर दी। उसने **छूरा** को चेताया कि तुम्हारे घर में कभी भी आग लग सकती है, इसलिए यह सींग फेंक दो। एक दिन **नहाइया ने छूरा** के घर के पास सूखे बांस व केन की लकड़ियों का ढेर लगाकर उसमें आग लगा दी और आंगन में आकर "आग...आग..." चिल्लाने लगा। उसने **छूरा** से कहा कि आग उसी जादू के सींग के कारण लगी है, इसलिए उसे लेकर बाहर आने के लिए कहा। **छूरा** जल्दी से बाहर निकला, पर दरवाजे पर ठेस लगने के कारण गिर पड़ा। सींग उसके हाथ से छूटकर दूर जा गिरा। **नहाइया** इसी मौके की तलाश में था। उसने झपटकर सींग उठा लिया और चलता बना।

इस घटना से **छूरा** काफी दुःखी था। वह सींग वापस लेना चाहता था। इसके लिए उसने भी एक योजना बनाई। **नहाइया** की तरह ही उसने भी उसके घर पहुंचकर यह बात दोहराई कि जब घर में आग लग जाए तो सबसे पहले सींग को लेकर घर से भाग जाना चाहिए। कुछ समय बाद **छूरा** ने **नहाइया** के घर के बाहर आग लगा दी और उसी अंदाज में चिल्लाने लगा। हालांकि **नहाइया** ने सोच रखा था कि **छूरा** की बात में आना नहीं है, इसलिए उसने भाई की बात पर ध्यान नहीं दिया और पास पड़ा पत्थर का मूसल उठाकर भागते हुए गिरने का अभिनय कर मूसल को **छूरा** की ओर फेंक दिया। मूसल **छूरा** की पिंडली की हड्डी पर जा लगा। दर्द से वह बिलबिला उठा और भुनभुनाते हुए कहा, ''मुझे वही चीज रखनी है जो **नहाइया** को नापसंद है।'' **नहाइया** अपने छोटे भाई **छूरा** से काफी चालाक निकला। उसने भाई को सींग नहीं लौटाया और जादू-भरी उस वस्तु का भरपूर फायदा उठाया। अब वह प्रतिदिन एक-से-एक स्वादिष्ट व्यंजनों का आनंद लेने लगा।

मिजो (मिजोरम)

उड़नेवाले घोड़े की सवारी

प्रस्तुति : **डॉ. एल.टी. लियाना खियांगते**
अनुवाद : **सारंग कुमार**

उन दिनों पहाड़ों के बीच एक उड़नेवाला सफेद घोड़ा रहता था। **छूरा** और उसके भाई **नहाइया** ने जब इस विचित्र जंतु के बारे में सुना, तो उसे पालने के लिए पकड़ लाने का निश्चय किया। वे दोनों जंगल पहुंचे और एक पहाड़ी की चोटी पर चढ़ गए। वहां उन्होंने वैसा ही घोड़ा देखा जैसा सुना था। दोनों दबे कदम उस घोड़े के पास पहुंच गए। उनकी आहट पाकर घोड़ा उड़ने लगा। संयोग से **छूरा** घोड़े की एक टांग पकड़ने में सफल हो गया और **छूरा** की कमर से **नहाइया** कसकर लिपट गया। घोड़ा फिर भी रुका नहीं। वह दोनों भाइयों को उसी हालत में लेकर उड़ गया और दोनों को पहाड़ी के चारों ओर घुमाने लगा। कुछ देर बाद **छूरा** के हाथों में दर्द होने लगा। भाई का वजन उससे सहन नहीं हो पा रहा था। थककर उसने **नहाइया** से घोड़े की दूसरी टांग पकड़ने को कहा। आसमान में उड़ते हुए ऐसा करना खतरे से खाली नहीं था। **नहाइया** ने अपनी मुश्किलें बताईं, पर **छूरा** को उसकी बात पर यकीन नहीं हुआ। उसने **नहाइया** से फिर वही बात दोहराई, पर **नहाइया** ने इसे असंभव बताकर फिर **छूरा** की बात अनसुनी कर दी। घोड़े की एक टांग पकड़े **छूरा** बार-बार भाई से आग्रह करता रहा और भाई उसे अपनी परेशानी बताता रहा। काफी परेशान हो चुके **छूरा** के पास और कोई विकल्प नहीं रह गया था। वह गुस्से में था। इधर, **नहाइया** को अब गिरने का डर सताने लगा था। वह **छूरा** से घोड़े की टांग को और कसकर पड़कने की सलाह देता रहा, पर **छूरा** का भार हल्का नहीं कर सका। आखिर जान उसे भी प्यारी थी। और, फिर वही हुआ जिसकी आशंका थी।

छूरा अधिक देर तक हाथों का दर्द झेल नहीं सका और अंततः दोनों हवा में कलाबाजियां खाते हुए झाड़ियों के बीच पत्थर पर आ गिरे। दोनों की हड्डी-पसली एक हो गईं। लोगों का मानना है कि **छूरा** और **नहाइया** की मौत इसी हादसे में हुई थी। **छूरा** की असामयिक मौत का किस्सा क्षेत्र में आज भी प्रचलित है।

मिजो (मिजोरम)

जब खो गई छूरा की सीटी

प्रस्तुति : **डॉ. एल.टी. लियाना खियांगते**
अनुवाद : **सारंग कुमार**

एक दिन **छूरा** उस गांव में पहुंचा जहां वह पहले कभी गया था। वहां उसने एक व्यक्ति को बहुत ही सुरीली आवाज में सीटी बजाते सुना। सीटी की आवाज पर वह मोहित हो गया। ऐसी आवाज उसने पहले कभी नहीं सुनी थी। उसने उस व्यक्ति से कहा कि वह इसी तरह सीटी बजाना उसे भी सिखा दे, तो बदले में वह जितना पैसा मांगेगा, उसे मिल जाएगा। यह प्रस्ताव सुनकर वह आदमी अपनी कला को महज तीन 'कदियाल' (मुद्रा) में बेचने को तैयार हो गया। युवक से सीटी बजाने की कला सीखकर वह काफी खुश हुआ। उस गांव में वह जब तक रहा, सीटी ही बजाता रहा ताकि इस नई कला को भूल न जाए।

कुछ दिन बाद उसे घर लौटना था, इसलिए वह गुरु के सान्निध्य में लगातार अभ्यास करता रहा। अपने घर लौटते समय रास्ते में भी वह सीटी बजाते हुए चल रहा था। अचानक उसका पैर किसी बेहद चिकनी चीज पर फिसल गया और वह औंधे मुंह गिर पड़ा। उसका सीटी बजाना अपने आप रुक गया। वह तेजी से उठा और फिर अपने रास्ते पर चलने लगा। जब उसने फिर से सीटी बजाना चाही, तो कामयाब नहीं हो सका। उसने सोचा कि शायद उसकी कला कहीं रास्ते में खो गई है। वह पीछे मुड़कर फिर उसी रास्ते चलने लगा, जिधर से आया था। शीघ्र ही उसे **पोइ** नामक एक युवक मिला। उसे परेशान देख **पोइ** ने पूछा–

"तुम्हारा क्या खो गया है?"

"अगर मुझे यह पता होता तो मैं अपना वक्त यूं ही बर्बाद क्यों करता?" उसने रूखेपन से जवाब दिया। **पोइ** को बड़ा अजीब लगा। फिर भी वह उसकी मदद में जुट गया। उसके साथ **पोइ** भी आसपास की झाड़ियों में सतर्कता से निगाहें दौड़ाने लगा, पर मिला कुछ नहीं। आखिर में थककर वह एक पेड़ के नीचे बैठ गया और सीटी बजाने लगा, जैसे कह रहा हो–"सचमुच यह निराशाजनक काम है। मुझे थोड़ी देर ताजा हवा से ठंडा हो लेने दो।" **छूरा** ने जब उसकी सीटी सुनी तो चौंक गया। उसने **पोइ** से कहा–

"हां, यही वह स्वर था जिसकी मुझे तलाश थी...तुमने यह आवाज मुझसे क्यों

चुरा ली? मुझे वापस दे दो।"

पोइ हैरत भरी नजर से उसे देखने लगा। जब तक वह कुछ कहता, **छूरा** ने उसकी जीभ खींच ली और गांव की ओर चल पड़ा। रास्ते में वह फिर से सीटी बजाने में सफल हो गया। वह खुश होकर होंठो से सुरीली आवाज निकालता चला जा रहा था। पर उसे, जिसने उसकी मदद की थी, उसकी तनिक भी फिक्र नहीं थी।

मिजो (मिजोरम)

छूरा की रसोई

प्रस्तुति : **डॉ. एल.टी. लियाना खियांगते**
अनुवाद : **सारंग कुमार**

एक दिन कहीं जाने से पहले छूरा की पत्नी ने उसे निर्देश दिया कि जब शाम को सूर्य की किरणें पेड़ की चोटी पर गिरने लगें, तो तुम चूल्हे पर चावल उबलने को रख देना। उसने इस तरह गर्दन हिलाई जैसे सबकुछ समझ लिया हो। जब शाम हुई और सूर्य की किरणें पेड़ की चोटी पर गिरने लगीं, तो उसने पत्नी के निर्देश का यह अर्थ निकाला कि चावल को पेड़ की सबसे ऊंची डाल पर ले जाकर पकाना है। वह चावल, पानी, बर्तन और ईंधन लेकर पेड़ की चोटी पर चढ़ने लगा। बहुत संघर्ष के बाद उसे पेड़ पर चढ़ने में थोड़ी सफलता मिली। जैसे ही वह और ऊपर चढ़ता, फिसलकर फिर नीचे आ जाता। अंत तक वह पेड़ की सबसे ऊंची डाल पर चढ़ नहीं पाया। अथक प्रयास करने पर भी वह काफी ऊंचाई से गिर पड़ा। उसे गंभीर चोट लगी। किसी तरह उठकर कराहता हुआ वह बिस्तर पर जाकर लेट गया। सूर्य के छिपते ही काम निबटाकर पत्नी घर आई। उसने खिड़की से झांककर देखा कि बिना कुछ पकाए उसका पति आराम से लेटा है, पर उसकी पीठ पर रसोई का सामान बंधा है। यह देखकर पत्नी को बहुत गुस्सा आया।

"बिना चावल पकाए तुम इस तरह सो क्यों रहे हो" वह जोर से चिल्लाई।

"मैंने तो पेड़ की चोटी पर जाकर चावल पकाने का प्रयास किया, पर हो नहीं पाया।" उसने कराहते हुए जवाब दिया।

"मैंने तुमसे ऐसा करने को तो नहीं कहा था! पता नहीं तुम्हें अक्ल कब आएगी। बिल्कुल बुद्धू हो तुम..." रोष प्रकट करते हुए पत्नी ने माथा पीट लिया। उस शाम थकी-हारी बेचारी को खाना बनाने के साथ-साथ पति की दवा-दारू भी करनी पड़ी।

मिजो (मिजोरम)

छूरा और सुंदर मक्खी

प्रस्तुति : **डॉ. एल.टी. लियाना खियांगते**
अनुवाद : **सारंग कुमार**

गांव में घूमते समय **छूरा** ने एक खूबसूरत मक्खी को देखा। मक्खी की सतरंगी पांखें देखकर उसका मन ललचा उठा। वह उस मक्खी को पकड़कर घर ले आया और सोचने लगा–

''मैं इस मक्खी को बेचकर दुनिया का सबसे मालदार व्यक्ति बन जाऊंगा।'

अगले दिन वह मक्खी को लेकर **मोङपिंग** गांव की ओर चल पड़ा।

''सुनो गांववालो, देखो यह कितनी सुंदर मक्खी मेरे पास है। जो खरीदना चाहे आकर ले सकता है...यह संसार की सबसे खूबसूरत मक्खी है दोस्तो! बोलो इस अनोखी मक्खी को कौन खरीदेगा?'' बाजार में पहुंचने के बाद उसने जोर से आवाज लगाई।

आवाज सुनकर कुछ लोग **छूरा** के पास आए और पूछने लगे–

''भई कहां है दुनिया की सबसे खूबसूरत मक्खी? हम पहले उसे देखना चाहते हैं, उसके बाद ही खरीद सकते हैं।''

''भाइयो, बिना खरीदे ही इस मक्खी को तुम कैसे देख सकते हो? अगर मैं मक्खी को निकालूंगा तो वह उड़ जाएगी। समझने की कोशिश करो दोस्तो!'' उसने उन लोगों से कहा।

''अरे यह तो बताओ कि वह है कहां?'' उन लोगों ने फिर पूछा।

''वह मेरी मुट्ठी में है।'' उसने कहा।

''लेकिन बगैर देखे हम उसे कैसे खरीद सकते हैं?'' ग्रामीणों ने फिर कहा।

''यह बात भी ठीक है, पर दिखाते समय अगर वह उड़ गई, तो तुम्हें इसकी कीमत चुकानी पड़ेगी।'' उसने जवाब दिया।

लोग असमंजस में थे। चुप रहे। उसने फिर दोहराया–''अगर दिखाते समय...'' और उसने मुट्ठी खोल दी। जैसे ही मुट्ठी खुली, इस छोटी-सी मक्खी ने खुद को आजाद महसूस किया और वह उड़कर विलीन हो गई। ग्रामीण एक-दूसरे

को देखते रह गए। अब वह लोगों को इस तरह घूरने लगा, मानो अपनी सुंदर मक्खी की कीमत मांग रहा हो, पर ग्रामीण भी कम चालाक नहीं थे। उन्होंने उसे एक शानदार दावत देने का वादा किया। दावत की बात सुनकर उसका गुस्सा ठंडा पड़ गया और वह खुशी-खुशी घर लौट गया।

मिजो (मिजोरम)

धब्बों का डर

प्रस्तुति : **डॉ. एल.टी. लियाना खियांगते**
अनुवाद : **सारंग कुमार**

एक दिन **छूरा** कहीं जा रहा था। रास्ते में उसने एक धब्बोंवाले जंतु को देखा। वह जंतु था तो चीता, पर वह उससे अनभिज्ञ था। चीता ने काफी दूर तक उसका पीछा किया। **छूरा** भागता हुआ घर पहुंचा और पत्नी को बताया कि उसने आज एक बहुत बड़ा कुत्ता देखा, जिसके शरीर पर बड़े-बड़े धब्बे थे।

"हे ईश्वर! वह कुत्ता नहीं चीता रहा होगा।" उसका बेहद ख्याल रखनेवाली पत्नी ने चिंतित होते हुए पति को चेताया–

"वह आदमी को खा जाता है। अबसे तुम जब कभी धब्बेवाली चीज को देखना, तो उससे बचने की कोशिश करना।"

उसने अपनी पत्नी की सलाह को अच्छी तरह याद रखा। एक दिन वह घर पर ही था और पत्नी कहीं गई थी। जाते समय पत्नी ने एप्रन सूखने के लिए धूप में डाल दिया था। उस कपड़े पर बड़े-बड़े धब्बे थे। एप्रन देखकर वह डर गया। उसने तेज धारवाला भाला निकाला और कपड़े को फाड़कर तार-तार कर डाला। शाम को जब पत्नी वापस आई, उसने एप्रन को टुकड़े-टुकड़े हुए पाया।

"इसे किसने फाड़ा है?" वह चिल्लाई।

"यह तो बड़ा खतरनाक था, मैंने ही फाड़ दिया। तुम्हीं ने तो कहा था कि धब्बे वाली हर चीज खतरनाक होती है।" **छूरा** ने शांत स्वर में जवाब दिया।

दूसरे दिन **छूरा** की पत्नी जंगल से टोकरी-भर फल तोड़कर लाई। दरवाजे पर आकर उसने छूरा को बुलाया और पीठ पर से टोकरी उतारने को कहा। टोकरी पर कुछ धब्बे देखकर वह डर गया। घर के भीतर से वह भाला लेकर आया और टोकरी पर जोर से प्रहार किया। पत्नी औंधे मुंह गिरी और सारे फल इधर-उधर बिखर गए। सचमुच, धब्बा उसके लिए मुसीबत बन गया था।

मिजो (मिजोरम)

नाथियाल पौधे का जन्म

प्रस्तुति : **डॉ. एल.टी. लियाना खियांगते**
अनुवाद : **सारंग कुमार**

हथियारों की धार को तेज करनेवाला एक व्यक्ति था **चेमतातरोता**। एक दिन वह समीप की नदी किनारे गया और वहां एक सुंदर-सा पत्थर देखकर हथियार की धार तेज करने बैठ गया, लेकिन वहां वह ज्यादा देर बैठ नहीं सका। **प्रैन** मछली ने उसका एक अंडकोष चबा डाला था। उसे बेहद दर्द हुआ। उसे मछली पर बहुत गुस्सा आया। उसने करीब पड़ा एक बांस उठाया, जिस पर रेंगनेवाला एक जंतु चढ़ रहा था। अचानक उसे गिरा दिए जाने से वह जंतु क्रोधित हो उठा। उसने अपनी पूरी आत्मा की शक्ति से एक जंगली मुर्गा फेंककर **चेमतातरोता** पर हमला किया। **चेमतातरोता** तो बच गया पर गुस्से से पागल जंगली मुर्गा अपने पैरों से जमीन को कुरेदने लगा।

बिना देर किए उसने चींटी का घोंसला बिखेर दिया। बौखलाई चींटियों ने वहां आराम फरमा रहे एक जंगली सूअर के अंडकोष को काट खाया। दर्द से बिलबिलाए सूअर ने केले के पेड़ पर अपना गुस्सा उतारा और उसे उखाड़ फेंका। केले का पेड़ गिरने से नींद की झपकी ले रहा चमगादड़ बौखला गया और वह हाथी की सूंड़ में घुस गया। हाथी बौरा गया और उसने एक गरीब औरत के घर को माचिस की तरह कुचल डाला। घर तहस-नहस होने से औरत को इतना गुस्सा आया कि उसने गांव के करीब से बहनेवाले स्वच्छ पानी के नाले में पाखाना कर दिया। औरत की इस गंदी हरकत को देख ग्रामीणों ने उसे घेर लिया और उससे ऐसा करने का कारण पूछा। महिला ने ग्रामीणों को हाथी की कारगुजारी बताई। तब ग्रामीण हाथी के पास पहुंचे और उन्होंने हाथी से महिला के घर को उजाड़ने का कारण पूछा। हाथी ने तुरंत चमगादड़ की हरकत से ग्रामीणों को अवगत कराया। फिर चमगादड़ ने जंगली सूअर द्वारा उसे परेशान किए जाने की बात बताई। सूअर ने चींटियों की कारस्तानी बयान की और चींटियों ने जंगली मुर्गे पर बांबी नष्ट करने का दोष मढ़ा। इसी तरह मुर्गे ने रेंगनेवाले जंतु को इसके लिए जिम्मेदार ठहराया। रेंगनेवाले जंतु ने अंततः **चेमतातरोता** पर परेशान करने का आरोप लगाया। जब **चेमतातरोता** से पूछा गया तो उसने बताया कि **प्रैन** मछली ने उसके अंडकोष को क्षति पहुंचाई, इसी गुस्से में

उसने केवल बांस उठाया था।

अंत में बात आई रेंगनेवाले जंतु पर। लोग समझ चुके थे कि सारी समस्याओं की जड़ रेंगनेवाला यह जंतु यानी केकड़ा है। सवालों की बौछार से केकड़ा बुरी स्थिति में फंस चुका था। उसने प्रायश्चित करने की सोची और बुदबुदाया— "एहमम-एहमम-एहमम। उसका आशय था, आप लोग मुझे आग में डाल दीजिए। मैं जब लाल हो जाऊंगा तब पानी में डाल दीजिएगा। अगर मैं निर्दोष होउंगा तो फिर से पीला हो जाऊंगा।"

लोगों में उत्सुकता थी। उन्होंने केकड़े को आग में डाल दिया। वह सचमुच लाल हो गया। उसे फिर पानी में डाल दिया गया। जैसाकि उसने कहा था, वह फिर से पीला हो गया। परीक्षण के क्षणों में दर्द झेलने के बाद केकड़ा पानी में आकर राहत महसूस कर रहा था। उसे निर्दोष साबित होने की खुशी थी।

ऐसे तो **चेमतातरोता** की कहानी यहीं खत्म होती है, परंतु किसी कोने से आवाज आ रही है—"नहीं, नहीं इसके आगे भी एक वाक़या हुआ था।" हुआ यह कि जब तक केकड़ा अपने घर पहुंचा, लोगों ने उसका पीछा किया और छड़ी से उसे मारने की कोशिश की। हालांकि तत्काल वे अपने मकसद में कामयाब नहीं हुए पर काफी चोट लगने के कारण बाद में केकड़ा मर गया। प्राण त्यागने से पहले उसने **नाथियाल** की छड़ी को शाप दिया, "मैं तुम्हारी निर्दयता के लिए तुम्हें अभिशप्त करता हूं कि तुम्हारे पौधे में बीज पकने से पहले ही तुम सूख जाओगे और तुम्हारी वंशवृद्धि नहीं होगी।" लोग कयास लगाते हैं कि यही कारण रहा होगा **नाथियाल** के पौधे की कमी का। वास्तव में, बीज पकने से पहले ही **नाथियाल** का पौधा सूख जाता है।

मिजो (मिजोरम)

सामदाला

प्रस्तुति : **डॉ. एल.टी. लियाना खियांगते**
अनुवाद : **सारंग कुमार**

सामदाला बेहद आलसी था। एक दिन वह अकेला जंगल में गया। वहां उसने एक बहुत बड़ा गूलर का पेड़ देखा। गूलर पककर पेड़ से गिर रहे थे। वह फल तोड़ने के लिए पेड़ पर चढ़ने के बजाय अपना मुंह खोलकर जमीन पर लेट गया। उसने सोचा कि पेड़ से टूटकर फल सीधा उसके मुंह में गिरेगा और वह उसे खा लेगा। इत्तफाक से एक गूलर टूटकर उसके मुंह में गिर गया, फिर भी उसने फल को चबाने के लिए मुंह नहीं चलाया और स्वतः दांत चलने का इंतजार करने लगा। जब वह बिना प्रयास किए ही फल का स्वाद ले रहा था, वहां अचानक एक चीता आ गया। उसने चीते से बचने के लिए भागने तक का प्रयास नहीं किया।

उसने कहा, "चीते, जरा इंतजार करो। तुम चाहो तो मुझे मारकर खा सकते हो, परंतु पहले मुझे उस पहाड़ के किनारे तक ले चलो।" चीता उसे पहाड़ के किनारे तक ले गया। "थोड़ा इंतजार करो, मुझे कुछ मिनट और चाहिए।" उसने कहा। फिर वह पीछे मुड़ा और अपनी कमर पर पका हुआ गूलर रख लिया। वह चीते से बोला, "अब मैं तैयार हूं।"

"तुम्हारी कमर पर यह क्या है?" चीते ने पूछा।

"तुम इसे नहीं जानते?" उसने कहा, "यह ऐसी चीज है जो तमाम जानवरों और मनुष्य को बड़े चाव से खा जाती है। क्या तुम तैयार हो?" यह सुनकर चीता भाग खड़ा हुआ। उसने एक पत्थर चीते की तरफ फेंककर मारा। चीता और तेजी से भागने लगा। **सामदाला** ने उसके बाद अपने शरीर पर एक पेड़ के तने से टपक रहे गोंद को लपेट लिया और वहां पड़ी सूखी पत्तियों पर लोटने लगा। पेड़ की पत्तियां उसके बदन से चिपक गईं, जिससे वह बेहद डरावना दिखाई देने लगा। तभी उधर से एक हिरन गुजरा और **सामदाला** को देखकर हंसने लगा। थोड़ी देर बाद वहां एक सुअर भी आया। एक-एककर सभी जानवर पत्तियोंवाले इस जंतु को देखने पहुंच गए और सभी हंसने लगे। वहां एक कछुआ भी था। सभी जानवरों ने कछुए से पूछा कि ''क्या इस जंतु को जानते हो?'' कछुए ने कहा, "मैं तो इसे जानता हूं, पर डर इस बात का है कि अगर मैं तुम सबको इसका नाम बता दूंगा, तो यह मुझे मार डालेगा।" जानवरों ने

भरोसा दिलाया, "तुम चिंता मत करो। जब वह तुम पर हमला करेगा, हम तुम्हें हिरन के सींग पर बैठा देंगे और हिरन तुम्हें लेकर वहां से भाग जाएगा। इस तरह तुम्हारी जान बच जाएगी।"

"तब तो ठीक है।" कछुए ने कहा, "हिरन के सींग पर बैठने में मेरी मदद करो।"

हिरन के सींग पर बैठने के बाद कछुए ने कहा, "तुम लोग **सामदाला** को नहीं पहचानते? यह संसार का सबसे आलसी और भद्‌दा आदमी है।"

यह सुनकर **सामदाला** को गुस्सा आया। वह कछुए को पकड़ने के लिए भागा। तब तक सभी जानवर रफूचक्कर हो गए। हिरन ने जैसे ही दौड़ना शुरू किया, उसके सींग पर बैठा कछुआ जमीन पर आ गिरा। अब **सामदाला** पर निर्भर था कि वह कछुए के साथ कैसा व्यवहार करे। मार दे या छोड़ दे।

मिजो (मिजोरम)

छूरा भूला व्यंजन का नाम

प्रस्तुति : डॉ. एल.टी. लियाना खियांगते

अनुवाद : अकील कैस

एक बार **छूरा** किसी दावत में गया। वहां उसे खाने में केकड़े का स्टू दिया गया। **छूरा** ने कभी केकड़े का स्टू नहीं खाया था। दावत में उस स्वादिष्ट स्टू को चखकर उसे बड़ा मजा आया। उसने मेहमान से पूछा—"यह स्टू किस जानवर के मांस से बना है?" दरअसल वह घर जाकर यही व्यंजन अपनी पत्नी से भी तैयार करवाना चाहता था।

घर लौटते हुए इस व्यंजन का नाम उसके दिमाग से निकल गया। वह देर तक अपने सिर पर मुक्के लगाता रहा और बाल नोचता रहा, मगर वह नाम उसे याद न आया। एक राहगीर ने उसकी बेचैनी भरी हरकतें देखीं, तो उसके पास आकर पूछा—

"भाई तुम्हें क्या हुआ है?"

छूरा ने एक नजर राहगीर को देखा और बोला, "मैं किसी का नाम भूल गया हूं। उसे याद कर रहा हूं। कमबख्त पेट में है, जबान पर नहीं आ रहा।"

"वह क्या चीज है?" राहगीर ने सहानुभूति से पूछा।

"मूर्ख! अगर मुझे उस चीज का नमा याद ही होता तो उसे याद क्यों करता?"

"अच्छा, चलो तुम्हारी मदद की खातिर मैं भी उसका नाम याद करता हूं!"—राहगीर बोला।

छूरा के बगल में बैठकर वह भी अपने सिर के बाल नोचने लगा। आखिर बहुत देर तक सोचते-सोचते वह थक गया। तभी उसे **छूरा** के कपड़ों में से कुछ गंध-सी आयी। वह बोल पड़ा, "भैया तुम्हारे कपड़ों से **'केकड़े के स्टू'** की जोरदार बास आ रही है!"

"यही तो है!" छूरा चिल्लाया, "यही नाम तो मैं याद कर रहा था। तुमने उसे याद करने में इतनी देर लगा दी।"

छूरा ने राहगीर का धन्यवाद किया। पूरे रास्ते वह व्यंजन का नाम याद करते हुए वापस आया।

मिजो (मिजोरम)

छूरा की सादादिली

प्रस्तुति : **डॉ. एल.टी. लियाना खियांगते**

अनुवाद : **अकील कैस**

एक दिन जब धूप निकली हुई थी, **छूरा** अपने बड़े भाई **'ना'** के साथ आलू खोदने हेतु जंगल गया। **'ना'** तो परले दर्जे का सुस्त था ही। वह सुस्ती से इधर-उधर ऊपर-ऊपर ही कोड़ाई-खुदाई कर देता था। मिट्टी की गहरी कोड़ाई-खुदाई उसके बस की नहीं थी। उसने जो आलू खोदकर निकाले, वे बेकार थे। वह छोटे आलू भी नहीं खोज पाया था। **छूरा** ने मेहनत से खुदाई की और बड़े-बड़े आलू खोज निकाले।

जब वे लौटने लगे तो रास्ते में एक छोटी नदी पड़ी। नदी छिछली थी, पर साफ़ पानीवाली थी। **'ना'** ने **छूरा** को आलुओं को नदी के पानी में धोकर साफ कर लेने की सलाह दी।

सो दोनों जने आलू धोने के लिए नदी में जा घुसे। **'ना'** बहती धारा में ऊपर की ओर अपने आलू धोने लगा और **छूरा** नीचे की ओर। **'ना'** हर थोड़ी देर के बाद अचानक कहता–"अरे, अरे, मेरे कुछ अच्छे आलू बहकर तुम्हारी ओर चले जा रहे हैं **छूरा**।"

इस तरह वह **छूरा** के अच्छे आलुओं को अपने हिस्से में मिला लेता। धुलाई पूरी होते-होते **छूरा** के हिस्से में केवल बीमार और छोटे आलू ही बच गए।

उस समय **छूरा** ने भाई से शिकायत नहीं की और जो कुछ **'ना'** ने उसके लिए छोड़ा। वही लेकर वह घर लौट आया।

अगली बार जब **'ना'** ने उसे जंगल आलू लाने के लिए साथ चलने को कहा तो उसने इनकार कर दिया। वह बोला–"भाई, तुम्हारे साथ मैं अच्छे आलू नहीं निकाल पाता। अच्छे आलुओं के लिए तो मेरा अकेला जाना ही ठीक रहता है।"

'ना' चुप रहा। वह जानता था कि **छूरा** के बिना वह अच्छे आलू नहीं निकाल सकता। उसने **छूरा** से वादा किया कि अब वह उसके साथ वैसी चालाकी और छल नहीं करेगा। उसके बाद दोनों हमेशा साथ-साथ आलू लाने गए।

मिजो (मिजोरम)

छूरा ने पकड़ा मेंढक

प्रस्तुति : **डॉ. एल.टी. लियाना खियांगते**
अनुवाद : **अकील कैस**

एक दिन छूरा को नदी जाकर मछली मारने की इच्छा हुई। सो वह सुबह उठते ही अपनी पत्नी और बच्चों से बोला—

"आज मैं मछली मारने जा रहा हूं।" उसकी पत्नी मछली मारने की बात सुनकर खुश हो गई। वह सुबह-सुबह मछली मारने निकल पड़ा।

दोपहर को उसके बच्चे घर की खिड़की से बाहर ताक-झांक कर रहे थे, तो थोड़ी दूर पर स्थित एक तालाब में उन्होंने अपने पिता को पानी में इधर-उधर उछल-कूद करते देखा। वे चिल्लाकर बोले—

"वो देखो! हमारे पिता जी।"

"बेवकूफो, तुम्हारे पिता मछली मारने नदी गए हैं। तालाब में उनका क्या काम?" बच्चों की मां ने उन्हें झिड़कते हुए कहा।

खैर, शाम हुई तो वह झोला लिए वापस आया। उसकी पत्नी झट एक बर्तन में पानी ले आई ताकि मछलियों को पानी में डालकर रख सके। उसने झोले को बर्तन के ऊपर उलट दिया। झोले में से मछलियों की बजाए मेंढक निकले। वे सभी छलांग भरते हुए पास की ठंडी अंगीठी की राख में जा गिरे और राख से लथपथ वहां से उछले तो दीवार से जा चिपके।

"अरे देखो! राख दीवार पर चढ़ रही है।" वह अचरज से चिल्ला उठा। लोग हंस पड़े। वह ताली बजाने लगा।

"अरे तुम ये क्या ले लाए? ये तो मेंढक हैं। पकड़ो, मारो इन्हें!" उसकी पत्नी ने कहा।

अब वह मेंढकों को पकड़ने में जुट गया। मेंढक भी खूब शैतान निकले। उन्हें पकड़ना आसान नहीं था। आखिर उसने एक बल्ला उठा लिया और उन्हें मारने लगा। मेंढक इधर-उधर उसे छकाते हुए भागते फिर रहे थे कि तभी पड़ोस से एक बूढ़ी औरत उसे मछली मारकर लाने के लिए बधाई देने आ गई। एक मेंढक उछलकर उस बुढ़िया के घुटने से जा चिपका।

"अम्मा, वहीं खड़ी रहो। हिलना-डुलना मत।"—वह जोर से चिल्लाया।

बुढ़िया असमंजस में अपनी जगह स्थिर खड़ी हो गई। उसने देर नहीं लगाई और बल्ला उठाकर घर में आई उस औरत के घुटने पर जोर से दे मारा। गनीमत हुई कि बुढ़िया की हड्डी नहीं टूटी। पर उसका घुटना बुरी तरह सूज गया और उसने कई दिन पीड़ा से हाय-हाय करते गुजारे।

मिजो (मिजोरम)

अपहरणकर्ताओं के चंगुल से भाग निकला छूरा

प्रस्तुति : **डॉ. एल.टी. लियाना खियांगते**

अनुवाद : **अकील कैस**

दुनिया में **छूरा** के बहुत सारे दोस्त थे, लेकिन उसके दुश्मनों की भी कोई कमी नहीं थी। उनमें से कुछ बड़े दुश्मन उसे पकड़ना चाहते थे। इसी फिराक में वे सदैव उसके पीछे लगे रहते थे। फलतः वह भी हमेशा चौकन्ना और सतर्क रहने लगा।

उन दिनों **छूरा** के पास एक बड़ा-सा झूम खेत था। उसमें वह तरह-तरह की फसलें उगाता रहता था। धान के साथ-साथ वह कद्दू, ककड़ियां, खरबूजे और ऐसी ही कई साग-सब्जियां भी उगाता था। काम बहुत बढ़ गया था, जिसे निबटाने के लिए उसने खेत पर ही एक **'थ्लम'** यानी झोंपड़ी बना ली। काम बढ़ जाने पर वह खेत पर ही देर तक रुका रहता था। फुरसत होने पर वह झोंपड़ी में ही सो जाता।

झोंपड़ी में जाने से पहले वह दूर से ही जोर से आवाज लगाता—"अंदर कौन है भाई?" दरअसल उसे आशंका रहती थी कि कहीं पीछे से उसके दुश्मन झोंपड़ी में न घुस आये हों।

एक दिन जब उसने आवाज लगाई—"अंदर कौन है भाई।"

"हलो!"—अंदर से जवाब में कोई बोला।

यह सुनते ही वह सारा माजरा समझ गया कि उसके दुश्मन उसे पकड़ने हेतु झोंपड़ी में छिपकर घात लगाए बैठे हैं। पल-भर की भी देर न करते हुए वह सरपट अपने घर की तरफ भागा।

अगले दिन सुबह-सुबह वह फिर खेत पर पहुंचा। झोंपड़ी के पास पहुंचकर उसने आदतन आवाज लगाई—"अंदर कौन है भाई?"

इस बार कोई जवाब नहीं आया। हर तरफ चुप्पी छाई हुई थी। उसके दुश्मन इस बार वही गलती नहीं दुहराना चाहते थे। उनके चुप रह जाने के चलते वह झांसे में आ गया। जैसे ही वह झोंपड़ी के निकट पहुंचा, उसके दुश्मनों ने बाहर आकर उसे दबोच लिया। वे उसे साथ लेकर अपने गांव की ओर चल पड़े। उनका गांव वहां से काफी दूर था। रास्ते में उन्हें बीहड़-जंगल, पहाड़ लांघने पड़े। उन्हें कई दिन पैदल यात्रा में लग गये।

इस लंबे सफर में जंगल से गुजरते हुए उसने अपने दुश्मनों से कहा—"साथियो!

मैं तुम्हें दिखाना चाहता हूं कि हमारे पुरखे किसी का अपहरण करने पर उसके साथ क्या सलूक करते थे।''

''क्या करते थे वे?'' उसके अपहरणकर्ताओं ने उत्सुकता से पूछा।

वह बोला—''अब यह अगर देखना चाहते हो तो तुम लोग मेरी कुहनियां पकड़ो। तभी मैं सही तरीके से बता पाऊंगा।''

सभी ने उसकी कुहनियां पकड़ लीं। जैसे ही उन्होंने छूरा की कुहनियां पकड़ीं उसने फुर्ती से अपनी बांह सीधी करली और जोर से एक अपहरणकर्ता की नाक पर एक मुक्का रसीद कर दिया। उस घायल को जब तक उसके साथी संभालते, वह वहां से भाग खड़ा हुआ।

दुश्मन भी उसके पीछे दौड़े। आख़िकार उन्होंने उसे एक बार फिर धर दबोचा। इस बार उन्होंने उसे खूब कसकर पकड़ा ताकि उनके चंगुल से छूटकर भाग निकलने की कोई गुंजाइश न बचे।

चलते-चलते कुछ समय गुजर जाने पर उसने अपने दुश्मनों से कहा—''यारो, जरा ढीला तो छोड़ो। तुमलोगों ने मुझे इस तरह जकड़ रखा है कि मैं रास्ता भी ठीक से नहीं देख पा रहा हूं। मुझे चुपचाप चलने दो। यूं भी मेरा एक पैर बहुत दर्द कर रहा है। मैं अब आगे नहीं चल पाऊंगा।''

''क्यों? क्या हुआ है तुम्हें?'' उसके दुश्मनों ने पूछा।

''रास्ते में मेरे पैरों में कांटे चुभ गये हैं। बहुत दर्द कर रहा है। चला नहीं जा रहा।''

''फिर?'' उसके दुश्मनों ने असमंजस में पूछा।

''फिर क्या? तुमलोग एक लाइन में एक-एककर बैठ जाओ और बारी-बारी मेरे पैर में चुभे कांटे निकालने की कोशिश करो। घायल पैर लिए तो मेरा आगे जाना संभव नहीं है। हाय!'' वह तेज पीड़ा का स्वांग करते हुए चिल्लया।

उसके दुश्मन झट उसके कहे अनुसार एक लाइन लगाकर बैठ गए। वह सबसे ऊपर वहां जा बैठा जो पहाड़ी का सबसे ऊपरी स्थान था। पहाड़ी पथरीली तो थी ही, ढलान भी इसकी खूब तीखी थी।

कतार में सबसे आगे बैठा आदमी कांटा निकालने के लिए उसके तलवों का मुआयना करने लगा। उसने पलक झपकते ही सामने वाले आदमी को पूरी ताकत लगाकर एक लात लगाई। वह अचानक हमले से संभल नहीं पाया और गिर पड़ा। चूंकि सारे एक लाइन में ऊपर से नीचे की ओर बैठे थे, वे एक-दूसरे पर गिर पड़े और लुढ़कते-लुढ़कते पहाड़ी की तली में जा गिरे।

अच्छा मौका पाकर वह वहां से जान बचाकर भाग निकला।

मिजो (मिजोरम)

छूरा ने अपने दुश्मनों के साथ मिलकर पेड़ काटा

प्रस्तुति : **डॉ. एल.टी. लियाना खियांगते**
अनुवाद : **अकील कैस**

एक धुपैले दिन **छूरा** के कुछ नौजवान दुश्मन उसका पीछा करने लगे। वे उससे बहुत क्रुद्ध थे। **छूरा** भागते हुए रास्ते में एक पेड़ के खोखल में छुप गया। नौजवान पीछा करते हुए वहां पहुंचे तो थककर वहीं कुछ देर ठहर गए। **छूरा** के हाथ से निकल जाने के कारण वे गुस्से में होंठ बिचकाते हुए, दांत पीस रहे थे। प्रचंड क्रोध के आवेग में वे हाथों में दाओ लिए आस-पास के पेड़ों पर बार-बार प्रहार कर रहे थे।

"अगर यह पेड़ **छूरा** होता तो मैं इस पर इस प्रकार वार करता।" एक नौजवान बोला और सामने खड़े पेड़ पर पूरी ताकत लगाकर प्रहार करने लगा। **छूरा** उसी पेड़ के खोखल में छुपा हुआ था। वह अपने आपको इसका जवाब देने से रोक नहीं पाया और बोल उठा—"तुम अगर इस तरह वार करोगे तो मुझे घायल ही कर डालोगे।"

नौजवानों ने उसकी आवाज सुनते ही पेड़ को घेर लिया और उसे खोखल से खींचकर बाहर निकाल लिया।

वे जब **छूरा** पर प्रहार करने को तैयार हो रहे थे, तो उसने उनसे कहा—"तुमलोग संख्या में इतने अधिक हो कि एक साथ तो सभी मुझे छू नहीं पाओगे, इसलिए तुम मुझे मेरी कुहनी से और घुटने के पास से पकड़ लो! अब तुमसे भागकर मेरे निकलने का तो कोई सवाल ही नहीं है।" उन नौजवानों की मति मारी गई। उन्होंने उसकी बात मान ली। जैसे ही उन्होंने उसे छुआ उसने उन पर प्रहार कर दिया और वहां से भाग निकला।

वे चीखते-चिल्लाते हुए उसका पीछा करने लगे। इस बार वह एक ऊंचे पेड़ पर जा चढ़ा। नौजवान पेड़ पर उसकी तरह चढ़ नहीं सकते थे, सो वे नीचे ही उसका इंतजार करने लगे। बहुत देर तक वे वहीं खड़े रहे तो **छूरा** भागने का कोई रास्ता न देखकर बेहद निराश हो गया।

थोड़ी देर बाद उसे एक रास्ता सूझा। वह जोर से चिल्लाकर बोला—"मैं पश्चिम की ओर उड़ जाऊंगा।"

नौजवानों के सरदार ने अपने एक गुट को पश्चिम की ओर भेज दिया।

थोड़ी देर बाद वह फिर चिल्लाकर बोला—"मैं पूरब की ओर उड़ूंगा।" यह

सुनकर सरदार ने कुछ को पूरब की ओर दूर भेज दिया।

इसी तरह उसने उत्तर और दक्षिण दिशा में उड़कर भाग जाने की घोषणा की और सरदार ने भी अपने कुछ लोगों को उत्तर दिशा में भेज दिया। आखिरकार पेड़ के नीचे सिर्फ एक-दो जने ही बच गए। उन्हें संबोधित करते हुए वह बोला—"दोस्तो, तुम्हारी संख्या अब इतनी कम बची है कि तुम्हारे लिए इस पेड़ को काटकर गिराना संभव नहीं है। सो इस काम में मैं तुम्हारी मदद कर सकता हूं।"

वहां खड़े नौजवान मान गए।

अचानक वह सेब की तरह ऊपर से गिरा। फिर वह दक्षिण की ओर अपनी पूरी शक्ति लगाकर दौड़ने लगा। लेकिन रास्ते में पड़नेवाली एक बड़ी नदी के किनारे पहुंचते-पहुंचते नौजवानों ने उसे पकड़ लिया। अब वे उसे जान से मारने की योजना बनाने लगे।

नौजवानों में से कुछ ने उसे वहीं तुरंत मार देने का सुझाव रखा, तो दूसरों ने उसे धीरे-धीरे मारने का। अंततः उन्होंने उसे आहिस्ता-आहिस्ता मारने का ही निश्चय किया, ताकि वह तड़प-तड़पकर मरे।

इसके बाद उन्होंने उसे बांस की एक टोकरी में डालकर, टोकरी को पुल के बीच रस्सी से बांधकर, वहीं भूखा-प्यासा मरने के लिए छोड़ दिया।

मिजो (मिजोरम)

मिथुन का बंटवारा

प्रस्तुति : **डॉ. एल.टी. लियाना खियांगते**
अनुवाद : **अकील कैस**

छूरा के पिता के पास पशुधन के नाम पर बस एक **'मिथुन'** (गाय जैसा दिखने वाला पशु) था। जब उसके पिता का देहांत हुआ, तो इस इकलौते मिथुन के दोनों भाइयों के बीच बंटवारे का मसला आ खड़ा हुआ।

आखिर इस एक अदद प्राणी को **छूरा** और **नहाइया** आपस में बांटें तो कैसे बांटें? बहुत माथा-पच्ची करने के बाद वे इस नतीजे पर पहुंचे कि **मिथुन** को दो अलग-अलग टुकड़े करने की बजाए, इसके आगे-पीछे के आधे-आधे भाग का स्वामित्व तय कर लिया जाए। तय पाया गया कि **मिथुन** का पिछला आधा **छूरा** का होगा और अगला आधा **नहाइया** का।

अगले दिन से हर सुबह **नहाइया छूरा** को **मिथुन** का गोबर-मूत साफ़ करने को कहता क्योंकि यह सब **छूरा** के आधे हिस्से की ही तो देन थे। **छूरा** को फिर भी कोई शिकायत नहीं होती थी।

आखिर **मिथुन** को गर्भ ठहर गया। समय आने पर उसने एक रात एक सलोना-सा **मिथुन** (बछड़ा) जना। सुबह-सुबह दोनों भाइयों की जब जच्चा-बच्चा पर नजर पड़ी तो उन्होंने देखा कि मिथुन अपने शिशु को बार-बार चाटे जा रही है। **नहाइया** ने कहा कि बच्चा उसका है। **नहाइया** का कहना था कि बच्चा उसके मुंह के रास्ते पैदा हुआ है। भोला-भाला **छूरा** अपने बड़े भाई के इस कुतर्क का कोई जवाब नहीं दे पाया। मन मारकर उसने उसकी बात मान ली। वह **मिथुन** के गोबर-मूत की सफाई हमेशा की तरह करता रहा।

पर अंततः उसकी सहन-शक्ति जवाब दे गई। उसने इस बेफायदा काम से तंग आकर कहा कि अब दोनों भाई अपना-अपना हिस्सा बदल लें। **नहाइया** ने मना नहीं किया। उसने यह सोचकर भाई की बात मान ली कि **मिथुन** को खिलाने-पिलाने की बड़ी जिम्मेदारी अब **छूरा** को पूरी करनी होगी। अब वह **छूरा** को बुलाकर हर दिन सुबह-शाम चारा-पानी की व्यवस्था करने को कहता। आखिर मुंह वाला आधा भाग **छूरा** के हिस्से का ही तो हो गया था।

समय बीता तो **मिथुन** ने फिर बछड़ा दिया। इस बार भी बछड़े पर **नहाइया**

ने अपना हक़ जताया। उसने कहा इस बार बच्चा उसके हिस्से से पैदा हुआ है। इसके बाद भी जब कभी बछड़े पैदा हुए, **नहाइया** ने उन्हें अपने अधिकार में कर लिया। **छूरा** ने लाख प्रतिवाद किया, मगर बड़े भाई की बातों के सामने वह हर बार की तरह इस बार भी हार गया।

अंततः निराश होकर एक दिन **छूरा** ने ऐलान किया कि अब साबुत **मिथुन** रखने में उसकी कोई दिलचस्पी नहीं है। उसने मिथुन का अगला आधा हिस्सा अलग कर उसे दे देने को कहा। **नहाइया** ने उसे बहुत समझाने की कोशिश की मगर **छूरा** नहीं माना।

हारकर **नहाइया** ने अब तक **मिथुन** से पैदा हुए सारे बछड़ों को बराबर-बराबर बांटकर **छूरा** के हिस्से के बछड़े उसे सौंप दिए।

इस तरह उनमें यह भी सुलह हुई कि दोनों का समूचे **मिथुन** पर साझा हक होगा।

मिजो (मिजोरम)

नहाइया ने मरने का स्वांग किया

प्रस्तुति : **डॉ. एल.टी. लियाना खियांगते**
अनुवाद : **अकील कैस**

एक दिन **नहाइया** इस नतीजे पर पहुंचा कि उसे मालूम करना चाहिए कि उसके सच्चे दोस्त और शुभचिंतक कौन-कौन हैं।

वह झूम खेत के रास्ते पर यूं लेट गया मानो वह मृत हो।

कई राहगीर उस रास्ते से गुजरे पर किसी ने उसकी परवाह नहीं की। वे उसे एक नजर देखते और आगे बढ़ जाते।

अंत में **छूरा** वहां पहुंचा। **नहाइया** को वहां रास्ते में मुर्दा पड़ा देखकर वह दुखी हो गया और अपने बड़े भाई की मौत पर फूट-फूटकर रोने लगा। उसने अपना उस दिन का सारा काम रद्द कर दिया और भाई को अपनी पीठ पर लादकर घर वापस ले आया।

घर पहुंचते ही नहाइया उठ खड़ा हुआ और शांतिपूर्वक बोला—"इस दुनिया में बस मेरा छोटा भाई ही मेरा एक मात्र सच्चा दोस्त और शुभचिंतक है। जरूरत पड़ने पर वह मेरे लिए अपना समय और शक्ति सब कुर्बान करने को तैयार रहता है।"

उस दिन से **नहाइया** ने अपने छोटे भाई के विरुद्ध छल-कपट भरे सभी काम बंद कर दिए और उसके साथ प्रेमपूर्वक रहने लगा।

मिजो (मिजोरम)

छूरा कैसे मरा?

प्रस्तुति : **डॉ. एल.टी. लियाना खियांगते**
अनुवाद : **अकील कैस**

छूरा की मृत्यु की कहानी विवादास्पद है। एक कहानी कहती है कि वह अपने बड़े भाई **नहाइया** के साथ घोड़े पर तेज सवारी करते हुए नीचे गिर पड़ा और मर गया। दूसरी कहानी कहती है कि एक सफल व्यक्ति के रूप में **मॉगपिंग** गांव लौटने के बाद वहां के सरदार के रूप में उसने अंतिम सांस ली। एक अन्य कहानी के अनुसार वह लंबी-लंबी यात्राओं में से एक के दौरान यात्रा करते हुए मर गया था।

इन सभी अनुश्रुतियों में एक बात पर सहमति है कि **छूरा** अपने समय का एक प्रमुख और शक्ति-संपन्न व्यक्ति था। उसकी मृत्यु के बारे में एक चौथी कहानी भी सुनी जाती है। यह अन्य अनुश्रुतियों की तुलना में उसकी मौत का सबसे स्वाभाविक कारण बताती है। इसके अनुसार उसने एक पारिवारिक खेल **'न्गहेंगतॉल्हा-साइऑना'** खेलते हुए अपने प्राण गंवाए।

कहानी इस प्रकार है कि उसके गांव में एक बहुत विशेष त्योहार मनाया जाता था, जिसमें गांव के सभी लोग भाग लिया करते थे। त्योहार में आयोजित होनेवाले दिलचस्प खेलों में **छूरा** भी सुबह से देर रात तक शामिल होकर उनका लुत्फ उठाता था। गांववाले बस भोजन करने के लिए ही अपने घर वापस जाते और फिर उसी जगह जल्द ही लौट आते थे, जहां **'न्गहेंगतॉल्हा-साइऑना'** खेल खेला जा रहा होता था।

छूरा इस खेल में इतना तल्लीन था कि वह लंबे समय तक भोजन करना भी भूल गया और अपना यह बेहद पसंदीदा खेल खेलते हुए थकान से निढाल और कमजोर हो ज़ाने के कारण मर गया।

इस प्रकार इस मिजो लोककथा के महानायक **छूरा-बूरा** का अंत हो गया।

मिजो (मिजोरम)

जादू-टोने की कला कि शुरुआत

प्रस्तुति : **रूथ ललरेमरूआती**
अनुवाद : **रमणिका गुप्ता**

बहुत समय पहले सर्वशक्तिमान **पाथियन** (Pathian) ऐसी शक्ति थे, जिन्हें जादू-टोने की कला का ज्ञान था। वहीं के एक गांव में **वनहारका** नामक व्यक्ति रहता था। केवल इसी व्यक्ति के पास पानी उपलब्ध था। उस पानी में **पाथियन** की बेटी नहाया करती थी। नहाते समय वह अपने गंदे कपड़े भी धोती थी, जिससे सारा पानी गंदला हो जाता था। एक दिन **'वनहारिका'** ने देखा कि सारा पानी गंदला हो गया है। उसे बहुत गुस्सा आया। वह दोषी को पकड़ने के लिए घात लगाकर बैठ गया।

इस तरह उसने एक दिन **पाथियन** की बेटी को पकड़ लिया और उसने उस लड़की की हत्या करने की ठानी। जब वह उसकी हत्या करने लगा, तो **पाथियन** की बेटी उससे अपनी जिंदगी की भीख मांगने लगी। उसने **वनहारिका** से वायदा किया यदि वह उसे छोड़ देगा, तो बदले में वह उसे जादू-टोने की कला सिखा देगी। उसे यह सुझाव पसंद आया। वह मान गया। वायदे के अनुसार **पाथियन** की बेटी ने उसे जादू-टोने की कला सिखा दी। बाद में **वनहारिका** ने तीन मिजो मिथकीय जादूगरों, क्रमशः **केइचला** (Keichala), **लालरूआंगा** (Lalruanga) और **ह्रांग सैपुई** (Hrang Saipuii) को इस कला में दक्ष कर दिया। संभवतः यहीं से मिजो जनों में जादू-टोने की कला की शुरुआत हुई।

मिजो (मिजोरम)

लासी

प्रस्तुति : **रूथ ललरेमरूआती**
अनुवाद : **रमणिका गुप्ता**

पुराने समय में 'तान' की चट्टानी ढलानों में लासियों की बसाहट हुआ करती थी। इन बसाहटों को ही तान लासी कहा जाता था। एक दिन रात को **लियांचिया** (Lianchea) के सपने में लासी लोग आए और उन्होंने लासियों के सरदार **लालचुंग्मुंगा** (Lalchungmunga) के लिए उसकी बहन **चंगतिनलेरी** (Chawngtin Leri) का हाथ मांगा। लासियों ने उससे वायदा किया कि यदि वह उनका अनुरोध मान लेगा, तो वे उसे जंगली जानवरों का शिकार करने का अधिकार दे देंगे। **लियांचिया** इस प्रस्ताव पर विचार करने लगा। इतने सारे जानवरों को मारने की संभावना देख उसके मन में विचार आया कि क्यूं न वह इस प्रस्ताव को स्वीकार कर ले? उसने सोचा कि ऐसा करने पर वह 'रम लमा थंगछुआह्' (Ram Lama Thangchhuah) यानी एक बड़ी दावत दे पाएगा। इस दावत को मिजो नियमों के अनुसार केवल ऊंचे दर्जे के शिकारी ही दे सकते हैं। इस प्रकार उसका नाम ऊंचे दर्जे के शिकारियों में शामिल भी हो जाएगा। यही सब सोचकर उसे यह स्वीकार करने योग्य एक लाभदायक प्रस्ताव लगा। उसने यह अनुरोध स्वीकार कर लिया।

एक दिन **लांचिया** और उसकी बहन **चंगतिनलेरी** झूम पर गए। दोपहर का खाना खाने के बाद उसकी बहन **चंगतिनलेरी** शिखर पर बनी झूम झोपड़ी में आराम करने गई। उस समय उसका भाई भी झोंपड़ी में ही था। यकायक **चंगतिनलेरी** बहुत जोर से चिल्लाई—"ओ भाई! ओ भाई!" और गायब हो गई! **लियांचिया** ने उसे चारों ओर खोजा, पर उसकी बहन कहीं नहीं मिली। उसी रात को **लियांचिया** के सपने में लासी आए और कहा कि **चियांगतिन लेरी** लासी सरदार की रानी बन गई है और वह तल लुर (Lurh) की चट्टानों की ढलान पर रह रही है। वह बिना काम किए खूब खा-पी रही है। अगले दिन जैसा कि लासियों ने वायदा किया था **लियांचिया** को बहुत सारे जानवर शिकार करने के लिए उपलब्ध करा दिये। **लियांचिया** बेहद प्रसन्न हुआ।

इस प्रकार उस दिन से मिजोजनों में यह विश्वास चला आ रहा है कि लेरी चट्टानी इलाकों के बीच रहती है और सभी जंगली जानवर उसके वश में हैं।

शिवम् आफ्सेट प्रेस, नौएडा, (उ.प्र.) द्वारा मुद्रित।